KB271222

THE CAPITAL WAR
자본전쟁

자본전쟁

거대 중국 경제를 조정하는 서양 자본의 실체

랑셴핑 지음 | 홍순도 옮김

비아북
ViaBook Publisher

중국은 신제국주의의 덫에서 벗어날 수 있는가?

> 제국주의를 최대한 짤막한 말로 정의한다면,
> 바로 자본주의의 독점 단계라 부를 수 있다.
> ─블라디미르 레닌, 『제국주의론』

마르크스보다 레닌을 주목하라

칼 마르크스의 『자본론』은 자유경쟁 시대의 자본주의의 본질을 말하고 있는 데 반해, 레닌의 『제국주의론』은 현대 자본주의의 본질을 분석하고 있다. 레닌은 독점이 오늘날 국제경제의 일반적인 형태이고, 금융 과두는 오늘날 전 세계경제를 통제하고 있으며, 자본가 국제 독점 동맹은 전 세계 시장을 이미 분할했거나 분할하고 있다고 말하고 있다. 이것이 레닌이 우리에게 알려주는 진실로, 오늘날 우리가 직면한 경제 환경이라고 할 수 있다. 그렇다면 레닌은 당시 제국주의의 특징을 어떻게 개괄했는지 살펴보도록 하자.

(1) 생산과 자본의 집중이 고도로 발전함에 따라 경제활동에서 결정적인 역할을 하는 독점 조직이 생겨났다.

(2) 은행 자본과 산업 자본이 결합한 '금융 자본'의 기초 위에 금융과두제

(금융 소수 지배제)가 형성되었다.

(3) 상품 수출과 다른 자본 수출이 특별히 중요한 의의를 지니게 되었다.

(4) 세계를 분할한 자본가 국제 독점 동맹이 이미 형성됐다.

(5) 최대 자본주의 대국이 이미 세계의 영토 분할을 마쳤다.

레닌의 이런 개괄은 오늘날 국제경제의 본질과 특히 2008년 시작된 국제 금융위기의 본질을 분명히 밝혀주기에 충분하다. 이번 금융위기가 시작된 후, 『자본론』이 유럽에서 동이 났다는 보도를 들은 기억이 난다. 필자가 보기에 사실 유럽 사람들은 레닌의 『제국주의론』을 더 많이 읽어야 옳다.

현재 우리 앞에 새로운 모습으로 나타난 제국주의를 우선 '신제국주의'라고 부르겠다. 앞에서 정리한 레닌의 사유에 따라 여기서 '신新'이 나타내는 의미를 분석해보자.

(1) 독점 조직은 오늘날 더욱 강력하게 발전했다. 전 세계를 통제하는 산업 사슬을 통해 경제활동에서 결정적인 역할을 할 뿐만 아니라 정치, 문화에서도 일정 정도의 영향력을 행사하고 있다. 독자 여러분은 일부 제국주의 대국의 대통령, 총리, 의회 등이 이런 독점 조직의 하수인 노릇하는 것을 목격하지 않았는가? 이 책에서 소개한 월마트의 사례를 정독하면, 탐욕스런 뱀이 알을 하나하나 삼켜 몸집을 불리는 것처럼 월마트가 어떻게 산업 사슬을 통합하고 통제하며 거대한 독점 조직을 형성했는지 자연스럽게 이해하게 된다.

(2) 오늘날 제국주의의 금융과두는 전통적인 은행 형태에서 현대적인

'투자은행'으로 변모했다. 그들은 산업 자본은 물론 전통적인 은행 자본과도 결합했다. 이러한 결합은 단순한 합작이 아니라 각종 금융 수단을 통해 산업 자본과 전통적 은행 자본을 통제한 것이다. 이뿐만이 아니다. 그들은 똑똑한 머리를 십분 활용해 각종 금융 상품과 레버리지 수단을 발명하고, 이를 통해 세계 모든 사회의 자본을 지렛대 위에 올려놓고 좌지우지한다. 자신들의 이익을 위해 세계의 경제 자원을 확실하게 통제하는 것이다. 이렇게 해서 그들은 어떤 산업이나 국가도 마음대로 파산시킬 수 있는 권력을 얻었다. 이 책에서 언급한 모든 사례에는 현대 금융과두의 그림자가 도사리고 있다.

(3) 오늘날은 단순한 자본 수출의 시대가 아니라 자본 자유화의 시대라고 불러야 한다. 자본이 자유롭게 유동하는 힘은 옛날과 비교할 수 없을 정도다. 독자 여러분은 이번의 금융위기를 잘 생각해보라. 그리고 남미의 금융위기와 아시아의 금융 폭풍을 돌아보면 금융과두의 '자본 수출' 전략이 어떻게 자본 자유화의 규칙을 이용해 한 국가 내지는 지역을 무너뜨리는지 금방 알 수 있을 것이다. 중국의 '슈수이제秀水街(중국의 짝퉁 시장으로 유명한 곳-옮긴이) 모델'은 금융과두가 조종하는 '월스트리트 모델'과 맞서는 것이 불가능하다. '상품 수출'로 '자본 수출'과 경쟁하는 것은 이미 승패가 결정 난 싸움이라고 봐도 무방하다.

(4) 이 책에서 소개한 사례들은 국제 독점 조직이 이미 강력한 동맹을 형성했다는 사실을 충분히 증명하고 있다. 또한 산업 사슬의 고효율적인 통합 방식을 통해 어떤 업종이나 산업을 강력히 통제하고 있음을 말하고 있다. 이들 국제 자본 독점 동맹은 이미 총이나 대포의 힘을 앞지른 지 오래다. 제2부 '현대판 동인도회사'의 사례를 보면 국제 자본

이상의 분석에서 신제국주의가 학술적, 정치적 개념을 뛰어넘어 이미 각 개인의 현재 및 미래의 생활에 심각한 영향을 미치고 있음을 알 수 있다.

중국을 보면, 제국주의는 한 번도 중국을 떠난 적이 없으며 우리가 모르는 새로운 모습으로 다시 나타났다. 이 책에서 필자는 이런 신제국주의의 진면목을 밝히고자 한다. 레닌의 정의에 의하면, 제국주의의 핵심은 '국가'에 있는 것이 아니라 그 배후에 도사린 '독점 조직'에 있다.

신제국주의는 제국주의의 본성이 전혀 바뀌지 않았다. 산업 자본과 금융 자본은 국가와 더욱 능숙하고 조화롭게 결합하고 있다. 그들은 자본과 군사력을 이용해 소위 말하는 게임의 룰을 만들고, 나아가 전략적인 음모를 통해 약소 국가와 민족을 꼼짝 못하게 묶어두고 있다. 신제국주의는 천연자원은 물론 농업에서 공업까지, 그리고 이익이 되는 산업이라면 모조리 손아귀에 넣으려 하고 있다. 그들의 최종 목표는 사상 면에서 한 국가와 민족을 통제하고, 경제적으로 완전히 의지하는 부속국가로 만드는 것이다. 이것이 우리가 현재 목격하고 있는 제국주의의 새로운 본질이다.

필자의 이러한 주장은 사람들을 놀랍고 두렵게 만들거나 극단적인 민족주의 정서를 자극하려는 것이 아니라 국민들에게 경고하기 위한 것이다. 특히 정부와 민족 기업들은 하루빨리 환상에서 벗어나 제국주의의 새로운 본질을 똑똑히 이해하고, 그들에 맞서 효과적인 경쟁과 협력을 진행해야 한다. 오늘날 세계화 시대에서 게임의 룰을 만드는 사람이 될 수 있도록 경주하는 것이야말로 우리의 이성적인 대응 방법이다.

어리석은 기선의 후예들

100여 년 전 청淸나라는 찻잎을 수출해 막대한 무역흑자를 기록했다. 영국 사람들은 계속 중국산 차를 구매하기 위해 부득불 멕시코로부터 백은을 조달해야 했다. 고생은 고생대로 하면서도 결국 백은은 끊임없이 중국으로 운반되자 영국인들은 당연히 달갑게 여기지 않았다. 이에 그들은 일석이조의 계략을 생각해냈다.

우선 동남아에서 아편을 제조한 다음 이를 중국으로 밀수했다. 아편무역을 통해 중국의 백은을 다시 벌어 돌아간 것이다. 이후로 그들은 다시 힘들게 멕시코의 은광을 채굴하지 않아도 되었다.

중국의 백은이 영국으로 대량 유출되자 이에 분노한 임칙서林則徐는 청나라 8대 황제인 도광제道光帝에게 상소를 올렸다. 이래서는 절대 안 된다는 것이 그의 일관된 지론이었다. 더구나 상황을 반전시키지 않으면 결국 나라가 망할 것이라는 극언도 마다하지 않았다. 이에 도광제는 그를 광둥廣東 지방에 파견해 실태를 조사하라고 명했다. 임칙서는 광저우廣州에 도착하자마자 의욕적으로 일을 벌였다. 우선 아편 흡연 장소를 불 지른 데 이어 아편 담뱃대를 불사르고 마지막에 아편을 태워버렸다. 영국 사람들은 불쾌했다. 아니 분노했다. 즉각 복수를 다짐하고 군함을 파견했다. 그러나 임칙서와 교전을 벌이지 않고, 직접 난징南京으로 달려가 베이징北京과 항저우杭州를 연결하는 징항京杭 대운하를 봉쇄했다. 이렇게 해서 베이징의 식량 공급이 끊기게 되었다. 결국 청나라는 영국과의 협상을 위한 수석대표 기선琦善을 파견해 〈난징조약〉을 체결했다.

〈난징조약〉은 영토 할양, 배상, 통상을 위한 항구 개방, 관세협정 등 모두 4개 조항으로 이뤄져 있었다. 당시 도광제는 이 4개 조항을 보고 전혀 화를 내지 않고, 오히려 크게 감격해 이렇게 말했다.

"기선이여! 협상 수석대표인 그대는 정말 재주가 좋구나. 이 몇 개 조항으로 그처럼 많은 병력으로도 내몰지 못한 영국 사람을 가볍게 보내버렸구나."

도광제는 말로만 그치지 않았다. 즉각 명령을 내려 임칙서를 퇴임시키고 기선에게 상을 내렸다.

왜 도광제는 이 조약이 대단히 수지가 맞다고 여겼을까? 하나씩 훑어보면 금방 답이 나온다.

우선 제1조이다. 도광제가 보니 영국 사람들이 원하는 것은 전혀 들어본 적 없는 홍콩이라는 작은 섬이었다. 당시 청나라의 대외 통상 도시는 광저우였다. 게다가 그때 홍콩은 지금의 홍콩보다 훨씬 작은 섬에 불과할 뿐 아니라 거의 불모지에 가까웠다. 그런데 그게 뭐 대단하겠는가? 강력한 대국인 청나라가 영국에게 기꺼이 줘도 아무 문제가 없는 섬이었다.

배상 문제를 거론한 제2조 역시 도광제로서는 아플 것이 없었다. 겨우 20여만 은화였다. 이 정도면 광저우 13행十三行(청나라 때 광저우에 설립된 대외무역을 경영하던 전문 상사-옮긴이)으로도 충분히 해결할 수 있다고 본 것이다. 당시 13행의 주인 각각의 재산이 수천만 냥 백은을 넘어서고 있었으니까.

제3조 역시 크게 문제될 것이 없었다. 통상 항구를 몇 개 더 개방하는 내용이었다. 광저우를 개방한 지도 100여 년이 넘었는데 별일 없지 않은가?

제4조는 오늘날 중국 입장에서 볼 때 가장 증오해야 하는 내용이다. 당시 중국에서 생산한 제품에는 이것저것 온갖 세금들이 붙었다. 그러나 이 조약에 따라 외국 제품은 그저 10여%의 통일 세율만 부담하면 됐다. 이로 인해 이후 중국 기업가들은 선천적으로 가혹한 경영 환경에 직면하는 운명을 맞았다. 더욱 죽을 맛이었던 것은 만약 이 고정 세율을 고치려고 할 경우 영국과 반드시 협상을 벌여야 한다는 사실이었다. 이는 관세를 모두 외국인이 통제하도록 권리를 넘겨준 것과 같지 않은가!

그러나 도광제는 그렇게 보지 않았다. 당시 청나라 관원들의 부패는 하늘을 찌를 정도로 극심했다. 중앙의 세율은 사실 5%를 넘지 않았다. 하지만 지방 세율은 각종 수속비와 뇌물 등을 합하면 모두 20%에 이르렀다. 이 때문에 통일 규정이 적용된 이후 청나라 조정이 거둬들이는 수입은 오히려 더 많아졌다. 도광제로서는 전혀 생각지도 않은 넝쿨이 굴러들어온 셈이었다. 게다가 그동안 줄곧 해결하지 못한 세수 및 부패 문제 역시 일거에 해결하는 효과를 보았다.

〈남경조약〉이란 불평등조약이 꼭 상대의 강요에 의한 것만은 아님을 알 수 있다. 이 점에서 보면 중국인들은 여전히 기개가 넘쳤다. 그러나 제국주의는 중국의 약점을 너무나 속속들이 알고 있었다. 그중 대표적인 것 하나는 협상 수석대표가 무슨 멍청한 짓을 했는지 황제가 반드시 아는 것은 아니라는 사실이다. 또 이 수석대표는 근본적으로 본국 기업의 사활에 대해서는 전혀 신경 쓰지 않았다. 조약을 체결했을 당시, 청나라 조정의 문무백관들은 조상이 물려준 영토를 남에게 떼어주고 체면이 땅에 떨어졌다고만 느꼈을 뿐이었다. 관세협정이 중국을 낭떠러지로 몰아갈 것이라는 사실을 전혀 몰랐다. 잘못됐다는 사실을 발견했을 때는 이미 보완하려고 해도 때가 늦었다.

이 책을 읽다 보면 중국의 협상 수석대표 수준이 100여 년 동안 거의 향상되지 않았다는 사실을 깨닫게 된다. 100여 년이 지난 오늘날, 제국주의가 중국을 해치려는 마음은 아직도 사라지지 않았다. 그런데도 중국 내부에서는 각양각색의 협상 수석대표가 등장해 이전의 관세협정과 유사한 조항에 서명하기 바쁘다.

제1장에서는 현대판 기선의 첫 번째 케이스를 말하고자 한다. 타이어 특별 세이브 가드 협상 수석대표인 쉬윈잉徐文英 여사가 예의 기선의 수준을 발휘해 이치에 맞지 않을 뿐 아니라 근거도 없는 무지한 논박을 제기한 사실을 속속들이 까밝힌다. 그녀는 미국에 가서 상대를 설득하고 협상을 벌이는 데 적지 않은 돈을 들였다. 그러나 마지막에 징벌적인 관세는 조금도 줄지 않아 결국 중국인들의 원성을 샀다. 보다 황당한 사실은 타이어 특별 세이브 가드 협상이 철저하게 실패한 다음 일련의 무역전쟁을 일으켜 이를 보완하려 했다는 것이다. 그러나 이미 모든 상황은

종료가 된 뒤였다!

　제2장에서 밝힌 현대판 기선의 두 번째 사례는 란저우蘭州시 정부의 협상 수석대표이다. 그는 기선이 무색할 정도의 협상 실력을 발휘했다. 프랑스 회사 베올리아Veolia와 전혀 주도권을 쥐지 못한 채 '시市'가 모욕만 당한 수도세 계약을 체결한 것이다. 이때 베올리아는 투자도 하지 않았다. 상수도관을 설치하지 않은 것은 물론이었다. 그럼에도 란저우시 상수도 회사를 매입한 이듬해에 49% 수도요금 인상을 요구했다. 란저우 시민들은 황당해하며 급기야 공청회를 열어 베올리아 측에게 재무 데이터를 제공하라고 요구했다. 이때 베올리아는 제국주의의 진면목을 여실히 드러냈다. 제멋대로 거절을 함과 동시에 만약 가격을 인상하지 않으면 란저우시 정부를 법정에 세우겠다고 협박했다. 란저우시가 주권을 잃고 모욕을 당한 수도세 계약 추진으로 중국 각지의 수도세는 전면적으로 인상되기에 이르렀다.

　중국 입장에서는 외국 기업의 투자에 너무 군침을 흘려선 안 된다. 모두 사인을 해줘 무엇이든 다 팔면 안 된다는 얘기가 되겠다. 더구나 공공사업 부문을 파는 것은 더욱 곤란하다. 절대로 이런 방식에 혈안이 돼서는 안 된다. 그럼에도 현재 많은 공공사업 부문이 싼값에 계속 팔리고 있다. 이런 일은 정말 세계적으로도 보기 드물다. 최근 베올리아는 수도 사업 외에 전국 각지에서 대중교통 시스템을 매입하고 있다고 한다. 란저우 상수도 모델 재현을 꿈꾼다는 단정이 가능하다. 수돗물을 통제하는 것은 중국 국민들의 명맥을 통제하는 것으로, 현재 수돗물 가격 인상 권한은 모두 베올리아가 가지고 있다. 여기에 대중교통 시스템마저 베올리아가 통제하면 중국인의 두 다리를 이들이 완전히 장악하여 가격 인상이란 필연적인 결과를 부른다.

이런 무지, 무능, 부도덕한 대응은 중국 국민들의 근본적인 이익을 해친다. 만약 이로 인해 국민들의 원성을 산다면 아무리 보완하려고 해도 때는 이미 늦는다.

제3장은 철광석 협상 수석대표인 중국철강협회가 미국, 일본, 호주 등이 정한 철광석 가격 결정의 게임 룰을 전혀 이해하지 못한 상황에서 황급히 호주의 리오 틴토Rio Tinto 인수전에 뛰어들었다가 참패한 사례이다. 아직 협상 결과가 나오지 않았으나 어쨌든 수준이 기선만도 못했다고 필자는 보고 싶다.

이후 철강협회는 다시 중국인 특유의 뒷거래와 남을 궁지에 몰아넣는 기질을 발휘해 방향을 확 틀어 브라질 콤파냐 발레 도 리오 도체CVRD에게 유혹의 눈길을 보냈다. 그러나 다시 한 번 뺨을 얻어맞고 참패하여 머쓱한 얼굴로 돌아왔다. 마지막에 중국은 할 수 없이 현물가격으로 철광석을 수입했다. 이로 인해 2009년 11월까지 30%에 이르는 손실을 입었다. 철강협회의 당시 협상 수석대표는 두 차례에 걸친 협상에서 대략 7,000억 위안의 손실을 초래했다. 이를 시정하려고 뒤늦게 범국가적인 차원에서 나서봤으나 때는 이미 늦었다!

현대판 동인도회사

다시 아편전쟁 당시로 돌아가 보자. 영국인들은 아편 무역이 장기적인 전략이 아니라는 사실을 깨닫고 두 번째 전략을 궁리하기 시작했다. 1848년 동인도회사는 경험이 풍부한 황실 식물원 온실부 주임 로버트 포천Robert Fortune을 중국에 파견했다. 중국어를 유창하게 구사한 그는 자신을 스코틀랜드 식물학자이자 탐험가라고 소개하며 주변의 중국인들을 안심시켰다. 청나라는 당시 정말 우매하기 이를 데 없었다. 스코틀랜드와 중국이 체결한 〈남경조약〉의 당사자인 잉글랜드가 어떤 관계인지조차 몰랐다.

이에 그는 당당하게 중국 내지인 푸젠福建의 산간 지역으로 깊숙하게 들어가 중국이 엄격하게 관리하는 차 씨앗을 얻고 차 재배 방법까지 현지 조사해 기록했다. 나중에는 2만 그루의 작은 차나무와 약 1만 7,000개의 차 씨앗을 가져갔다. 더불어 중국인 차 노동자와 차를 재배하는 차농茶農 8명도 함께 데리고 갔다. 그 후 인도의 차가 중국의 차를 대신해 무역시장에 등장했다. 이로 인해 1890년에 이르러 인도 차가 영국 국내시장의 90%를 점유하게 됐다. 중국은 이 무역전과 산업 스파이전에서 완전히 패배해 구경꾼으로 전락하고 말았다.

우리는 동인도회사의 존재가 지나간 과거의 일이라고만 생각하고 있다. 하지만 현대판 동인도회사가 이미 강호江湖에 다시 출몰했다. 그들은 바로 몬산토를 비롯한 4대 곡물 메이저와 월스트리트이다.

아편전쟁 당시 영국의 동인도회사는 간첩을 중국에 파견해 차를 훔쳐갔다. 지금의 미국 몬산토 역시 똑같다. 중국에 들어와서는 대두 씨를 훔쳤다. 이 얘기는 제4장에서 다루려고 한다.

몬산토는 대두 씨를 훔친 다음 유유히 돌아갔다. 이어 자신들의 최첨단 연구를 통해 대두에서 높은 생산량을 담보해주고 병충해에 강한 유전자를 찾아냈다. 2000년 몬산토는 중국을 포함한 전 세계 101개국에 64개 항목에 이르는 특허를 신청했다. 2003년 이후에는 미국 정부를 통해 중국에게 이 대두를 수입하도록 강요하여 중국 대두는 도태하고 말았다. 여기에 현대판 동인도회사의 다른 멤버인 월스트리트가 대두 가격을 톤당 4,400위안까지 올렸다가 다시 2,000위안으로 떨어뜨리면서 70%에 이르는 중국의 유지압축 공장은 파산에 직면했다. 현대판 동인도회사의 또 다른 멤버인 4대 곡물 메이저는 이 기회를 틈타 중국에 들어와 도산한 이들 공장을 저가로 매입했다. 이로써 현대판 동인도회사는 중국 식용유 시장의 무려 85%를 장악하게 되었다.

과거의 제국주의는 중국에 간첩을 위장 잠입시켜 8명의 고급 기술자를 빼내 인도와 스리랑카에서 몇 십 년 동안 실험을 한 다음 중국의 국부를 훔쳐갔다. 그것과 비교하면 신제국주의는 훨씬 더 겁난다. 단 한 사람도 빼낼 필요 없이 그저 씨앗 한 톨만 가져가 실험실에서 분석과 시험을 통해 64개 항목의 특허를 신청한 것이다! 과거의 제국주의는 무역흑자를 서서히 줄어들게 만들 뿐이었으나 신제국주의는 아예 수출 통로를 막아버리고 오히려 수입을 대량으로 요구했다. 과거 그들은 차를 구입하기 위해 멕시코에 가서 은광을 채굴했다. 하지만 현재는 오히려 대두 씨를 아르헨티나와 브라질에 판 다음 다시 대두를 중국에게 팔고 있다.

현대판 동인도회사는 대두전쟁에서 단맛을 보고 연이어 두 번째 전쟁을 벌였다. 제5장에서 설명할 옥수수전쟁이 여기에 해당한다. 그들은 대두전쟁과 비슷한 맥락 차원에서 옥수수를 계속 중국에 수출했다. 무엇보다 중국 옥수수와 가공품(전분, 사료 등)의 판매가격이 원가보다 낮은 기회를 틈타 중국에 진입할 수 있었다. 당시 중국의 무역가공 업체와 사료 업체는 이 때문에 적지 않은 손실을 입어 4대 곡물 메이저의 바람과 그대로 일치했다. 4대 곡물 메이저는 중국에게 옥수수 수입을 개방하도록 요구했다. 자신들이 전 세계 옥수수 교역량의 90%를 통제하고 있었던 데다 중국 기업 역시 판매가격이 원가보다 낮아 발생한 손실을 메울 필요가 있었기 때문이다.

이중의 압력에 직면한 중국 정부는 수입 개방을 저지하기 어려웠다. 문제는 이 경우 미국 옥수수가 중국 시장을 휩쓸어 대두처럼 곧바로 중국 옥수수를 도태시키고 사료 시장까지 장악할 가능성이 높아진다는 사실이다. 더 나아가 가축과 가금 및 달걀, 유제품류를 포함한 파생상품 시장도 장악하지 말라는 법이 없었다. 정말 그렇게 될까? 미국 정부는 과거 10년 동안 자국에서 경작되는 옥수수에 대해 무려 290억 달러를 보조하여 판매가격이 대단히 싸다. 답은 그렇게 될 수밖에 없다는 쪽으로 나온다.

반대로 중국 정부가 수입을 개방하지 않으면 어떻게 될까? 사실 현대판 동인도회사 입장에서는 이 편이 더욱 좋다. 솔직히 수출은 너무 힘든 일이 아닌가. 현대판 동인도회사의 또 다른 멤버인 몬산토는 아예 씨앗을 중국에게 줘 광시廣西에서 DK 007과 008호 미국 옥수수를 재배한 다음 북벌을 단행해 동북 지방의 옥수수까지 도태시키려 할 것이다. 그들은 160여 년 전 태평천국太平天國의 난에서 이미 이런 북벌 정신을 배운 바 있다. 현대판 동인도회사의 수법은 한 단계 더 높아졌다고 말할 수 있다.

이 수법은 제6장에 기술할 면화전쟁에서 더욱 두드러진다. 현대판 동인도회사 생각에는 대두의 경우처럼 바다를 건너 중국에 수출하는 것이 상당히 고생스러울 수 있다. 또 옥수수처럼 씨앗을 광시 농민에게 줘서 재배하게 하는 것 역시 골치 아플 가능성이 높다. 그럴 바에야 차라리 면화 씨앗을 직접 중국에 팔아 중국의 토지를 이용해 중국 시장을 공략하는 것이 훨씬 나은 방법이다.

몬산토는 대단히 영리하다. 그들은 자신들이 중국에 들여올 씨앗 유전자 변형 항충抗蟲 면화인 33B가 표절될 것이라는 사실을 모르지 않았다. 그래서 그들은 시한폭탄을 장치했다. 그야말로 사람의 찬탄을 자아내게 하는 방법이었다. 결론적으로 말해보자. 항충 면화 33B가 생산해내는 면화는 경작 후 3년은 문제가 없다. 그러나 3년이 지나서 그들에게 씨앗을 사지 않으면 대가 지날수록 생산량은 줄어든다. 그래서 2009년이 되자 중국의 면화 부족량은 무려 200만 톤에 이르렀다.

그들은 대두전쟁과 옥수수전쟁 같이 중국에게 면화 수입을 개방하도록 강압할 필요가 없다. 중국이 아무리 면화를 심어도 수요량을 따라잡는 것이 불가능하기 때문이다. 궁극적으로 막대한 양의 부족분은 수입에 의존할 수밖에 없어서 자연스럽게 시장 개방이 이루어진다. 결국 면화 역시도 대두와 옥수수의 전철을 밟는 것이다. 미국 면화가 향후 중국 면화를 도태시키는 것은 명약관화한 사실이다. 미국 정부는 면화에 대해서도 대량의 보조금을 지급하여, 100달러의 면화를 재배할 경우 농민들은 89~129달러의 보조금을 받을 수 있다.

현대판 동인도회사의 전략은 대두의 강압적인 수입 압력에서 중국 땅에 옥수수를 재배하는 것으로 업그레이드됐고, 이어 중국이 자원해서 미국 면화를 수입하는 것으로 한층 더 업그레이드됐다. 정말 뛰어난 수법에 탄복하고 또 탄복할 수밖에 없다.

신제국주의의 '가면'을 벗기다

제3부에서는 외국 자본의 '가면'을 벗기려고 한다. 핵심은 과거에 그저 수입 회사에 불과했던 그들이 지금은 수입 회사일 뿐 아니라 수출 기업

으로 변모했다는 사실이다. 더 나아가 그들은 산업 사슬에 대한 강력한 통합 능력을 이용해 모든 산업 사슬을 통제하고 모든 산업을 조종할 수 있게 되었다. 신제국주의의 산업 사슬과 관련한 통합적 사고는 제7장과 8장에서 자세하게 설명한다.

제7장은 후이위안滙源 인수·합병 사안으로부터 외자가 중국 기업을 어떻게 인수·합병하는지에 대한 진면목을 보게 된다. 코카콜라 입장에서는 솔직히 후이위안을 인수·합병해도 안 해도 그만이었다. 그 이유는 후이위안이 단순히 제조 부문과 판매 부문만 보유하고 있어서 그다지 중요하지 않았기 때문이다. 코카콜라는 중국에 완벽한 캔 자동 제작 라인과 배송 시스템을 보유했고, 판매 공세나 브랜드 가치를 제고하는 분야에서는 중국 음료업계의 스승이라는 단언도 지나치지 않았다. 그렇다면 코카콜라는 왜 엉뚱한 인수·합병에 나섰을까?

후이위안의 가장 가치 있는 자산은 사실 선진 기술의 귤 농장이었다. 코카콜라는 이 농장에 미국의 경험을 접목시키려고 했다. 또 상황이 여의치 않을 경우는 미국 썬키스트에 되팔면 그만이었다. 그래서 코카콜라는 한참을 고생한 끝에 마침내 후이위안 인수·합병 계획 막바지에 이르렀다. 코카콜라가 만약 후이위안을 매입한다면 복잡한 공정을 다소 줄이고, 귤 재배를 스스로 할 필요가 없어진다. 설사 매입하지 못한다 해도 상관은 없다. 그저 조금 늦게 중국 시장을 정복하는 것일 뿐이니까.

제8장은 월마트 이야기로 외자가 중국 산업 사슬을 통합하는 진면목을 볼 수 있다. 우선 필자는 이 사례를 통해 독자 여러분에게 문제 하나를 제기하고자 한다. 중국은 왜 그렇게 외자를 두려워하는가? 바이두百度(중국 최대의 포털 사이트)에서 '외자 인수 합병'을 검색해보면 외자에 대

한 네티즌들의 태도를 알 수 있다. 너도나도 큰소리로 치거나 너무 과장해 듣는 사람을 놀라게 하는 경우가 대부분이다. 그러나 이런 고함과 적대감은 외자가 얼마나 무서운지를 설명하는 것이 아니라 외자가 무엇인지 전혀 모른다는 것을 설명할 뿐이다.

사실 월마트가 중국에서 가지고 있는 진정한 경쟁력 우위는 비즈니스 사슬 통합력이다. 월마트는 마치 탐욕스런 뱀처럼 단계가 낮은 것부터 차례차례 먹어치우고 마지막에는 자신의 덩치를 크게 키웠다. 이런 모든 산업 사슬을 인수·합병하는 외자의 노하우는 관심을 가지고 배울 가치가 있다.

신제국주의의 진면목

어떤 사람들은 현재의 상황이 과거와 달라 제국주의가 다시는 그렇게 적나라하게 행동하지 못할 것이라고 순진하게 말한다. 독자 여러분은 답을 알고 싶은가? 그러면 시선을 아프리카로 돌려보자. 신제국주의가 어떻게 판을 치는지 볼 수 있다. 오늘날 서양은 과거와 마찬가지로 아프리카 약탈을 멈추지 않고 있고 오히려 그 강도가 갈수록 심해지고 있다. 최근 소말리아 해적이 중국 선박을 납치한 후에야 비로소 중국인들은 사태의 심각성을 깨달았다.

제9장은 서양의 제국주의가 어떻게 아프리카를 약탈했고, 이로 인해 소말리아 해적이 창궐한 이유를 밝히고 있다. 소말리아는 1887년부터 영국과 이탈리아의 식민지가 됐다. 1960년에 이르러 영국과 이탈리아가 소말리아에서 발을 빼면서 소말리아공화국이 탄생할 수 있었다. 그러나 이것이 오히려 소말리아의 재난을 촉발시켰다. 영국과 이탈리아는

발을 뺀 후에도 여전히 현지에 자신들의 대리인을 심어놓고 소말리아의 자산을 약탈해갔다. 결과적으로 소말리아는 더욱 가난해졌고, 여러 해 동안 기근까지 겹쳤다. 1980년대가 돼서는 미국과 이탈리아가 소말리아에 마수를 뻗치기 시작했다. 양국이 투입한 원조액을 합치면 소말리아 GDP의 거의 반이나 된다. 하지만 소말리아는 여러 해 계속된 전란과 군벌 할거 탓에 부패가 횡행하여 원조 대부분은 개인의 주머니로 흘러들어갔다. 미국이 원조한 많은 물자가 암시장에서 팔리면서 소말리아 국민들의 생활은 더욱 어려워졌다.

오늘날 소말리아는 왜 '해적의 왕국'으로 변했을까? 미국의 간섭은 영화《블랙 호크 다운》에서 묘사한 상황을 야기했고, 나아가 국제적인 재난을 초래했다. 소말리아가 무정부상태에 처하자 서양 각국의 선박들은 대량으로 소말리아에 진입하여 두 가지 일을 벌였다. 하나는 멸종을 초래할 정도의 무차별 남획이었고, 다른 하나는 핵폐기물 무단 방류였다. 소말리아의 독립 뉴스 매체인《와드허 뉴스 Wardher News》가 일찍이 해상 무장을 통해 외국 선박을 납치하는 행동에 대한 여론조사를 실시했는데, 놀랍게도 70% 이상의 해안 거주민이 해적들의 행동을 지지하는 것으로 나타났다. 왜 그럴까? 아마도 이렇게 생각하지 않을까 싶다.

"우리 해적들이 당신들을 나포하는 것은 당연하다. 당신들은 우리의 생선과 새우를 모두 포획하고 우리에게 조금도 남겨주지 않았다. 우리는 어떻게 살아가란 말인가? 당신들은 또 핵폐기물을 모두 우리 해변에 버렸다. 그런데도 당신들을 나포하지 않으면 누구를 나포하는가?"

제10장에서는 소말리아 외에 또 다른 불쌍한 아프리카 국가인 코트디부아르를 소개하고자 한다. '아이보리코스트'라고도 불리는 이전의

프랑스 식민지가 지금도 여전히 신제국주의의 심한 착취를 당하는 모습이 공개된다.

중국을 해치려는 신제국주의의 의도가 여실히 드러난 행동으로는 중국과 아프리카 관계의 이간질을 꼽을 수 있다. 제11장에서는 중국이 어떤 형태로든 아프리카 대륙에 손을 뻗치지 못하도록 방해하는 신제국주의의 음모를 소개한다. 그들의 중국에 대한 비난을 종합하면 다음과 같다.

"국영 성격의 중국 광산 회사는 매일 1파운드도 안 되는 저임금으로 현지인을 고용해 광산을 채굴하고 있다. 이 자원들은 중국산 자동차에 실려 중국이 만든 도로를 통해 운송된다. 마지막에는 중국이 만든 철도를 거쳐 중국의 원조로 건설된 항구까지 보내진다. 그런 다음에는 중국의 원양 회사에 건네져 중국으로 운반된다. 그 배후에는 중국 군수 무역이라는 그림자가 존재하고 있다."

악마로 묘사되는 것은 무서울 게 없으나 조직적인 산업 사슬을 동원해 악마로 묘사하면 대책이 없다. 중국으로서는 데이터나 사례를 가지고 상대방을 반박하기 어렵기 때문이다. 따라서 중국은 반드시 신제국주의가 중국에게 펼치는 계략에서 힘을 다해 뛰쳐나와야 한다. 이어 원리, 원칙에 입각해 철저히 신제국의의 진면목을 파헤치는 데 전력을 기울여야 한다.

신제국주의의 최전선, 미국

중국인은 "지금 어떻게 위기에서 벗어날 수 있을까?"라고 말할 때 항상 프랭클린 루스벨트의 뉴딜 정책을 언급한다. 또 많은 중국인들은 버락 오바마 대통령 역시 뉴딜 정책을 펼쳐 중국을 위기에서 구해줄 것이라는 환상을 가진다. 그러나 필자는 제4부에서 신제국주의의 본질은 결코 바뀌지 않았다고 아주 명확하게 분석했다. 우리는 반드시 오바마 대통령 집권 아래의 미국 신제국주의를 이해해야 한다. 현실과 동떨어진 환상을 절대 품지 말라. 그렇지 않으면 이중으로 손해를 보게 된다.

과거 아들 부시 대통령 시대의 미국은 잘못된 이분법을 강요했다. 그것은 바로 적이 아니면 친구라는 일방주의였다. 제12장을 보면 오바마 대통령이 미국 역사상 보기 드물게 회색지대를 인정하고 일방주의를 포기한 대통령이라는 사실을 알 수 있다. 그러나 일방주의를 포기했다고 하더라도 중국에 대한 적개심은 변하지 않는다. 필자는 오바마 대통령이 대단히 민첩한 외교적 레토릭으로 중요한 문제는 회피하고 사사로운 것들로만 중국의 체면을 세워주는 인물이라고 생각한다. 실상 모든 알맹이는 그들이 다 취한다는 사실이다.

오바마 대통령은 뜻밖에 노벨평화상을 수상했다. 이 정도 되면 그가 평화를 추구하고 대립과 충돌을 지양하는 대통령이라는 또 다른 평가를 내려야 하지 않을까? 사실 중국인들은 노르웨이를 포함한 북유럽 사람들과 마찬가지로 오바마 대통령을 전혀 모르고 있다. 간단히 말해, 가정을 중시하는 스타일의 이 남자는 미국의 일관된 일방주의를 포기해 북유럽 사람을 감동시켰다. 노르웨이 역시 이 감동에 근거해 노벨평화상을 그에게 안겼다. 하지만 중국인들은 이로 인해 오바마 대통령이 중국에 대한 일관적인 적대감을 포기할 것이라고 기대해서는 절대로 안 된다.

미국이 1940년대에 대공황을 빠져나온 것은 프랭클린 루스벨트의 뉴딜 정책 덕분이었으나 반대급부로 중국에는 백은白銀 위기와 심각한 경제위기를 초래했다. 미국 경제는 1929년의 '검은 목요일'을 계기로 붕괴하기 시작해 그 후 4년 동안 비참한 국면을 면치 못했다. 1933년 4월, 프랭클린 루스벨트는 미증유의 위기를 해결하기 위해 동분서주하던 허버트 후버에 이어 미국 대통령에 당선됐다. 이후 그는 '거시적 경제 조정'으로 개인의 황금 및 금화 증권 비축 금지, 미국 달러 40.94% 평가절하, 중공업 및 인프라스트럭처 건설 등을 포함한 여러 가지 강력한 국가 간섭 정책을 내놓았다. 미국 경제를 진흙탕에서 끌어낸 이것이 바로 유명한 뉴딜 정책이다.

뉴딜 정책 중에서 가장 중요한 조치는 잠시 금본위 정책을 포기한 것이다. 이는 직접적으로 세계 백은 시장의 가격을 크게 오르게 만들었다. 온스당 가격이 1932년 0.27달러에서 1933년 4월 0.45달러로 오르더니 1935년에는 0.67달러까지 급등했다. 루스벨트의 정책은 미국 경제를 자극하고 회생시켰다. 그러나 뜻밖에 태평양 건너 취약한 중국 경제에는 치명상을 입혔다. 백은 가격의 상승으로 중국 은화의 값어치가 빠르게 올라갔는데, 이는 현재 위안화 평가절상과 같은 의미였다. 그 결과 국제 시장에서 중국 상품의 가격 우위가 갑자기 사라져버렸다. 상품 수출이 대폭 감소하고 중국 내에서는 금융과 상공업 동요가 일어나 백은의 대량 유출, 원자재 가격 하락, 소비시장 침체 현상이 나타났다.

게다가 당시 미국을 포함한 많은 나라들이 보호무역 정책을 실시하고 있었다. 민국民國 시대의 경제학자인 류다쥔劉大鈞이 남겨놓은 데이터에는 당시 상황이 잘 반영돼 있다. 1934년 중국 상품의 순수출은 1931년의 14억 1,700만 달러에서 갑자기 5억 3,500만 달러로 급감했다. 면사 수출은 1929년의 34만 담擔(1담은 50kg임-옮긴이)에서 1935년에는 24만 담으로 떨어졌고, 생사는 42만 담에서 18만 담, 차 역시 94만 담에서 63만 담으로 하락했다. 수출의 위축은 무엇보다 농산품 가격에 영향을 미쳤다. 이 결과 1931년부터 1934년에 이르기까지 GNP에서 차지하는 전국의 농업 생산액은 놀랍게도 47%나 하락했다. 농촌은 완전히 불황 상태에 빠져버렸다.

결론적으로 말하면, 루스벨트가 추진한 뉴딜 정책의 첫 번째 수단은 환율 전쟁이었고 두 번째 방법은 무역 전쟁이었다. 80년이 지난 오늘날 오바마 대통령이 이끄는 미국 신제국주의는 필자가 이미 말한 것처럼 중국에 대한 적개심을 절대 버리지 않을 것이다.

제14장의 분석에 따르면, 표면적으로 오바마 대통령은 항상 원활한 수단과 기교를 동원해 아프지도 않고 가렵지도 않게끔 중국을 대하고 있다. 그러나 그는 실제로 프랭클린 루스벨트의 두 가지 수단인 환율 전쟁과 무역 전쟁을 계승한 인물이라고 봐도 무방하다. 게다가 그는 여기에 세 번째 수단인 원가 전쟁까지 추가했다. 미국 신제국주의가 일으킨 전대미문의 3대 전쟁이 중국에게 도대체 얼마나 큰 살상력을 발휘할지 진지하게 분석할 가치가 있다.

이 책을 다 읽은 다음 독자 여러분들이 제국주의가 지금껏 소멸한 적이 없었다는 진리를 깨달을 것이라고 믿어 의심치 않는다. 그들은 다만 다른 형태를 빌려 부활할 따름이다. 그렇다면 중국은 어떻게 해야 할까? 이에 대해 마오쩌둥毛澤東은 명쾌한 해답을 제시했다.

"환상을 버리고 투쟁을 준비하라!"

차례

프롤로그 중국은 신제국주의의 덫에서 벗어날 수 있는가? ······ 004

제1부
어리석은 기선의 후예들

제1장 미국, 중국 타이어에 관세를 부과하다_ 미국의 보복성 관세 ······ 031
왜 관세를 부과했는가? | 실업의 적은 중국 아닌 미국의 자본가 | 중국의 결정적 실수 | 게임의 룰을 장악해야 반격할 수 있다 | 보복성 관세, 미국은 되고 중국은 안 되는 이유
깊이 읽기 「금융 오버실링 전쟁」

제2장 중국인이 물 마시기 두려운 까닭은?_ 프랑스의 물 공급 시스템 장악 ······ 051
프랑스 베올리아, 도시 물 공급 시스템을 장악하다 | 한해 물값 상승률이 49%? | 베올리아 계약서의 함정 | 앞으로 우리는 물을 마실 수 있을까?
깊이 읽기 「고삐 풀린 자본주의」

제3장 철광석의 최종 가격 결정권자, 월스트리트_ 미국과 호주의 철광석 독점 ······ 067
‘리오 틴토 사건’ | 철광석과 주요 경제지수를 움직이는 세력 | 일본, 40년 전부터 채광사업에 뛰어들다 | 마인드의 차이가 미래를 결정한다
깊이 읽기 「두바이 & CO.」

제2부
현대판 동인도회사

제4장 미국에 손을 들어준 중국산 대두 한 알_ 미국의 대두전쟁 ······ 089
재앙을 부른 대두 한 알 | 중국 압착 기업의 줄도산 | ABCD, 국제 식량 시장의 ‘막후의 손’ | 식용유 가격의 미래는?
깊이 읽기 「식량 전쟁」

제5장 미국 정부가 옥수수 재배에 보조금을 주는 이유는?_미국의옥수수전쟁 ·········· 107

미국 옥수수는 왜 저렴할까? | 옥수수 가격을 통제하는 결정적 이유 | 몬산토 옥수수의 비밀

깊이 읽기 『세계는 평평하다』

제6장 중국의 수출이 늘수록 미국이 부유해진다_미국의 면화전쟁 ·········· 123

몬산토의 유전자 변형 면화 | 몬산토의 전략, 조삼모사 | 중국의 수출이 늘어날수록 미국이 부유해진다 | 몰락하는 중국 농업

깊이 읽기 『산업 사슬 음모』

제3부
신제국주의의 '가면'을 벗기다

제7장 서양은 어떻게 중국 기업을 장악하는가?_후이위안의 사례 ·········· 141

중국 음료 시장을 장악하려는 코카콜라 | 뿌리 깊은 외국 자본 | 외국 자본에 의한 인수와 합병, 그 후의 중국은? | 불공정 인수와 합병을 경계하라

깊이 읽기 『금융위기 경제학』

제8장 중국의 산업 사슬을 옭아매는 외국 자본_월마트의 사례 ·········· 159

왜 월마트가 무서운가? | 월마트의 비즈니스 성공전략 | 원가를 최소화하라 | 월마트의 급소 | 비싼 토지 임대료가 발목을 잡다 | 성공도 실패도 물류 탓 | 청출어람 | 월마트가 가야 할 길

깊이 읽기 『곰과 함께 춤을』

제4부
신제국주의의 진면목

제9장 소말리아 해적이 출현한 이유는?_서양의 아프리카 수탈현장 ·········· 193

평화를 사랑하는 유서 깊은 나라 | 소말리아 재난의 시작 | 궁지에 몰린 어민, 해적의 길을 택하다 | 그들에게 내일은 없다

깊이 읽기 『컨테이전』

제10장 서양은 어떻게 아프리카를 약탈했는가?_코트디부아르의 사례 ·········· 209

서양의 제국주의 | 제국주의의 첫 번째 올가미 : 비교 우위 | 제국주의의 두 번째 올가미 : 사

유화 | 경제적 이익을 위해서라면 군사 행동도 불사 | 아프리카 자원을 싹쓸이하다
깊이 읽기 「글로벌리티」

제11장 **중국의 아프리카 진출을 비난하는 서양 언론**_ 서양의 무차별 견제책 ·········· 225
"오래 사귄 친구는 순금과 같다" | 중국이 아프리카를 진출하는 이유 | 서양 언론의 마녀사냥
| 중국은 서양의 이익 구도를 파괴하는가?
깊이 읽기 「인도의 도래」

제5부
신제국주의의 최전선, 미국

제12장 **미국을 이해하려면 오바마를 알아야 한다**_ 오바마 정부의 실체 ·········· 249
전설적인 흑인 대통령 | 오바마의 슬로건 : 변화 | '스마트 파워' | 오바마 정부의 엘리트들 | 오
바마는 현 위기 상황을 극복할 수 있을까?
깊이 읽기 「누가 중국경제를 죽이는가?」

제13장 **그는 어떻게 노벨평화상을 받았을까?**_ 유럽인이 보는 오바마 ·········· 267
노르웨이를 감동시킨 '올해'의 국제 인물 | 한 번의 무릎 꿇기로 상을 받은 빌리 브란트 | "얼
마나 많은 사람들에게 영향을 미쳤는가" | 북유럽 가치관의 대변인 | 평화에 대한 서로 다른
기준
깊이 읽기 「대침체의 교훈」

제14장 **오바마의 세 가지 선물**_ 중국과 미국의 경제 전쟁 ·········· 287
중국의 선물, 상하이 디즈니랜드 | 오바마의 첫 번째 선물 : 환율 전쟁 | 오바마의 두 번째 선
물 : 무역 전쟁 | 오바마의 세 번째 선물 : 원가 전쟁 | 미국식 논리적 사고의 바탕 | 중국 경제의
잠재된 위기 | 위기 대응, 선택에 따라 결과가 달라진다 | 중국 경제, 장기 침체에 빠질 가능
성은? | 미국은 어떻게 중국 경제를 음해할까
깊이 읽기 「누가 중국 경제를 구할 것인가」

옮긴이의 말 중국은 세계경제를 장악할 수 있을까? ·········· 321

제1장 미국, 중국 타이어에 관세를 부과하다

제2장 중국인이 물 마시기 두려운 까닭은?

제3장 철광석의 최종 가격 결정권자, 월스트리트

제1장 미국, 중국 타이어에 관세를 부과하다

제2장 중국인이 물 마시기 두려운 까닭은?

제3장 철광석의 최종 가격 결정권자, 월스트리트

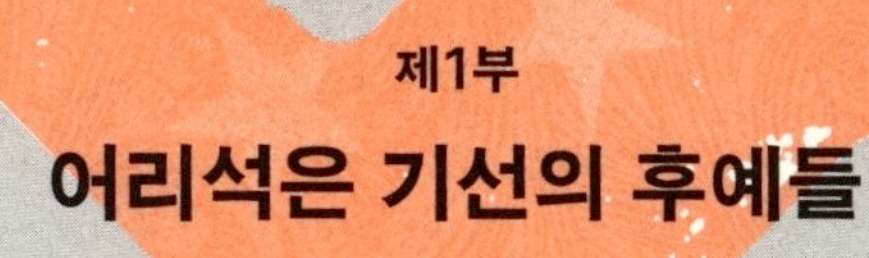

제1부

어리석은 기선의 후예들

미국, 중국 타이어에 관세를 부과하다

– 미국의 보복성 관세

독점은 이미 현실이 됐다. 생산이 집중되면서 독점을 가능하게 만들었다. …… 사실이 모든 것을 증명하고 있다. 자본주의 국가 간의 차이, 예컨대 보호주의를 시행하건 자유무역을 시행하건 다만 독점 조직의 형식이나 발생 시간에 있어서 일부 비본질적인 차이를 일으킬 뿐이다. 그것이 바로 현 단계 자본주의 발전의 일반적이고 기본적인 규율이다.

블라디미르 레닌, 『제국주의론』

2009년 9월 12일, 중미 타이어 특별 세이프 가드 조치가 발동된 이후 매스컴들은 앞 다퉈 중국 수출이 어떻게 될 것인지, 또 중국 기업이 얼마나 큰 충격을 받을지 등에 대해 분석했다. 혹자는 단순하게 관세는 버락 오바마의 정치적 카드라고 여기면서 이에 대해 찬탄을 금치 못했다. 그러나 우리는 분석을 하기 전에 먼저 지피지기의 자세를 가져야 한다. 한번 입장을 바꿔놓고 생각할 수는 없을까?

타이어 특별 세이프 가드 법안이 최종 통과되면서 중국 고무공업협회는 여지없이 참패했다. 그러나 무엇보다 중요한 것은 미국이 어떻게 한 걸음씩 내딛는 정책 결정 과정을 거쳐 최종적으로 중국 타이어에 조치를 취하는 결정을 내렸는지에 대해 중국이 전혀 생각해보지 않았다는 사실이다. 이는 미국에서 소송을 하면서 마지막에 형편없이 깨졌으면서도 미국의 항변 절차가 어떤지에 대해 잘 몰랐다는 것이다. 심지어 원고가 왜 중국을 기소했는지, 소송에서 왜 졌는지조차 몰랐다. 그런데도 대놓고 불만을 표시하며 그들과 거래를 하지 않겠다고 위협했다. 이는 너무 우스운 일이 아닌가?

먼저 미국이 제시한 증거들을 살펴보도록 하자.

첫째, 과거 4년 동안 중국 타이어는 미국 시장 점유율 1위로 올라섰다. 2004년에서 2008년까지 중국의 대미 타이어 수출량은 215%나 늘었고 금액은 295% 증가했다. 2008년 중국산 승용차 타이어는 4,600만 개나 미국으로 수출됐고 금액은 17억 달러를 초과했다.

둘째, 같은 기간에 미국 타이어 생산량은 25%나 하락했다. 또 미국

내 기업의 점유율은 63%에서 50%가 채 안 되는 수준으로 하락했다.

셋째, 같은 기간에 미국 타이어 산업 노동자 4,400명이 실업자가 됐다. 2009년에는 실업자 수가 2,400명 더 증가할 것으로 예상됐다.

미국이 이로부터 얻은 결론은 딱 하나였다. 중국의 수출이 미국 시장을 교란하고 미국 노동자를 대량으로 실업자로 몰아간다는 것이었다. 더구나 미국 시장에서 수출 1위 자리를 차지한 것은 중국 타이어 기업이었다. 때문에 우리는 중국을 고소하려고 한다. 이건 매우 단순하고도 직접적인 논리가 아니겠는가!

그렇다면 중국은 이에 어떻게 대응했을까? 2009년 7월 17일 오후, 상무부 공평무역국 책임자는 다음과 같은 성명을 발표했다.

"미국국제무역협회ITC의 보고는 사실 착오와 논리 부족이 심각하다. 중국 타이어에 대한 규제 조치의 증거로 채택하기에 부족하다."

그러자 미국 노조는 다시 두 가지 사실을 더 추가했다. 첫째는 4년 동안 미국 타이어 시장이 갑자기 혼란스러워졌다는 점을 들었다. 수입 상품이 본토 기업의 시장점유율을 크게 잠식하여 본토 공장이 대량으로 문을 닫고 감원을 본격적으로 실시했다. 둘째는 수입품 중 가장 큰 비중을 차지하는 것이 바로 중국 제품이라는 사실이다. 또 중국의 점유율은 5%에서 17%로 급격하게 상승했다. 여기서 중국의 수출이 미국 시장을 혼란시켰다는 결론을 도출해냈다.

그러나 중국은 사실과 논리 모두 뒷받침되지 않은 상태에서 다급히 성명을 발표했다. 이런 대응은 미국 노조의 마음에 딱 드는 행태였다! 미안한 얘기지만 중국의 성명은 사실에 전혀 근거하지 않았고 논리적 추리는 더욱 없었다.

왜 사실에 근거하지 않았다고 말하는 것일까? 상무부는 미국 노조가 추가한 두 가지 사실이 도대체 어떻게 잘못됐는지에 대해 지적하지 않았다. 실제로 두 가지 사실 모두 틀린 말은 아니다. 이는 미국 노조의 매우 뛰어난 점으로 두 가지 사실은 모두 데이터에 근거했으며 그 자체에는 아무런 문제가 없었다. 설사 문제가 있더라도 그것은 미국 노조가 데이터를 조사하는 방법의 문제일 터였다. 사실 진짜 문제는 중국이 미국 노조의 보고서를 자세히 읽고 그들의 통계에 따라 미국의 중국 타이어 수입량이 과거 8개월 동안 계속해서 대폭 상승했다는 것만 봤을 뿐, 중국 측이 집계한 수출량은 오히려 하락했다는 사실을 전혀 지적하지 않았다. 그렇기 때문에 미국측 주장에 문제가 있다면 상무부는 정곡을 찌르는 지적으로 상대방이 진심으로 신복하게 만들 수 있었다. 그러나 상무부는 이렇게 하지 않았고, 그저 에둘러서 "사실 인식이 잘못됐다"라고만 말했다. 중국 내에서 반독점 문제를 심사 결정할 때는 이렇게 해도 괜찮다. 그러나 미국 사람들이 보기에 이는 억지를 부리는 것에 지나지 않는다!

미국 노조 위원장은 이 점을 겨냥해 어떻게 설명했을까? 그가 말한 원문을 보자. "The basic facts in this case cannot be denied or erased"였다. 이 문장을 번역하면 "이 안건의 기본적 사실은 절대로 부인하거나 고칠 수 없다"가 된다. 이 문장의 핵심은 두 단어라고 볼 수 있다. 하나는 'cannot'이다. 이 단어는 종종 '용납할 수 없다'라는 의미를 갖는다. 그렇기 때문에 이 말은 "중국의 기업과 정부가 억지를 부리고 변론하는 것은 감정적으로 '용납할 수 없는' 것이지, 도리상 '어떻게 할 수 없는' 것이 아니다"라는 인상을 준다. 다음은 'be'라는 단어이다. 누가 'be'가 돼야 하는가? 중국 정부를 비롯해 중국 타이어 기업 및 그들과 이익 관계가 일치하는 미국의 수입상들이다. 미국 노조가 매스컴 앞에서 이렇게 과장하면 중국 측의 항변은 아무리 힘이 있어도 소용이 없다. 미국은 중국의 말을 믿지 않는다. 미국은 중국이 하는 말의 배경이 모두 이익 때문이라고 생각한다. 더불어 이런 이익은 미국 국민들의 이익과 서로 충돌하는 것이다. 이런 상황에서 중국이 또 무슨 말을 할 수 있겠는가? 해명할수록 수동적이 될 뿐이다.

중국이 이익 때문에 움직이는 것이라는 사실이 인정된 이상 미국 기자들은 자연스레 중국에 대해 편견을 가진다. 이 때문에 중국이 무슨 말을 해도 그들은 보도하지 않았다. 중국은 상대방에게 이렇게 낙인찍힌 줄도 모른 채 증인을 찾고 로비 기구를 조직했다. 그리고 찾은 증인도 중국에서 타이어를 제조하는 사람이 아니라 미국에서 중국 타이어를 파는 사람들이었다. 달리 말해 중국 고무공업협회가 찾은 것은 미국수입협회였다. 이는 미국의 마음에 딱 드는 행보가 아니고 무엇이겠는가?

실업의 적은 중국 아닌 미국의 자본가

중국은 사실 차원에서 힘 있는 반격을 하지 못했다. 그러면 논리적인 면에서는 어땠을까? 미국 노조의 말을 간단히 요약해보자. 우선 수입 상품의 시장점유율이 본토 기업보다 높다는 사실이다. 다음으로 중국에서 수입하는 제품이 다른 국가보다 많다는 점이다. 결론적으로 말해 중국 수입 제품이 너무 많아 본토 공장의 대량 폐업과 감원을 야기했다는 것이 미국 노조의 주장이다.

사실 여기에는 논리적 결함이 있다. 위의 두 가지 사실만 가지고 함부로 이런 결론을 도출해낼 수 없다. 이 두 가지가 모두 사실인 것은 틀림없지만 여기서 얻을 수 있는 결론은 그저 중국에서 들어오는 타이어의 수입량이 많기 때문에 미국 시장에 어느 정도 영향을 준다는 사실일 뿐이다. 자세히 들여다보면 중국 제품의 미국 시장점유율은 17%에 불과해 미국 본토 제조 기업의 3분의 1에도 못 미치고, 게다가 중국의 타이어 제조 기업은 고도로 분산돼 있다. 결코 한 기업이 모든 것을 말아먹을 정도로 크지 않다. 더구나 중국 타이어 제조 기업들은 자체 판매망이 없다. 판매망은 솔직히 미국인의 수중에 있다. 미국 본토 공장이 문을 닫는 것은 분명한 사실이지만 그렇다고 중국 타이어 제조 기업들과 필연적인 관계가 있다는 것은 어불성설이다.

사실 미국 타이어 시장은 자동차 제조 기업 시장^{OEM Market}과 타이어 교환 시장^{Replacement market} 두 개로 세분된다. 이중 후자는 다시 세 개의 시장으로 나뉜다. 일류 첨단 메이커로 이뤄진 고급 시장(1급 시장이라고도 칭함), 그저 그런 이류 메이커로 구성된 중급 시장(2급 시장이라고도 칭함), 기타 지명도가 비교적 낮은 메이커로 이뤄진 저급 시장(3급 시장이라고도 칭함)이다. 미국의 대다수 제조 기업들은 (비록 전부는 아니지만) 중국이 미국에 수출한 제품이 말썽을 일으키기 전에 이미 3급 시장을 포기하고, 대신 1급 시장과 2급 시장에서 보다 높은 이윤을 추구했다.

그러면 도대체 누가 미국 본토의 공장을 문 닫도록 만들었나? 단적으로 말해 자본가들이다. 절대로 노동자를 대표하는 노조가 아니다! 미국 자본가들은 본토 공장의 폐업을 결정하고 공장을 중국으로 이전함으로써 미국의 고급 시장을 점유했을 뿐 아니라 중국의 염가 노동력을 이용했다.

2006년 말까지 중국의 외자 타이어 기업은 19개에 이르고 공장은 모두 36개가 있었다. 2005년 중국의 타이어 생산량이 이미 3억 1,800만 개에 이르렀는데도 이들 타이어 기업은 새로운 투자 열기에 불을 지폈다. 권위 있는 기구의 예측에 따르면 2010년 중국 타이어 시장의 총수요는 3억 개에 못 미쳐 생산과잉 조짐을 보일 것이라고 한다. 업계는 이런 현실을 수출로 헤쳐 나가려 하고 있다. 2008년 중국 타이어 수출은 총 생산량의 63.8%를 차지했고, 2009년에는 불과 5개월 만에 42.8%를 점유했다. 이로써 타이어 산업은 국외 시장 의존도가 가장 높은 업종 중 하나가 돼버렸다.

당시 미국 노조가 지적한 문제는 본토의 실업과 감원이었다. 그러나 실제로 미국 노동자들의 실업을 초래한 근본적 원인은 다국적기업, 즉 미국 자본가들이었다. 하지만 중국 기업들은 자신들을 변호할 때 이런 문제를 전혀 지적하지 않았다. 중국 기업들이 아무리 크더라도 시장점유율이 다국적기업보다 높을 수 없다. 더구나 17%의 점유율 중 상당 부분은 외자가 중국에 설립한 기업의 실적이었다. 순수한 중국 기업이라 하더라도 영업망을 비롯해 제품 디자인, 원료 구매, 창고 저장 및 운수, 오더 처리, 도소매 등 산업 사슬의 기타 6가지 고리 역시 모두 다른 사람의 수중에 장악돼 있었다. 때문에 중국 기업들은 다국적기업이 이용할 수 있는 바둑알에 불과했다. 이들 국제 자본가들은 청문회 때 슬그머니 뒤로 몸을 숨기고, 대신 중국 타이어 기업들로 하여금 미국 노조에 맞서게 하고 있다.

비교를 해보면 명백해진다. 미국 4대 타이어 기업 중 쿠퍼 타이어

Cooper tire만은 직접 나서서 아니라고 말했다. 쿠퍼 타이어의 투자자 관계부 부장인 커티스 쉬니클로스Curtis Schneekloth는 분명하게 밝혔다.

"우리가 가장 먼저 나선 이유는 (미국 타이어 기업 중에서) 특별한 위치에 있기 때문이다. 우리는 중국 이외의 저임금 국가에 아직 생산기지가 없다. 우리의 경쟁 상대인 굿이어나 미쉘린, 브리지스톤은 중국 외 저임금 국가에 생산 기지를 가지고 있다."

커티스 쉬니클로스는 동시에 쿠퍼 타이어가 미국에서 원래 정한 공장 폐쇄 계획이 예정대로 진행되고 있다고 실토했다(2008년 12월 이 회사는 조지아주에 위치한 한 타이어 생산 공장을 폐쇄한다고 선포함). 그는 또 공장 폐쇄는 2010년 1/4분기부터 진행될 예정이라고 밝혔다. 현재 이 회사는 미국에 4개 공장을 가지고 있다.

쿠퍼 타이어는 중국에 합자회사 두 개가 있는데, 이중 쿠퍼 청산산둥成山山東 타이어 유한회사는 연간 생산량이 1,000만 개를 초과하며, 중국과 해외의 큰 시장에 각각 제품을 공급한다. 다른 한 곳은 쿠퍼 젠다쿤산建大昆山 타이어 유한회사로 장쑤江蘇성 쿤산시에 자리 잡고 있다. 쿠퍼 타이어와 타이완의 젠다 타이어가 합자해 2007년 초에 공장을 세웠으며, 연간 생산량은 300만 개를 초과하고 있다. 물량 전체를 북미 시장에 수출하고 있어서 현재 미국 시장점유율은 15%에 달한다.

중국의 결정적 실수

중국과 미국은 약속이나 한 듯 야단법석을 떨었다. 그런데 중국은 시종

일관 누가 자신을 제소했는지 잘 몰랐다. 정말 우스운 일이 아닐 수 없다. 도대체 누가 중국을 응징하려고 하는 것이었을까? 이에 대해 중국 매스컴은 특별 세이프 가드를 발동한 장본인이 전미철강노조라고 말하고 있다. 그런데 전미철강노조와 타이어가 무슨 관계가 있다는 말인가? 괜히 문제를 만드는 것은 아닐까?

이것이 바로 웃기는 부분이다. 이 노조의 전체 이름은 철강노조가 아니다. 공식적으로는 'The United Steel, Paper and Forestry, Rubber, Manufacturing, Energy, Allied Industrial and Service Workers International Union'이다. 글자 그대로 번역하면 '철강 공업, 제지 및 임업, 고무 공업, 제조업, 에너지 등 연합 공업 및 서비스 노동자 국제 연합회'이다. 실제로 이는 미국 노조일 뿐 아니라 동시에 캐나다, 더 나아가 카리브 지역의 노조이기도 하다. 더구나 안에 포함된 업종 외에도 비철금속 제련, 공공사업, 컨테이너 공업, 제약 업종, 심지어 콜센터 등 서비스업까지 포함하고 있다. 때문에 이 노조는 규모 면에서 중국의 '중화전국총노조'에 상당한다.

이 노조의 권력은 더욱 막강하다. 때는 2006년이었다. 미국 국회의 중간선거가 열린 이해에 이 노조는 미국의 하원 의원 톰 딜레이를 낙선시키려는 정치적 입장을 피력했다. 결과는 놀라웠다. 딜레이가 떨어진 것이 아니라 아예 이해 4월에 스스로 출마 포기 선언을 해버린 것이다. 더 중요한 사실은 이 단체가 친민주당 성향이라는 점이다.

2008년 5월, 버락 오바마는 힐러리 클린턴과 민주당 대통령 후보 자리를 놓고 치열한 선거전을 치르고 있었다. 양쪽의 기세는 팽팽했다. 특히 노스캐롤라이나주와 인디아나주에서는 우열을 가리기 어려운 박빙의 승부를 펼쳤다. 이때 이 노조는 노스캐롤라이나주 민주당 상원 의원 존 에드워드를 지지한다는 입장을 밝혔다. 이는 공개적으로 오바마를 지지한다는 입장 표명이었다. 이후의 결과는 말할 것도 없었다. 오바마가 2개 주에서 모두 힐러리 클린턴에게 승리를 거뒀다.

이런 배경 하에서 미국 노조는 어떻게 타이어 특별 세이프 가드를 처리했을까? 중국은 세계무역기구ᵂᵀᴼ에 가입했을 때 미국과 양국 협의에 관한 서명을 했다. 이 협의와 2000년에 입안된 미중 관계법에 근거해 양국은 미국의 〈1974년 무역법〉에 하나의 조항을 추가했다. 그것이 바로 제421조였다. 이 조항은 미국 국제무역위원회에 한 가지 중요한 권한을 부여했다. 그것은 만약 중국 생산회사가 미국에서 생산되는 동일 제품의 제조업자를 시장 혼란 또는 경쟁 무질서 상태에 빠뜨리거나 위협하는 것을 발견했을 경우 미국 국제무역위원회가 미국 제조업자를 구제할 수 있는 권한이었다. 구체적인 방법은 우선 미국 국제무역위원회가 조사에 개입하고 최종 판결을 내린 다음 이 판결을 근거로 대통령에게 구체적인 구제 방법 초안을 제출하는 것이다.

미국 노조는 미국의 〈1974년 무역법〉 제421조를 완벽하게 이용했다. 즉각 국제무역위원회에 중국 타이어에 대한 수입 심사 요구를 신청했다. 실제로 이는 미국 노사 쌍방 간의 충돌이었다. 미국의 4위 타이어 메이커도 미국 시장에서 15%의 점유율을 차지하고 있었으니 말이다. 주지하다시피 그들은 중국에 모두 공장이 있다. 이들 공장 생산량의 절반 이상이 미국 시장으로 수출되고 있다. 중국이 미국으로 수출하는 타이어는 고작 17%의 점유율을 차지하고 있는데, 그중 대부분은 미국 4대 타이어 제조 기업에서 점유하고 있고, 나머지도 중국 기업은 그저 제조만 할 뿐 산업 사슬의 나머지 6가지 고리는 모두 미국 기업이 장악하고 있다.

그렇다면 미국 노동자의 실업은 어떻게 조성된 것일까? 이 4대 타이어 제조 기업의 자본가들이 미국 공장을 폐쇄하고 중국으로 달려와 값싼 토지와 노동력을 이용, 생산한 다음에 다시 미국 시장에 팔았기 때문이다. 이에 화가 난 미국 노조는 급기야 중국이 WTO에 가입할 때 미국과 서명한 협의를 이용했다. 다시 말해 중국 공장으로 위장한 미국 자본가를 기소한 것이라고 보면 된다. 당연히 법률 절차의 문제로 말미암아 그들은 직접 미국 자본가들을 고소할 수 없었다. 더구나 그들은 미국 자본가들이 중국으로 이전한 이유가 중국이 미국 자본가에게 값싼 토지 및 노동력 등의 불공평한 조건을 제공했기 때문이라고 생각했다. 그래서 아예 중국의 모든 타이어 수출 기업들을 제소한 것이다. 현재 미국 3대 타이어 기업은 모두 변명거리가 없어 입을 꼭 다물고 있는데, 중국 기업들이 오히려 고무공업협회와 상무부를 통해 대대적으로 들고 일어나 미국 노조와 맞서고 있는 꼴이다.

게임의 룰을 장악해야 반격할 수 있다

이 소송은 이전의 무역 분쟁과 성격이 다르다. 우선 중국 기업들을 번거롭게 하는 주체가 외국의 제조업체가 아니라 노조라는 점이다. 또 이 사건은 기술 방면의 난관 같은 유형의 분규가 아니었다. 미국의 노사 충돌로 야기된 소송이었다. 셋째, 미국 측에서 중국 기업들을 고소한 핵심

사항은 덤핑 판매나 보조금 내지 지적소유권 문제가 아니었다. 이 업종에서 중국의 수출 속도가 너무 빨라 미국 시장 질서에 막대한 영향을 줬다는 사실이 중요했다.

그렇다면 중국은 어떻게 대응해야 했을까? 먼저 법률적으로 반박했어야 했다. 왜냐하면 미국의 모든 행동의 기초는 중국 기업들이 미국의 타이어 시장을 어지럽혔다는 사실에 근거하고 있기 때문이다. 그러나 곰곰이 생각해보면 어떻게 이 사실을 확인할 수 있는가? 무엇을 시장 혼란이라고 부르는가?

미국의 〈1974년 무역법〉을 펼쳐보면 미국인의 정의定義 역시 매우 모호하다는 사실을 알 수 있다. 그들은 판단을 내릴 때 두 가지 조건을 본다. 우선 수입 증가 속도가 놀랄 만한지, 그리고 가장 중요한 것으로 자국 산업에 실질적인 손해를 끼치거나 위협적인 '현저한 원인'이 있는지다. 여기서 중요한 것은 무엇을 '현저한 원인'이라고 규정하느냐이다. 미국의 무역법은 이에 대해 두 가지 조건을 규정하고 있다. 첫째 본국 산업에 실질적으로 중대한 해를 끼쳤는지 여부이고, 다음으로 이 원인이 꼭 다른 원인의 후폭풍보다 더 심각할 필요는 없다는 것이다.

간단하게 말해 미국 노조는 반드시 중국에서 수입한 타이어가 미국 타이어 산업에 중대한 손해를 입혔다는 사실을 증명해야 했다. 그러나 필자가 앞에서 말했듯 수입은 중요한 것이 아니었다. 수입이 결코 미국 시장의 경쟁 국면을 바꾸지 못했기 때문이다. 보다 중요한 점은 중국에서 수입한 상당량의 타이어가 미국 4대 타이어 기업이 중국에서 제조한 것이라는 사실이다. 게다가 중국 기업이 제조했다고 할지라도 산업 사슬의 나머지 6개 고리는 기본적으로 미국 기업의 수중에 있었다. 그러므로 가장 확실한 결론은 '현저한 원인이 없다'라는 쪽으로 날 수밖에 없었다. 따라서 중국에서 수입한 타이어는 '현저한 원인'을 야기하지 않았다. 결론적으로 모든 소송, 더 나아가 후속 행동이 모두 합법적이지 않다는 것이다.

그러나 중국의 고무공업협회와 상무부는 어떻게 항변했는가? 중국 정부가 파견한 대표 쉬원잉徐文英이 반복적으로 강조한 말은 무엇이었는가? "중국이 수출한 타이어가 미국 타이어 노동자의 취업 문제에 영향을 준 것이 아니다. 세계경제 하락이 미국의 타이어 기업을 문 닫게 만든 것이다"라는 말이었다. 모두가 알다시피 세계경제의 하락은 2008년부터 시작됐다. 미국 노조가 제기한 증거는 2004년부터 2008년까지 중국으로부터 수입한 타이어의 미국 시장에 대한 영향이었다. 쉬원잉의 항변은 그야말로 동문서답에 다름 아니었다.

더욱 치명적인 잘못은 중국 대표가 직접적으로 미국 국제무역위원회를 비판한 것이라고 할 수 있다. 이것은 법률상의 무지에 그치지 않았다. 정치적인 잘못이라고 해도 좋았다. 앞에서 필자가 말했듯, 미국 노조는 〈1974년 무역법〉 제421조에 따라 국제무역위원회에 중국 타이어 수입에 대한 심사를 신청했다. 궁극적으로 말하면 이는 상무부의 전신인 대외경제무역부가 미국과 체결한 협의에서 규정한 것이었다. 그런데 중국은 끊임없이 미국 국제무역위원회를 비판했다.

이 위원회는 1916년 미국 국회가 권한을 부여하고 설립한 전문 기관으로 무역 관련 데이터를 수집하고 분석하여 백악관과 국회가 중요한 결정을 내리는 데 참고하도록 자료를 제공했다. 그래서 미국 국회는 중국과의 무역 문제뿐만 아니라 모든 대외 무역 문제의 조사권을 이 위원회에 부여했다. 그러므로 항변 과정 중에 미국 국제무역위원회를 비판하는 것은 좋은 자세가 아니었다. 그것은 마치 상무부에 반독점 심사를 신청한 다음 공개적으로 상무부 아래 설치된 주관 부서를 비판하는 것과 같았다. 이 경우 그것이 통과되리라고 기대하는가?

또 하나 간과하지 말아야 하는 것은 미국 국제무역위원회에 대한 비판에 정치적인 고려가 결핍되었다는 사실이다. 주지하다시피 미국 국제무역위원회 내에서 찬성표를 던진 위원들은 대부분 민주당 소속이었다. 게다가 현재의 위원장인 샤라 애러노프Shara L. Aranoff는 상원의 금융위원회 출신으로 철저한 민주당 사람이다. 민주당 대통령 앞에서 그런 베테랑 당원을 비평하는 것은 절대 해서는 안 될 행동이었다.

사실 쉬윈잉만 탓할 수도 없는 노릇이었다. 그녀는 법률을 공부하지 않았고, 또 국제무역이나 국제정치에 대한 경험도 제대로 쌓은 적이 없었다. 그저 고무 공업에 대해 공부했을 뿐이다. 이를 통해 그녀의 견해나 행동을 어렵지 않게 이해할 수 있다. 실제로 쉬윈잉은 답변 과정 중 언어 방면에서 어려움을 드러냈다.

재무부의 티모시 밀스Timothy Mills 대표 심판관이 첫 번째 문제를 제기했을 때였다. 쉬윈잉은 그의 질문을 완전히 이해하지 못하겠다는 입장을 밝혔다. 도리 없이 그녀는 '시험관'에게 다시 질문해줄 것을 요청했다. 결국에는 그녀를 수행한 중국측 위임 변호사 데이비스 스프너Davis Spooner가 대신해 재무부의 질문과 그 후에 이어진 대부분의 추궁에 대해 답변했다. 다음으로 중요한 문제인 정치 문제에 대해서도 쉬윈잉은 정곡을 찌르지 못했다. 그녀는 타이어 특별 세이프 가드 판결 중 매우 중요한 사실의 하나, 다시 말해 특별 세이프 가드 조치를 발동하면 미국의 취업률이 올라갈지에 대한 문제를 별로 중요하게 여기지 않은 것 같다.

한편 쉬원잉은 마지막 답변에서 현재 경제 불황과 실업률이 오르는 상황에서 중국 타이어 가격을 인상하면 미국 소비자들이 타이어 교환 시간을 미루게 되고, 이로 인해 고속도로 안전에 잠재적 위험을 증가시킬 뿐이라고 강조했다. 이런 수준의 답변은 정말 감탄이 절로 나오게 만든다. 더욱 이해할 수 없었던 것은 그녀가 청문회에서 중국 정부는 합자 타이어 회사 제품의 수출을 격려하고 있다는 사실을 밝힌 것이었다. 이것은 미국에게 불공정 무역을 하고 있다는 구실을 준 것이 아니고 무엇인가? 아무래도 고무공업협회 출신의 쉬 부회장은 청문회에서 어떤 말을 해야 하고 하지 말아야 하는지에 대해 확실히 독특한 견해를 가지고 있었던 것 같다.

보복성 관세, 미국은 되고 중국은 안 되는 이유

만약 당신이 버락 오바마이고 양측이 서로 다른 주장을 편다면 어떤 결정을 내리겠는가? 한쪽은 미국 최대의 노조로 무역 주관 부문에 심사를 제청했을 뿐만 아니라 수만 명에 이르는 미국인의 취업 문제를 강조했다. 추가로 이 노조는 대통령 선거 때 공개적으로 오바마를 지지했다. 무역 주관 부문의 심사 결과, 미 노조의 증거가 확실했기 때문에 오바마에게 보복성 관세 징수를 명령하도록 건의했다. 동시에 5만여 명의 노조 회원들도 백악관과 국회에 편지를 보내 오바마에게 사인할 것을 요구했고, 국회의 많은 의원들 역시 서한을 통해 오바마가 사인할 것을 희망했다. 미국 여론 역시 일방적으로 이편에 서 있었다.

이에 반해 반대측 대표는 미국 노조와 무역 주관 부문을 비판했다. 이 부문의 위원 6명 대부분이 오바마와 같은 민주당 소속인데도 말이다. 그럼에도 답변 과정에서 제대로 된 설명을 못한 채, 대놓고 "사실 착오이고 논리가 부족하다"라는 말로 억지를 부렸다. 설명은 전혀 이치에 맞지 않았고, 걸핏하면 미국의 고속도로 사고가 증가하고 실업자가 수만 명이 발생할 것이라고 위협했다. 오바마는 한참을 고민하다가 마지막에 이쪽에 서 있는 주체가 중국 정부가 아니라 중국 기업, 더 나아가면 중국 제품을 파는 미국 무역상이라는 사실을 발견했다. 더구나 중국에 공장이 있는 미국 4대 타이어 제조 기업 중에서 고작 서열 네 번째 기업만 반대할 뿐이라는 사실도 간파했다.

때문에 오바마는 조금도 주저하지 않고 찬성측 편에 서는 선택을 했다.

타이어 특별 세이프 가드 조치가 통과한 다음 고무공업협회 판런더 范仁德 회장은 매스컴에 "우리는 농산품과 자동차 수입 방면에서 (중국 정부가) 미국에 대해 조치를 취해줄 것을 희망한다"라고 말했다. 그는 무슨 근거로 농산품과 자동차 공업을 끌어들였을까? 그가 전국의 농민이나 차를 구매하려는 중국인 및 자동차공업연합회와 상의를 했다는 말인가?

보복성 관세는 마음대로 아무 업종이나 실시할 수 있는 것이 아니다. 미국이 중국을 보복하는 데는 밑천이 있었다. 그들은 중국 타이어를 사용하지 않으면 그만이었다. 어쨌든 미국은 대량의 생산라인이 쉬고 있었고, 중국이 아니라도 타이어를 수입할 국가는 많았다. 실제로 지난 몇 년 동안 태국 등의 타이어 수출량이 대폭 증가했다. 그렇기 때문에 중국에 대한 보복성 관세는 미국 국내 가격을 대폭적으로 끌어올리지 않았다. 이런 보복은 또 최종적으로 미국 내 소비자들의 관심도 끌지 못했다.

중국은 과연 이렇게 할 수 있을까? 미국 대두를 사지 않으면 중국 사람은 음식을 만들 때 기름을 넣을 수 없다. 전 국민에게 음식 문화를 바꾸라고 요구할 수 있는가? 중국은 보복성 관세를 징수한 다음을 내다보내야 한다. 미국의 경우 다음해에 대두를 적게 심으면 그만이다. 그러면 어쨌든 가격이 올라 판매량이 하락하면서 야기하는 손실을 상쇄할 수 있다. 때문에 미국 곡물상들은 근심과 걱정이 없다. 그렇지만 중국은 어떤가? 돼지고기 가격이 조금만 올라도 국민의 원성이 들끓는다. 이런 상황에서 과연 미국 농산품에 대한 관세를 올릴 수 있을까?

자동차 업종은 또 어떤가? 진짜 웃긴다는 말이 과하지 않다! 중국 자동차 공업이 얼마나 애를 써서 완성차에 대한 고액의 세율을 취소시켰는데 지금 또 다시 올리자고 할 수 있는가? 그 결과는 말하지 않아도 알 수 있다.

외국 제조 기업들은 부품을 잘 만든다. 심지어 주요 부품을 모두 조립하고도 완성차를 만들지 않는다. 그런 다음에 제로 세율로 중국의 합자 회사에 수출한다. 중국 내 합자 공장이 할 수 있는 것은 오로지 간단한 조립뿐이다. 미국인들은 원래 자동차의 핵심 기술, 바꿔 말해 핵심 부품은 중국에서 생산하지 않을 생각이다. 그런데 중국이 징벌성 관세를 징수하면 어떻게 되겠는가? 만약 부품에까지 함께 징수한다면 WTO가 어떤 판결을 내리든 차를 구매하려는 수많은 중국인들이 곤혹스런 상황에 빠지게 된다는 사실을 분명히 알아야 한다. 중국 자동차 공업은 주요 부품 대부분을 수입에 의존하고 있는데, 고액의 관세를 매기면 그

피해는 고스란히 중국 국민들에게 돌아간다. 이것은 경제 회복 조치를 완전히 망가뜨려버리는 것이 아닌가?

결론은 아주 간단하게 나온다. 중국고무협회는 타이어 특별 세이프 가드와 관련한 수석대표의 협상 실패를 수치스럽게 여기지 않으면서 적반하장 격으로 자신의 이익만에 기초해 불합리한 건의를 제안했다. 이것은 앞에 언급한 두 업종의 소비자와 기업 안전은 신경조차 쓰지 않은 것이다. 더 나아가 국가의 이익을 손상시키는 것이라고 해도 틀리지 않는다. 보다 심각한 것은 이번 타이어 특별 세이프 가드 협상이 실패일 뿐만 아니라 향후의 후환이 끝이 없다는 사실이다. 제14장에서 이번 타이어 특별 세이프 가드 협상의 실패가 어떤 국제 무역 제재를 불러왔는지 토론해보도록 하겠다.

『금융 오버실링 전쟁 』

– 랑셴핑

전통적인 의미의 전쟁에 대해 사람들은 전혀 생소하지 않을 것이다. 많은 사람들의 삶과 운명은 그것의 잔혹함과 격렬함에 따라 변하기 마련이다. 그렇지만 사람들은 보이지 않는 포연이나 또는 보이지 않는 적의 특수전이 이미 우리 곁에서 발생하고 전 세계에 만연했다는 사실은 상상도 못할 것이다. 필자가 명명한 '금융 오버실링 전쟁'은 도대체 누가 발동한 것일까? 그것은 어떻게 우리의 생활에 영향을 주게 될까?

금융 오버실링 전쟁의 직접적인 결과는 금융위기가 실질 경제에 충격을 가해 엉망진창이 된 '전후戰後'의 혼란스러운 국면을 각국 정부에게 안겨줬다는 사실이다. 주의해야 할 것은 '각국 정부'라는 말이 아닐까 싶다. 이 안에는 당연히 미국 정부도 포함돼 있다!

뭐라고? 분명 많은 독자들이 펄쩍 뛸 것이다. 미 제국주의가 중국을 해하려는 마음을 절대 버리지 않았다는 마오쩌둥毛澤東의 가르침을 명심해야 한다. 설마 미국 정부가 스스로를 인질로 삼았을까? 세심한 독자라면 필자가 말한 것이 '미국 정부'이지 '미 제국주의'가 아니라는 사실을 알았을 것이다. 미국과 중국의 가장 큰 차이점은 바로 미국은 '작은 정부'라는 사실이다. 특히 미국은 1930년대의 민권운동과 베트남전 기간의 반전 운동의 영향을 받으면서 세력이 미미한 작은 정부로 변했다.

이 세상이 이렇게 힘들어지면서 미국 국민들이 중국 국민들보다 안락하지 못하다는 것을 모두들 알게 되었다. 중국 국민들은 저축 일부분을 주식시장에

넣어놓고 지금 주가가 하락해 팔 수 없다고 외치고 있다. 그러나 미국 국민들은 얼마나 고생하고 있는가! 정부가 퇴직금 투자의 감세 방안을 마련함으로써 미국 국민들은 퇴직금을 대량으로 주식시장에 집어넣었다. 그럼에도 이와 분명히 대비되는 현상은 월스트리트 은행가들의 월급이 조금도 영향을 받지 않는다는 사실이다!

컬럼비아 방송시CBS의 보도에 의하면, 2008년 그들의 보너스는 무려 184억 달러에 이르렀다. 시장이 초강세이던 2004년과 비슷했다. 여기까지 읽고 어떤 독자들은 필자처럼 펄쩍 뛸지 모르겠다. 미국의 은행가들은 정말 양심이 있는 것일까? 같은 CEO인데도 미국 3대 자동차 기업의 CEO는 국회의 지지를 얻기 위해 자세를 낮춰 비행기를 타지 않고 자동차로 디트로이트에서 워싱턴까지 머나먼 길을 황급히 달려가지 않았는가. 심지어 그들은 자원해서 월급을 1달러만 받겠다고 공언했다. 같은 CEO인데도 사람 됨됨이의 차이가 어떻게 이리도 다를 수 있을까?

제2장

중국인이 물 마시기 두려운 까닭은?

– 프랑스의 물 공급 시스템 장악

자본가의 독점 연맹인 카르텔Cartel을 비롯해 생디카Syndicat, 트러스트 Trust는 우선 국내 시장을 분할한다. 그런 다음 본국의 생산을 거의 완벽하게 자신의 수중에 장악한다. 그러나 자본주의 제도 아래에서 국내 시장은 필연적으로 국외 시장과 서로 연계된다. 자본주의는 일찍이 세계시장을 조성했다. 그래서 자본 수출의 증가와 최대 독점 연맹의 국외 연계, 식민지 연계 및 '세력 범위'의 적극적인 확대에 따라 이들 독점 연맹은 '자연스럽게' 세계화 협의를 이뤄내고 국제 카르텔을 형성한다.

블라디미르 레닌, 『제국주의론』

프랑스 베올리아, 도시 물 공급 시스템을 장악하다

물이 사람에게 굉장히 중요하다는 사실은 굳이 언급할 필요도 없다. 이 장에서는 최근 중국 내 각 대도시에서 물값이 급등한 문제에 대해 이야기하겠다.

보도에 따르면, 전국 35개 중대형 도시 중 반수가 2009년 물값을 인상했다. 또 3분의 1은 2010년에 물값 인상을 고려하고 있다. 이중 란저우시는 2009년 11월부터 거주민의 생활용수를 입방미터당 다시 0.3위안 인상한다고 발표했다. 하얼빈哈爾濱시의 상수도세 역시 인상됐다. 보도에 따르면, 하얼빈 상하수도 기업은 물값 인상폭이 100%가 넘길 희망했다고 한다.

이처럼 전국 모든 지역의 물값이 오르고 있다. 필자는 한마디 묻고 싶다. 각 지방 정부는 무슨 이유로 인상한다는 말이 나오자마자 바로 물값을 인상했는가? 물은 우리가 한시라도 떠나 살 수 없는 필수품에 속한다. 우유나 소고기 라면처럼 가격이 오른다고 안 먹을 수도 없고, 다른 것으로 대체할 수도 없다. 물은 아무리 많이 인상되더라도 마셔야 한다. 그래서 물은 민생에 꼭 필요한 품목일 뿐 아니라 전략 물자이기도 하다. 이런 물값을 올린다고 말하고 바로 올려버리는 각 지방 정부는 정말 대단한 담력을 지녔다! 지방 정부들이 무슨 근거로 물값을 인상했는지 이제 본격적으로 토론해보자.

우리의 연구 결과로는 최근 몇 년 동안 지방 정부들이 정치적인 업적을 위해 닥치는 대로 외자 기업 유치에 나섰다. 이는 결과적으로 사람을 잡아먹는 호랑이를 불러들인 꼴이었고, 그들은 중국의 물 공급 시스템을 완벽하게 장악해버렸다. 그 주인공은 프랑스의 베올리아 워터그룹과 중파수이우中法水務(프랑스와 홍콩의 합자 회사임-옮긴이)였다.

그들은 중국에 들어와 물 공급 시스템을 장악한 다음 가격 인상을 요구했다. 더욱 우리를 화나게 만든 것은 당시 계약서를 살펴본 결과 그야말로 주권을 잃은 채 치욕을 당했다는 사실이다. 지방 정부는 불평등한 계약서에 서명한 후 나머지는 모두 시민들에게 떠넘겼다. 더구나 중국 학자들은 더욱 기가 막혔다. 예를 들어 어떤 지방이 물값 인상 청문회에 학자를 초청해 발언을 요청한다고 하자. 그러면 그들은 기본적으로 정부의 가격 인상에 동의할 뿐 아니라 인상폭이 적다며 더 올려야 마땅하다고 목소리를 높였다. 그들이 진정으로 시민들을 대표하는 사람들인가? 또 우리는 왜 물값이 인상되는지 연구하지 않는 것일까?

이것은 매우 중요한 문제에 속한다. 필자는 란저우 사례부터 언급하고자 한다. 왜냐하면 란저우시가 이미 거주민의 생활용수를 입방미터당 0.3위안 인상하겠다고 발표했기 때문이다. 물론 란저우와 같은 도시는 한둘이 아니다. 그러면 중국의 중대형 도시들이 왜 물값을 인상하려는지 알아보자.

어떤 네티즌은 아무리 청문회를 소집해도 이 게임에서 시민의 의견은 거의 받아들여지지 않는다며 한숨을 쉬었다. 란저우시와 프랑스 베올리아 워터그룹이 2007년에 체결한 계약에 따르면, 만약 물값을 인상하지 않으면 베올리아 워터그룹은 계약서를 이행하지 않는다는 이유로 란저우시 정부를 법원에 고소할 수 있었다. 바로 이런 이유 때문에 란저우 모델이 존재하는 한 각 도시의 물값은 차례차례 인상될 수밖에 없다.

한해 물값 상승률이 49%?

한 가지 재미있는 얘기부터 들려주겠다. 란저우시는 2007년 외자 기업 투자 유치라는 명목으로 프랑스의 베올리아라는 무시무시한 호랑이 한 마리를 끌어들였다. 그러고는 원래의 란저우물공급그룹이라는 명칭을 란저우베올리아수리水利그룹으로 바꿔버렸다. 하지만 사무실 건물과 건물 내 인테리어는 모두 예전 모습 그대로였다.

물을 얻고 처리하는 대다수 설비 역시 2007년 회사를 팔기 전 자산이었다. 심지어 어떤 것은 1950년대에 만들어진 모습을 유지하고 있었다. 또한 당 위원회나 무장부武裝部 등의 기구들도 예전과 하나도 달라지지 않았다. 란저우베올리아 회사의 당과 대중 업무부 부장인 톈화창田華强의 말에 따르면, 변한 것이라고는 몇 명의 고위 임원이 베올리아회사에서 파견된 것이 다였다. 바꿔 말하면 베올리아는 중국에 온 이후로 그 어떤 일도 하지 않았다는 얘기였다.

어떤 일도 하지 않은 베올리아는 합자 계약을 체결한 이듬해에 현재의 물값이 공급 원가보다 낮다면서 49% 인상 계획을 내놓았다. 베올리아는 현재 기업이 제공하는 공급 원가가 이미 입방미터당 1.95위안으로 상승했는데, 현행 입방미터당 1.45위안은 오히려 원가보다 낮은 가격이라고 강조했다. 결론은 0.7위안 인상한 입방미터당 2.16위안으로 가격을 정해달라는 것이었다. 더 웃기는 것은 공급 원가가 1.95위안으로 상승했다면 원가 데이터를 내놓아야 하는데, 베올리아는 마치 150년 전의 제국주의 국가처럼 제멋대로 중국의 요구를 거부했다. 과연 베올리아의 말을 믿을 수 있는가?

베올리아는 결국 원가 비용 증가와 관련한 데이터 제공을 거부했다. 그러자 상위 지방 정부인 간쑤甘肅성 물가국은 그들의 가격 인상 신청에 대한 조사를 실시했다. 그 결과 원가를 3억 4,600만 위안에서 3억 4,200만 위안으로 하향 조정했다. 신고한 총 원가 역시 4억 900만 위안에서 3억 6,100만 위안으로 하향 조정했다. 조사를 통해 4,856만 위안을 떨어뜨린 것이다. 그러나 간쑤성 물가국의 사정査定에는 문제가 있었다. 왕신표辛 처장은 모든 데이터를 베올리아로부터 입수했다고 시인했다. 1차 재무 관련 자료가 없었을 뿐 아니라 제3자인 회계사무소의 전문가를 초빙해 회계 심사를 진행한 것도 아니었다. 결국 모든 부담은 시민들에게 돌아갈 수밖에 없었다. 이 사실을 믿을 수 있다고 보는가?

필자는 재미있는 일 하나를 목도한 적이 있다. 2009년 7월 20일, 청문회 대표가 베올리아 측에 왜 2008년의 감가상각을 5,000만 위안으로 정했느냐고 질의했다. 통상적으로 한 도시의 물 공급회사를 구매할 경우 그 도시의 물 공급관의 감가상각은 1km당 1년에 8편分(0.08위안-옮긴이)으로 계산한다. 그러나 외자가 진입한 후에는 감각상각 연한이 80년에서 무려 10년으로 떨어졌다. 그러자 감가상각이 6배로 뛰어 매년 1km당 5마오毛(0.5위안-옮긴이)로 오르게 되었다.

이렇게 상승한 이유는 현재 법규에 구체적인 규정이 없기 때문이다. 외자 회사는 바로 이런 약점을 노린 것이다. 감가상각을 통해 비용을 올린 다음 수요자인 시민들에게 비용을 지불하게 한다. 당초 어떻게 이런 계약서에 서명을 했는지 의문이 든다.

우리는 당시의 계약서를 검토해보고 3개 회사가 입찰 가격을 써낸 사실을 확인할 수 있었다. 베올리아의 란저우수이우회사 매입 입찰 가격은 17억 위안이었던 반면, 경쟁 상대인 중파수이우는 4억 5,000만 위안, 서우챵首創수이우는 2억 8,000만 위안에 지나지 않았다. 프랑스 베올리아의 입찰 가격이 몇 배나 높았으니 돈을 벌 요량에 팔지 않을 수 있었겠는가? 하지만 이는 결국 란저우 시민들의 명맥인 물을 완전히 그들의 손에 맡긴 것이나 다름없었다.

당시 란저우물공급그룹의 순자산은 9억 5,000만 위안이었다. 이중 베올리아의 지분은 45%인 4억 2,700만 위안이었다. 단순히 계산해보면 베올리아가 제안한 17억 위안은 순자산의 액면가 4배를 초과한 것이었다. 그 후에 그들은 어떻게 자금을 회수했을까? 그들이 보복에 나설 것이라는 사실을 생각해봤는가? 프랑스 사람들이 멍청하다고 생각하는가? 프랑스 회사의 국외 구매 활동은 모두 정부가 주도한다는 사실을 아는가?

이는 국가의 전략적 행위와 하나 다를 바 없다. 중국은 까르푸가 중국에 진입해 할인 매장을 여는 것을 허락했다. 그러나 만약 중국이 프랑스에 할인 매장을 열 경우 300평방미터를 초과하면 반드시 프랑스 중앙 정부의 승인을 받아야만 한다. 그럼에도 중국은 왜 그들의 이런 무례한 진입을 허락했는가? 중국은 정말 게임의 룰을 모르는 나라라고 해도 틀리지 않는다.

베올리아 계약서의 함정

베올리아는 17억 위안을 투자해 중국의 상수도 회사를 성공적으로 매입했다. 그렇다면 계약서에는 어떤 함정이 숨어 있을까?

첫째, 물값 인상의 공식을 규정한 것이다. 그리고 이 공식은 원가와 전혀 무관하다. 만약 입방미터당 물의 생산 원가가 0.5위안에서 0.6위안으로 올라 가격을 인상한다면 그나마 이해할 수 있다. 그러나 란저우수이우회사는 실상 현지 물가와 시민들의 수입 수준에 따라 물값을 인상한 것이지 원가에 전혀 근거하지 않았다. 그런데 현지 수입과 물가 수준이 진실한 데이터인지는 아무도 모른다. 우리가 어떻게 이것들을 알겠는가? 좌우간 물값 인상이 여론의 압력에 부딪히자 베올리아는 대단히 화가 나 결국 이 계약서를 공개했다. 계약서 조항에 따라 란저우시는 반드시 물값을 인상해야 했다. 그렇지 않으면 사르코지 프랑스 대통령이 전화를 걸었을지도 모를 일이다. 프랑스인은 이처럼 가증스럽기 이를 데 없었다.

둘째, 란저우물공급그룹의 토지는 원래 8억 3,700만 위안에 팔기로 예정돼 있었다. 그러나 란저우시 정부는 재삼 고려한 후에 이를 양도 자산에 계상하지 않기로 결정했다. 바꿔 말하면 무료로 베올리아에게 준 것이다.

셋째, 란저우시의 물 공급 시스템의 개조 잠재력이 대단히 컸다는 사실이다. 란저우시의 공업용수와 생활용수는 기본적으로 분리되지 않았다. 공업용수는 냉각기계 등에 사용되므로 수질에 대한 요구 사항이 비교적 낮아 조금 더러워도 크게 상관없었다. 그러나 란저우시 정부가 공업용수를 거주민 용수와 분리하지 않아 수돗물을 공급용수로 사용했다. 필자는 이런 사실을 솔직히 처음 들어봤다. 또한 모든 란저우시의 상수도관 누수율은 무려 50% 이상에 달해 반 이상의 물이 그대로 버려지고 있었다.

게다가 베올리아는 상수도관 수리를 책임지지 않았다. 그들은 17억 위안을 지불한 후 그 어떤 일도 할 필요가 없었다. 단지 물가와 수입 수준에 따라 물값을 인상할 뿐이었다. 원가에서 가장 많은 부분을 차지하는 전체 란저우 시의 어마어마하고 복잡한 상수도관은 원래 란저우시 정부가 책임졌다. 만약 란저우시 정부가 책임지지 않으면 베올리아가 맡아야 했는데, 그들은 상수도관 개조 원가를 모두 물값에 반영하겠다고 으름장을 놓았다. 이렇게 볼 때 란저우시 정부가 받는 압력은 대단히 컸다. 만약 베올리아가 나선다면 물값이 2~3배 오를 것이 뻔하므로 시민들이 들고 일어나지 않겠는가? 그래서 란저우시 정부는 감히 아무 말도 못하고 모든 책임을 떠안았다. 베올리아는 그저 돈만 벌어들이며 17억 위안을 회수하면 그만이었다.

종합해보면 시가로 따지면 란저우수이우회사의 가치는 19억 위안인데, 란저우시는 17억 위안에 이를 팔아버렸다. 물론 이 가격은 순자산과 비교하면 액면가의 4배를 초과한다. 그러나 우리의 계산법대로라면 시장 가치는 마땅히 19억 위안이 돼야 한다. 양도 가격이 시장 가치보다 2억 위안이 낮은데도 불구하고 란저우시 정부는 베올리아에게 8억 3,700만 위안의 토지 사용권까지 무료로 넘겨줬다. 게다가 양도 이후의 상수도세는 원가에 따라 조정하는 것이 아니라 물가와 수입 수준에 따라 계속 인상할 수 있었다. 그렇지 않으면 란저우시는 계약 위반이 성립된다. 만약 란저우시가 계약 위반을 하면 프랑스 회사는 도처에서 란저우시 정부를 기소해 돈을 회수할 것이다.

꼭 필요한 상수도관 투자 건설 사업은 란저우시 정부에서 직접 하든

지, 아니면 물값 인상을 조건으로 베올리아에게 맡겨야만 했다. 그런데 2007년에 계약을 체결한 이후 지금까지 물값은 매년 올랐으나 베올리아는 상수도망 건설에 전혀 나서지 않았고, 어떤 기술도 도입하지 않았다. 전문가를 파견하지 않은 것은 물론 전문 경영인도 초빙하지 않고 전체적인 기업 구성은 원래 멤버에서 하나도 바뀌지 않았다. 한 일이라고는 그저 재무제표에 적지 않은 공을 들이는 것이었다. 회계 조작을 통해 재무제표를 적자로 만든 다음 가격 인상을 요구하는 것이 전형적인 수법이었다. 어떻게 적자가 났는지 원가는 어떻게 계산한 것인지 베올리아는 그야말로 제멋대로였다. 란저우시 정부의 조사를 거절하고 자료를 주지도 않는다. 마치 150년 전의 청나라 때로 되돌아간 느낌이었다.

물론 베올리아는 란저우시 정부에 가격 인상을 하지 않아도 된다고 말한다. 그러면 란저우시 정부가 이 공장을 환매해야 하기 때문이다. 또 환매하려면 베올리아가 제공한 자산 부채표에 따라 가격을 결정해야 한다. 베올리아의 자산 부채표 세부 항목은 비공개를 원칙으로 하고 있다. 우리는 그들이 적지 않은 공을 들인 사실을 알고 있다. 그들은 실제로 아무 투자도 하지 않았는데 오히려 자산은 증가했다. 필자는 그것이 어떻게 늘어났는지 모르겠다. 그들의 조작 능력은 분명 중국인들보다 한 수 위이다.

자산 증가에는 두 가지 방법이 있다. 하나는 투자를 늘리는 것이고, 또 하나는 분배하지 않은 이윤을 자산으로 전환하면 된다. 베올리아는 매년 적자를 면치 못한다고 울상이다. 게다가 우리가 살펴본 바로는 그들은 한 푼도 투자하지 않았다. 투자를 하지도 않고 돈도 벌지 못했는데 어떻게 그들의 자산은 증가할 수 있었을까?

이런 식으로 외자에게 자산을 양도하는 방법은 정말 잘못된 것이다. 외자의 만행은 그야말로 상상을 초월한다. 만약 환매하려면 베올리아가 아무런 투자를 하지 않았음에도 어떻게 증가했는지 모르는 자산 가격으로 다시 사들여야 한다. 이것이 바로 란저우시 정부가 서명한 계약이다. 그래서 란저우시의 물값은 현재 입방미터당 0.3위안이 올랐다.

중국 학자들은 이때에도 나쁜 짓을 많이 저질렀다. 그들은 많은 문제를 언급하면서 각 지방 정부를 돕기 위한 이론적 근거를 찾았다. 이것은 중국 학자들이 가장 좋아하는 일이다. 지방 정부가 무슨 일을 하려면 그것이 맞든 틀리든 무조건 학자들을 찾는다. 그러면 학자들이 지방 정부를 도와 이론적 근거를 내놓는다. 란저우시 정부가 물값을 인상하려고 했을 때, 중국 학자들이 찾아낸 이론적 근거들은 다음과 같았다.

첫째, 물값을 조정하면 돈 많은 사람들이 가장 큰 피해를 본다는 것이다. 솔직히 필자는 이 말을 전혀 이해할 수 없을뿐더러 그들이 왜 이렇게 주장하는지도 모르겠다. 그들은 "돈 많은 사람들 집에는 수영장이 있다. 그들은 또 사우나를 자주 간다. 그들의 용수량은 보통 시민들의 100배 이상이다"라고 말한다. 만약 가격을 인상한다면 그들은 매월 3,000위안을 더 지불해야 하기 때문에 부담이 아주 크다는 것이다. 그러나 일반 시민들은 매달 30위안만 지불하면 된다. 3,000위안과 30위안을 비교하면 돈 있는 사람의 손해가 더 큰 것은 자명할 수밖에 없다는 결론이 나온다.

이것이 도대체 무슨 논리인가? 중국의 벼락부자들에게 3,000위안이

그리 큰돈일까? 나이트클럽에 가서 하룻밤에 3,000위안 이상도 우습게 쓰는 사람들이다. 그러나 일반 시민들 입장에서 매달 물값이 30위안 증가하면 최소한 세끼를 적게 먹어야 한다. 아직은 대부분의 사람들이 매우 가난하지 않은가.

그렇기 때문에 물값을 인상해도 괜찮지만 기준은 반드시 달라야 한다. 자본이 든든한 국영기업이나 집에 수영장이 있고 사우나나 다니는 돈 많은 사람들은 10배씩 인상하고, 일반 시민들은 반으로 줄여야 한다. 중국 국민들은 대단히 불쌍하다. 이들의 수세식 변기에는 물을 내리는 버튼이 두 개 있다. 둥근 버튼 하나를 두 개로 갈라 작은 반원으로는 소변을 내리고, 큰 반원으로는 대변을 내린다. 국민들이 이미 이렇게 절수를 하는데 다시 물값을 인상한다고? 정말 물을 많이 사용하는 곳은 사우나나 수영장이다. 그곳의 물은 일반 국민들이 사용하는 것이 아니라 돈 있는 사람이나 기업가들이 사용한다. 그러므로 그들에게 한 10배쯤 가격 인상을 적용하고 일반 시민들은 반으로 줄여도 된다. 만약 이렇게 된다면 베올리아 사건은 아주 잘 해결되리라 믿는다.

둘째로 학자들은 세계은행이 추산한 3% 원칙을 거론하며 수도 비용도 거주민 수입의 3%를 차지하는 것이 가장 합리적이라고 말한다. 광둥廣東성 선전深圳을 예로 들어보자. 이 기준을 적용하면 선전의 물값은 톤당 15위안이 돼야 한다. 당연히 현재는 이 수준에 크게 미치지 못한다. 그렇기 때문에 학자들은 물값 인상 여지가 매우 크다고 추정한다.

그들은 이를 어떻게 계산한 것일까? 미국인의 평균 소득은 1년에 수만 달러에 이른다. 반면 중국은 수천 달러도 되지 않는다. 중국의 대다수 국민의 1인당 평균 저축은 겨우 6,000위안에 지나지 않는다. 이렇게 가난한 중국에 미국의 잣대를 대는 것은 정말 우스운 일이 아닌가? 미국 사람들이 물을 쓰는 범위는 중국과 많이 다르다. 그들은 셀프 세차를 한다. 가정의 잔디밭에도 항상 물을 준다. 중국으로서는 정말 남의 나라 이야기이다. 학자들이 세계은행의 3% 원칙을 그대로 따르는 것은 그야말로 터무니없는 소리에 지나지 않는다.

베이징의 물 부족 현상이 매우 심각해 남쪽의 물을 북쪽으로 끌어오는, 이른바 남수북조南水北調 프로젝트가 한창이다. 전문가의 계산에 따르면, 남쪽의 물을 북쪽으로 끌어올린 후 거주민 용수 원가는 입방미터당 6위안으로 증가할 것으로 예상하고 있다. 이것은 얼마 전 첫 번째로 조정된 베이징 물값보다 딱 2위안이 높다. 또 어떤 전문가는 이 가격을 억제할 능력이 부족하여 앞으로 인상폭이 더욱 커질 것으로 예상하고 있다. 때문에 물값은 8위안까지 오늘 가능성이 상존한다.

물값이 8위안까지 오른다고 가정해보자. 더구나 베이징시의 집값이 계속 급등하는 상황에서 시민들이 과연 삶을 영위할 수 있을까? 중국 오천 년 역사를 전체적으로 조망하면, 당연히 어떤 때는 상황이 너무 비참해 백성들이 배불리 먹지 못한 적도 있었다. 그러나 국민들이 물값이 너무 비싸서 물을 마시지 못한 경우는 중국 역사상 일찍이 단 한 번도 없었다.

만약 물값을 입방미터당 8위안으로 인상하면 그나마 수입이 나은 필자도 물을 마시기가 어려워진다. 당연히 각 지방 정부가 계산을 여기에 맞추지 말기를 바랄 뿐이다. 필자가 말하는 대상은 소수의 지방 정부를 가리킨다. 란저우 모델이 비난받는 것은 외자 기업 투자 유치를 위해 시민의 명맥도 함께 팔아버렸기 때문이다. 더구나 고가의 경매로 말이다.

고가로 경매한 결과 외자는 틀림없이 계약서에 적시한 방식을 통해 자금을 회수해갈 것이 분명하다. 결국에는 시민들이 비싼 대가를 지불해야만 하는 것이다.

중국은 줄곧 계약을 존중해왔다. 이미 중파수이우나 베올리아 등과 불평등 계약서에 서명한 이상 중국으로서는 할 말이 없다. 이왕 이렇게 된 이상 방법은 한 가지밖에 없다. 기업가들이 더 열심히 노력해 돈을 많이 버는 것이다. 그리고 사회에서 얻은 이 돈을 사회에 환원하는 것이다. 그래서 필자는 마지막으로 건의하고 싶다. 돈이 많은 개인이나 기업에게는 물값을 10배 인상하고, 일반 시민들은 반으로 줄이는 것이 어떨까?

『고삐 풀린 자본주의』

– 앤드류 글린 Andrew Glyn

사회복지의 첫 번째 기능은 노동자 및 그 가족이 실업이나 질병 및 노령화로 인해 수입이 줄어드는 것으로부터 보호하는 것이다. 강제 사회보험 시스템의 가장 중요한 수혜자는 샐러리맨 계층이라고 할 수 있다. 이렇게 되면 취업자부터 실업자, 환자 및 퇴직자까지 사회 재분배의 혜택을 입게 된다. 사회복지의 두 번째 중요한 역할은 교육 및 의료, 기타 사회 서비스를 해당자들에게 제공하는 것이다.

공공서비스 영역에서 생산율을 향상시키고자 한다면, 이는 지출하는 자본금이 상대적으로 생산하는 제품이나 서비스에 비해 전면적으로 증가(상대적 가격 효과)하는 것을 의미한다. 더불어 이들 자본금은 세금 수입으로 감당한다. 나날이 증가하는 사회복지 지출은 재정에 막대한 압력을 준다. 그러면 사람들은 저절로 묻게 된다. "이 돈은 도대체 어디에서 나오는가?"라고 말이다. 하나의 폐쇄된 경제 시스템에서 만약 투자도 없고 국제 교류도 없다면 사람들의 소비는 아무리 많아야 총생산을 초과할 수 없다. 같은 이치로 세금 수입 및 복지 제도를 통한 소비 능력의 재분배는 납세자의 소비 능력 일부를 희생하는 것으로 유지된다.

급등하는 사회복지 지출액이 끊임없이 투자를 내리누르는 상황에서 소비를 유지하는 것은 그저 국민생산을 지탱하는 잠정적인 대책일 뿐이다. 경제성장이 완만할 때에는 투자가 강세를 나타내지 않으면 미래 분배의 충돌을 격화시킬 가능성이 있다. 만약 샐러리맨 계층이나 다른 부문의 기대가 소비 증가에 의거해 결정된다면 상황은 더욱 나쁘게 변할 것이다. 좌익 정부의 입장에서 볼 때, 기업세를 올리거나 기업 이윤을 얻는 것으로 사회복지 지출의 구멍을 메우는 것은 닭을 죽여 뱃속의 달걀을 꺼내는 것과 다르지 않다. 이것은 자본주의의 특징이지 국제화의 특수 사례가 아니다. 독일 사회민주당의 헬무트 슈미트 총리는 일찍이 1976년에 "기업 이윤은 최종적으로 내일의 투자로 바뀐다. 또 내일의 투자 수준은 다시 사회의 취업 수준을 결정한다"라고 지적한 바 있다. 그때는 아직 국제화가 진척되기 전이었다.

제3장

철광석의 최종 가격 결정권자, 월스트리트

– 미국과 호주의 철광석 독점

최신 자본주의의 기본 특징은 최대 기업가 독점 연맹의 통치이다. 이런 독점 조직이 단독으로 모든 원료 생산지를 독점할 때 그들의 공고함은 비할 바가 없다. 우리는 이미 자본가 국제 연맹이 사력을 다해 상대방의 모든 경쟁력을 박탈하려고 애쓰는지 보았다. 예를 들면 그들은 철광을 함유하고 있는 토지나 석유 자원 등을 수매하는 방법으로 모든 가능성을 박탈했다. …… 자본주의가 발달할수록 원료는 더욱 부족해진다. 더불어 세계 원료 산지를 두고 경쟁하거나 각축하는 투쟁은 갈수록 첨예화된다. 식민지를 서로 점령하려는 투쟁 역시 갈수록 격렬해진다.

블라디미르 레닌, 『제국주의론』

'리오 틴토 사건'

2009년 8월 9일, 미국의 CIA에 해당하는 중국 보밀국保密局이 밝힌 정보에 의하면 리오 틴토와 벌인 철광석 관련 교역 협상에서 중국은 약 7,000억 위안이라는 엄청난 손실을 입었다. 그렇다면 중국은 외자와 협상을 할 때 왜 이와 같이 열세에 처할까? 이것은 이미 구매의 문제나 단순한 협상 문제가 아니다. 필자는 문제를 해결하기 힘든 결정적인 원인이 중국이 철광석이나 국제 주요 자원의 게임 룰을 모르기 때문이라고 생각한다.

 **배경 제시**

2008년 2월, 중국알루미늄그룹(CHALCO, 이하 찰코-옮긴이)은 세계 광업계의 거두인 리오 틴토 영국 회사의 주주가 되어 세계를 놀라게 했다. 그러나 총액이 195억 달러에 이를 것으로 예상된 이 협상은 고작 4개월 만에 리오 틴토에 의해 파기됐다. 2009년 7월, 중국 철강공업협회와 세계 3대 광업계의 거두가 오랫동안 질질 끌던 협상이 교착 상태에 빠졌을 때 리오 틴토 주 상하이上海 사무소의 후스타이胡士泰 등 4명이 국가 기밀을 훔친 혐의로 상하이시 국가안전국에 체포됐다. 이어 8월에 이 사건은 공안 기관으로 이관됐다. 그들의 죄목은 상업비밀 침범 및 상업 뇌물죄 혐의였다. 중국은 철광석 최대 소비국으로 매년 세계 철광석 생산량의 절반을 가볍게 소비한다. 때문에 오스트레일리아의 질 좋고 믿을 수 있는 철광석 공급을 필요로 하고, 동시에 세계 최대 철광석 수출국인 오스트레일리아의 철광 기업도 당연히 중국을 필요로 한다. 그러나 중국과 리오 틴토의 거

석유를 비롯해 철광석, 농산품, 비철금속 등을 포함한 국제 주요 자원에 대한 가격 결정 메커니즘은 대단히 복잡하다. 단순한 공급과 수요의 원리로 결정되는 것이 아니다. 필자는 최근 중국 철강공업협회가 입장을 밝힌 보도를 본 바 있다. 협상을 할 때 중국은 구매자든 수요자든 거래량이 방대하기 때문에 발언권이 있어야 한다는 것이 그들의 주장이었다. 하지만 결론적으로 말해 중국은 발언권이 없을 뿐 아니라 다른 상대에게 멋대로 휘둘리고 있다. 다른 상대란 다름 아닌 리오 틴토와 BHP 빌리튼BHP Billiton 및 콤파냐 발레 도 리오 도체CVRD이다. 이들은 현재 세계 3대 철광석 공급상으로 유명하다.

협상을 벌일 때 그들의 태도는 강경하기 짝이 없다. 중국이 아무리 방대한 양을 필요로 해도 전혀 거들떠보지 않고 자신들이 생각한 대로 일을 처리한다. 그들은 심지어 협상이 결렬되는 위험을 감수하면서까지 이런 규칙을 절대로 바꾸지 않는다. 도대체 왜 그럴까?

먼저 분명히 짚고 넘어가야 할 중요한 문제가 있다. 그것은 바로 철광석 가격이 어떻게 결정되느냐는 것이다. 공급과 수요가 가격을 결정한다고 생각하는가? 수요가 상승하면 가격어 올라가고, 공급이 상승하면 가격이 떨어질까? 2008년 8월과 9월 이전에 중국 역시 무서운 국제적인 인플레이션을 경험했다. 철광석 가격은 연속 3년 동안 70여%, 10여%, 90여%의 속도로 미친 듯 올랐다. 석유 가격 역시 2004년 배럴당

38달러에서 2008년 하반기에 배럴당 147달러까지 올랐다. 농산품 가격도 예외일 수는 없었다.

이것이 과연 공급과 수요에 의해 결정된 것일까? 철광석 장사를 해본 사람이라면 철광석이나 철광사라고 불리는 것이 얼마나 많은지 알고 있다. 필자는 심지어 해변의 모래알처럼 많다고 생각한다. 그것들은 지금까지 부족했던 적이 없었다. 그러면 이 가격은 어떻게 결정되는 것일까? 필자는 바오강寶鋼(상하이 소재의 중국 최고 철강회사. 바오스틸Baosteel로도 불림-옮긴이)의 몇몇 고위층의 최근 발언 내용이 비교적 적절하다고 생각한다. 그들은 이 모든 것이 월스트리트의 조종이라는 사실을 서서히 이해하기 시작했다. 진짜 뭉칫돈을 버는 쪽은 월스트리트이다. 모든 주요 자원 가격의 대폭 인상과 하락은 월스트리트의 제약을 받는다.

사실 중국의 해외 진출 사례는 이미 적지 않다. 후난湖南의 화링華菱스틸 같은 경우는 일찍이 오스트레일리아의 FMG철광을 매입했다. 그들은 평균 2.48오스트레일리아달러의 가격으로 FMG철광 17.4%의 주식을 손에 넣었다. 매입이 이뤄진 후 그들은 철광석 가격을 FMG가 결정할 수 없다는 사실을 깨달았을 것이다. 리오 틴토와의 철광석 가격 협상 역시 똑같다. 철광석 가격은 리오 틴토가 결정할 수 있는 것이 아니다. 그 증거는 과연 무엇일까?

배경 제시

세계 3대 철광석 공급상은 오스트레일리아의 양대 거두인 리오 틴토와 BHP 빌리튼 및 브라질의 콤파냐 발레 도 리오 도체이다. 2008년에는 오스트레일리아 제3대 철광석 공급상인 FMG그룹이 협상에 참여했다. 당시 중국 화링스틸그룹은 FMG그룹의 제2대 주주였다. 2009년 8월 17일, 중국 철강공업협회와 FMG는 반년을 기한으로 하는 협의를 체결했다. 이 협의에 따르면 가루철광 가격 하락폭은 35.02%로 리오 틴토 및 BHP 빌리튼과 한국, 일본 철강 기업이 연초에 협의한 가격보다 3%가 낮았다. 그러나 분석가들은 FMG를 규모가 작은 공급상으로 생각했다. 이 협의가 일시적인 6개월짜리 계약에 지나지 않아 영향력이 어떨지는 더 두고 봐야 한다고 생각한 것이다. 실제로 중국 철강공업협회와 국제 광업계 거두들의 협상은 여전히 계속되고 있다. 많은 사람들은 중국 철강공업협회의 협상과 관련해서 2009년 하반기 국제 철광석 공급 과잉의 국면에 희망을 걸어도 되지 않을까 생각했던 것 같다. 그렇다면 지금까지의 사례를 근거로 누구에게 철광석 가격을 결정하는 힘이 있을까?

그림 [3-1]을 보자. 그림에는 원유 가격을 비롯해 발틱^{Baltic}종합지수(운임지수를 가리킴) 및 철광석 현물 가격이 나타나 있다. 이 그림을 통해 철광석 가격이 원유 가격과 발틱운임지수^{BDI} 가격 전부를 포함한다는 사실을 볼 수 있다. 바꿔 말하면 철광석 가격선은 원유와 발틱운임지수 두 선에 의해 지탱된다. 그러므로 이 두 선이 아래로 내려가면 철광석 가격도 따라서 내려가고, 이 두 선이 상승하면 철광석 가격선을 끌어올린다. 다시 말해 철광석 가격은 기본적으로 발틱운임지수와 원유 가격이 공동으로 결정한다.

중국은 비교적 낮은 가격으로 협상하기를 원할 것이다. 발틱종합지수가 하락하고 원유 가격이 하락하면 철광석 가격은 하락하게 된다.

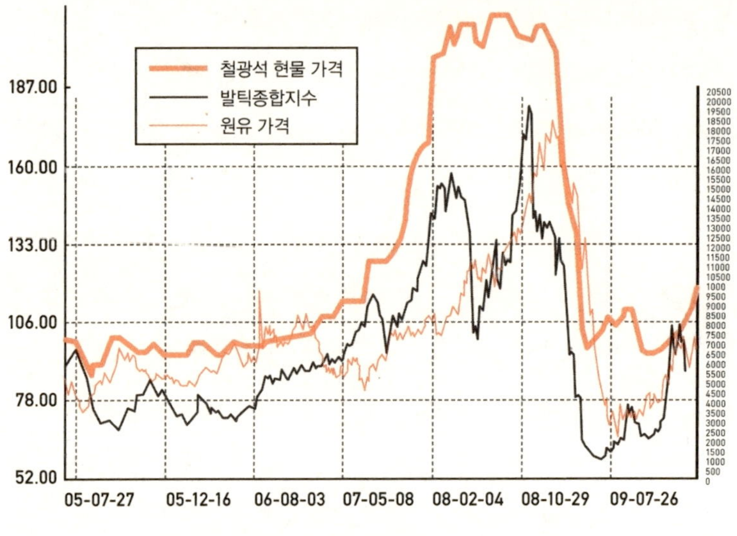

그림 [3-1] 철광석 가격, 발틱종합지수 및 원유 가격

철광석과 주요 경제지수를 움직이는 세력

원유 가격과 발틱종합지수는 월스트리트가 결정한다. 만약 당신이 싼 철광석을 얻을 생각이면 반드시 골드만삭스를 찾아가 가격을 낮춰달라고 부탁해야 한다. 원유 가격과 발틱종합지수 가격이 낮아지면 철광석 가격은 반드시 떨어진다. 이것이 게임의 룰이다.

 **배경 제시**

2009년 2월11일, 발틱종합지수는 일거에 2000포인트를 돌파해 2055포인트에 도달했다. 2008년 12월 5일에 기록한 지수 저점인 663포인트와 비교하면 2개월 만에 3배 이상 오른 것이다. 세계경제가 불황에 허덕이는

가운데서도 이처럼 강세로 돌아서게 된 이유는 바로 중국으로 운송되는 철광석 때문이었다. 철광석과 기타 에너지 광산의 관계에 대해 세계 최대 광업그룹인 BHP 빌리튼의 CEO 마리우스 클로퍼스는 일전에 이런 입장을 피력했다. 매년 철광석 가격을 고정적으로 결정하는 전통적인 국제 철광석 가격 메커니즘은 머지않아 석유와 석탄처럼 시장의 정가定價로 넘어가게 될 것이라는 주장이었다. 오늘날 각종 국제 경제지수와 주요 자원 간의 상호 관련도는 갈수록 높아지고, 중국과의 관계도 갈수록 밀접해지는 사실을 어렵지 않게 볼 수 있다. 그러면 이런 주요 자원과 경제지수 배후에서 누가 국면을 좌우하는가?

필자는 일찍이 화링스틸 사람들에게 FMG의 주식 17.4% 매입은 매우 잘한 일이라고 말한 적이 있다. 이는 중국의 해외 진출 전략이 성공했다는 사실을 보여주는 사례이다. 그러나 문제는 화링스틸에 과연 어떤 이점이 있느냐이다. 그들은 화링스틸에게 주주 1명만을 파견할 수 있다고 알려줬다. 필자는 주주 1명으로는 아무 소용도 없다고 주장했다. 그러면 해외 진출은 도대체 무슨 이점이 있으며, 왜 해외 진출을 해야 하는가?

만약 가격을 화링스틸이 결정하는 것이 아니라면, 리오 틴토를 매입하든 FMG를 매입하든 결국에 가격은 그림 [3-1]에 의해 결정된다는 사실을 발견하게 된다. 그리고 그 모든 배후에는 미국 정부가 있다.

그러므로 이 협상이 매우 어렵다는 사실을 발견할 수 있다. 왜냐하면 철광석 가격은 석유 가격과 발틱종합지수에 의해 결정되고, 석유 가격과 발틱종합지수를 좌우하는 것은 월스트리트이기 때문이다. 또 월스트리트의 배후에는 미국 정부가 버티고 있다. 이것이 바로 오스트레일리아 회사가 협상을 할 때 그토록 오만하게 나오고 한 발자국도 양보하지 않는 이유이다. 이것은 전략 물자인 관계로 미국 정부가 함부로 시장화할 수 없고 중국에게 마음대로 가격을 결정하게 할 수도 없다. 이는 모두 국제 열강이 힘을 겨뤄 형성된 필연적인 결과라고 볼 수 있다.

그래서 현재 중국 철강공업협회가 진행하는 협상은 단순한 공급과 수요의 문제가 아니다. 철광석 가격은 발틱종합지수와 석유 가격을 통해 조정되고, 그 배후에서 오스트레일리아를 지지하는 미국 정부가 있다. 중국 철강공업협회는 매스컴을 통해 이번 협상 내용을 공개했다. 이번 철광석 가격 협상에서 진전을 이루어 과거 장기 협의가 모두 1년을 기한으로 했다면 지금은 반년을 기한으로 해, 반년 후에 중국은 다시 협상을 할 수 있다는 것이다.

필자는 중국 철강공업협회가 믿든 안 믿든 알려줄 것이 있다. 그들이 중국과 반년 계약에 서명한 이유는 반년 후에 철광석 가격이 반드시 오를 것이라고 예상했기 때문이다. 결국 얼마 지나지 않아 석유 가격이 배럴당 80달러로 오르고, 발틱종합지수 역시 2배로 뛰어 철광석 가격이 미친 듯이 올랐다. 이렇게 볼 때 중국은 반년 후에 인상된 가격으로 다시 계약을 체결할 수밖에 없다. 이 모든 것은 완전히 상대방의 수중에서 조정되며 중국에게는 아무런 권한이 없다.

왜냐하면 중국이 게임의 룰을 이해하지 못했기 때문이다. 그렇다면 중국이 여기서 벗어날 방법은 없을까? 필자는 일본의 사례가 참고할 만하다고 여겨지며, 철강을 가장 필요로 하는 일본이 어떻게 협상을 진행했는지 알아보도록 하자.

일본, 40년 전부터 채광사업에 뛰어들다

 **배경 제시**

1년 1회의 철광석 가격 협상은 1981년부터 시작됐다. 이 협상 과정은 공급상과 소비상이 협상을 거쳐 쌍방이 한 재정연도의 철광석 가격을 확정하는 것이다. 전통적인 협상 관례에 따라 국제 철광석 시장은 아시아 시장과 유럽 시장으로 나뉘어 각각 가격을 확정한다. 아시아 시장은 일본을 사용자 대표로 하고, 유럽은 독일을 사용자 대표로 한다. 2009년 5월 26일, 오스트레일리아의 리오 틴토는 일본 신닛테츠新日鐵가 2009년도 세계 철광석 협상의 첫 번째 가격에 합의했다고 선포했는데 그중 가루철광은 32.95%나 하락했다. 중국은 2008년 11월부터 시작한 협상을 2009년 6월 30일까지 서로 양보 없이 대치했다. 2009년 철광석 가격 협상 마감일에도 국제 철광석 3대 거두는 중국 철강공업협회가 요구한 40% 인하 가격을 받아들이지 않았다. 왜 리오 틴토와 일본의 협상은 그렇게 순조로웠을까? 일본 철강 기업은 도대체 어떻게 협상을 하는 것일까?

일본과 중국은 다르다. 중국은 크고 작은 공장이 많아 업계 3위까지의 철강 공장 시장점유율이 15%에 불과하다. 한국은 3위까지의 철강 공장이 전체 시장의 89%를 점유하고 있다. 또 일본도 3위까지의 시장 점유율이 67%에 이른다. 게다가 한국은 포스코만이 수입을 할 수 있고, 일본은 5개 철강 공장이 가능하다. 그러나 중국은 크고 작은 공장들이 너무 많아 38개의 작은 공장이 중국 철강공업협회를 통해 협상에 나섰다. 게임의 룰을 모르는 중국으로서는 이것이 이상한 일이 아니었다.

필자는 앞에서 이미 가격 결정 과정을 설명했다. 그렇다면 가격 결정 과정을 이해한 후 어떻게 해야 할까? 이것은 오스트레일리아와 계속 협상을 벌이는 것처럼 간단한 문제가 아니다. 필자는 보밀국이 공개한 스파이 사건이 사실이길 바란다. 그렇지 않으면 그 결과는 중국을 대단히 난감하게 만들 것이다. 물론 이는 스파이 하나 적발했다고 해결할 수 있는 문제가 아니라 이런 메커니즘 하에서 중국이 어떻게 스스로를 보호할 수 있는지의 문제에 해당한다.

자원 빈국을 꼽으라고 한다면 일본이 반드시 포함될 것이다. 이처럼 누구도 알고 있는 사실을 일본 스스로가 모르겠는가? 그렇다면 일본은 이에 어떻게 대처했을까?

40년 전 광산에 투자하는 것은 매우 큰 위험을 동반하는 사업이었다. 동서 양 진영은 주로 각자의 세력 범위 내에서 무역을 진행했으니까 말이다. 예컨대 소련 집단과 미국 집단은 상호 거래 없이 각자의 진영 내에서만 거래가 이루어졌다. 그러나 서양 각국은 40년 전에 이미 발전이 한계에 다다랐다. 고속도로, 철도, 선박 등이 모두 건설돼 광산 자원에 대해 수요가 없었다. 때문에 당시 광산을 소유하는 것은 위험을 안고 있는 것과 마찬가지였다.

40년 전에 오스트레일리아에 가서 채광을 한다고 생각해보라. 그것이 무슨 의미인지 알고 있는가? 상상할 수 없이 먼 곳인 데다 오스트레일리아 노동자들은 파업하기를 좋아해 번거롭기 그지없었다. 이런 악조건 속에서 채광에 나서는 것은 그야말로 귀찮은 일을 사서 하는 것과 다를 바 없었다.

당시 철광석을 포함한 자원에 투자하는 것은 위험이 매우 큰 사업이기 때문에 모험 정신이 없는 기업은 감히 도전할 수 없는 일이었다. 바로 그 상황에서 일본은 출격에 나섰다.

 **배경 제시**

일본은 광산 자원이 부족한 섬나라이다. 관련 데이터에 근거하면 일본에 매장돼 있는 광산 종수는 12종에 지나지 않는다. 그러나 경제대국인 일본은 대다수 광산품의 수요량이 세계 상위에 자리하고 있다. 일본은 수많은 주요 광산품의 세계 1위나 2위 수입국에 해당한다. 일본은 철광석 협상에서 다른 나라들과 달리 지극히 특수하고도 우월한 지위를 지니고 있다. 사람들은 오늘날 세계 광산계에서 누리는 일본의 지위가 40년에 달하는 긴 시간 동안 해외 자원을 개발한 정책과 관계가 깊다고 분석한다. 이 정책은 안정적이고 주기가 길 뿐만 아니라 조직이 빈틈이 없다. 그렇다면 일본은 어떻게 이런 개발 계획을 추진해 나갔을까?

일본 미쓰이(三井)물산주식회사 사이트의 자료를 보면, 이 회사는 1960년대, 다시 말해 40~50년 전부터 철광석 자원 투자 개발에 적극적으로 참여하기 시작했다. 바로 광산 투자의 위험이 상상하기 어려울 정도로 클 때 이미 개발에 나선 것이다. 장기적으로 안정된 철광석 공급을 확보하기 위해 2003년 미쓰이물산주식회사는 세계 최대 철광석 기업인 콤파냐 발레 도 리오 도체의 모회사 주식 15%를 매입했고, 이어 리오 틴토 및 BHP 빌리튼과 철광석 사업의 합작 관계를 확대했다. 그 결과 미쓰이물산이 보유한 지분 비율을 근거로 그들의 생산량은 이미 세계 4위로 도약했다.

40~50년 전에 서양의 철광석 수요가 미친 듯이 하락하자, 사람들은 보편적으로 광산이 조금의 경제적 가치도 없다고 생각했다. 바로 이때 일본 사람들은 이 시장에 진입하기 시작했다. 일본 사람들이 대량으로 철광석을 매입한 것은 사실 단순 매입이 아니라 현지 정부와의 합작을 통한 공동 개발로 함께 이익을 얻는 것이었다.

그러면 중국은 언제부터 이 사업에 뛰어들었을까? 2002년이 되어서야 외국의 철광석을 매입하기 시작했다. 오스트레일리아의 존 윈스턴 하워드 전 총리는 중국을 방문할 때마다 철광석 공급상을 대동해 중국 정부가 자국의 철광석을 매입해주길 희망했다. 당시 중국은 자급자족이 가능해 굳이 수입할 필요가 없었다. 그러나 2002년이 지나면서 상황이 달라졌다.

중국이 제조업 대국으로 성장하면서 철광석 수요가 갑자기 상승했다. 이에 중국은 이 시장에 진입하기 시작했으나 게임의 룰을 전혀 이해하지 못해 결과적으로 많은 손실을 입었다. 예컨대 리오 틴토와의 협상에서는 7,000억 위안의 손해를 봤다. 중국은 2002년 철광석 시장에 진입할 때 이런 것들을 완전히 이해하지 못했다. 물론 지금도 마찬가지지만 말이다.

다시 일본을 보자. 일본은 40~50년 전 광산 자원이 불황 산업일 때 이미 이 시장에 진입하면서 어떤 전략을 구사했을까?

마인드의 차이가 미래를 결정한다

배경 제시

일본 철강 기업은 일찍이 주주로 참여하는 등의 방식을 통해 세계 주요 철광석 생산자 및 이익공동체와 긴밀한 관계를 맺었다. 이로 인해 최근 몇 년간 철광석 가격이 계속 상승하는 상황에서도 철광석 수입국인 일본 은 막후 협상자의 역할을 수행하고 있다. 반면 세계 제일의 철강 대국인 중국은 철광석 가격 협상 과정이 험난할 뿐 아니라 최종적으로 철강 공 장의 평균 원가 역시 일본과 유럽에 비해 50%나 높게 책정됐다. 그러면 일본은 인상에 직면해 어떻게 문제를 해결했나? 협상 메커니즘에서 중국 과 일본 간에는 무슨 차이가 있었나?

일본의 전략은 이렇다. 그들은 제련 공장을 가진 5개 철강 기업이 있 다. 그러나 주의할 것은 철강 회사가 직접 협상 테이블에 나오지 않고 대 신 상사들이 협상을 진행한다. 이 상사로는 두 군데가 있다. 하나는 위에 서 언급한 미쓰이물산이고, 다른 하나는 이토추伊藤忠 상사이다. 미쓰이 물산과 이토추상사가 책임을 지고 리오 틴토나 BHP 빌리튼과 협상하 고 판매까지 책임진다.

이처럼 일본의 철강 기업은 생산만 담당한다. 이것은 어떤 장점이 있 을까? 미쓰이물산과 이토추상사는 최고 단계인 철광석 가격을 장악하 고 있을 뿐 아니라 가장 말단인 판매까지 책임지고 있다. 이 과정을 통 해 큰 비중을 차지하는 특수강을 중국에 판다. 이는 최고 단계에서 말 단까지 이르는 산업 사슬을 고효율적으로 연결하는 방식이다.

만약 철광석 가격이 인상되면 미쓰이물산과 이토추상사는 돈을 번다. 이어 그들은 가격 우위를 통해 얻은 이윤 일부분을 철강 공장에 나누어주어 손실을 막아준다. 그런 다음에 말단인 판매를 통해 중국이 만들지 못하는 고도의 기술을 요하는 제품, 예를 들어 특수강을 중국에 판다. 이렇게 해서 가격 인상에 따른 일부 철강 공장의 손실을 판매로 메운다. 그들은 이런 방식을 통해 전체를 유기적으로 엮는다.

바꿔 말하면 일본의 상사와 철강 기업의 관계는 연맹이라고 볼 수 있다. 만약 철광석 가격이 하락해 철강 기업이 돈을 벌고 상사가 손해를 보면 어떻게 할까? 철강 기업이 상사에 보조금을 지급한다. 반대로 철광석 가격이 인상되면 돈을 번 상사 쪽이 철강 기업을 보조해준다. 집단 내부의 상호 보조를 통해 모든 구성원이 손실을 입지 않도록 보장하는 것이다. 그렇기 때문에 일본은 철광석 가격의 상승 여부에 그다지 개의치 않는다.

더구나 1981년에 확정된 세계 철광석 가격 결정 메커니즘에 의하면 한 해의 제4분기부터 세계 주요 철광석 공급상과 바이어들은 협상을 시작한다. 한 철강 공장이 협의에 도달하면 이 협상은 끝난다. 더구나 중국 데이터에 나타난 바로는 통상적으로 먼저 협의에 도달하는 쪽은 모두 일본 기업이다. 이 메커니즘을 누가 규정했는지는 잘 모르겠지만 거대한 음모처럼 느껴진다.

2005년 2월 22일, 일본의 신닛테츠와 콤파냐 발레 도 리오 도체가 철광석 가격을 71.5% 인상한다고 합의했다. 중국을 포함한 전 세계의 철강 공장은 모두 이 협의를 근거로 가격을 올렸다. 2008년 2월 18일, 신닛테츠와 콤파냐 발레 도 리오 도체는 또 65%의 가격 인상 협의에 이르렀다. 다시금 중국 기업들은 막대한 가격 증가폭을 받아들여야만 했다.

일본은 철광석 가격 인상을 통해 상사가 돈을 벌어 철강 공장의 손실을 보조한다. 또 일본은 대량의 특수강을 중국에 파는데, 말단인 판매의 가격 상승을 통해 원가를 중국에게 전가하는 전략을 쓴다. 그래서 그들은 가격 상승 여부에 전혀 신경을 쓰지 않는다. 일찍이 40~50년 전에 이 연맹을 맺고 상사와 철강 공장 간의 상호 보조를 통해 안전하게 매번 가격 인상의 위험을 넘겼기 때문이다. 그들에게는 철광석 가격이 올라도 좋고 떨어져도 좋다. 어쨌든 모두 돈을 번다. 이것이 일본이 40~50년 전에 만들어낸 전략이다.

그렇다면 중국은 어떨까? 중국 철강공업협회는 큰 철강 공장을 대표할 뿐이어서 나머지 수십 개 작은 공장들은 각개전투를 벌여야 한다. 철강 공장이 협상은 물론 판매까지 책임지지만 게임의 룰을 이해하지 못하고, 철광석 가격이 어떻게 결정되는지도 모른다. 심지어 미국이 배후의 최대 조정자라는 사실도 모른다. 그래서 협상을 잘 이끌어내지 못한다.

철광석 가격이 인상되면 중국 철강 공장의 원가는 상승한다. 게다가 중국이 생산하는 철강 대부분은 중·하급이어서 기술적인 장점이 전혀 없다. 한마디로 가격을 논할 능력이 없는 것이다. 때문에 판매 가격을 올리기가 매우 어려워 결국 손해를 보고 만다.

이처럼 중국은 일본과 같은 메커니즘이 형성되지 않아 항상 피동적이다. 그 이유는 중국이 줄곧 자원 대국이라는 명성에 도취되어 있었다는 데 있다. 스스로 땅이 넓고 생산물이 풍부하다고 생각하여 오늘 같은 날이 오리라고는 전혀 상상도 하지 못했다. 결론적으로 진정한 자연 결핍 국가는 일본이 아니라 중국이다. 그렇지 않다면 리오 틴토와의 협상에서 중국이 어떻게 그토록 피동적일 수 있을까? 자그마한 리오 틴토라는 회사가 어떻게 중국에 7,000억 위안이라는 손해를 입혔을까?

관례에 따라 2008년 제4분기에 리오 틴토와 신닛테츠는 하락폭 33%의 기준 가격에 합의했다. 중국을 포함한 세계 철강 공장이 모두 이 가격을 받아들여야 했다. 그러나 중국 철강공업협회는 그 후의 협상에서 리오 틴토가 33%의 기준 가격 하락을 결정한 데 대해 불만을 가졌다. 중국에 대해서는 가격을 더 인하해야 옳다고 생각했다. 이에 게임의 룰을 이해하지 못한 중국은 울컥한 나머지 협상을 진행하지 않았다. 이로 인해 중국은 현물 가격으로 철광석을 수입해야만 했다.

게다가 중국 철강공업협회는 중국인 특유의 뒷거래와 남을 궁지로 몰아넣는 능력을 발휘하여 리오 틴토를 제치고 직접 브라질의 콤파냐 발레 도 리오 도체를 찾아가 철광석을 매입하려고 했다. 이 역시 게임의 룰을 이해하지 못한 전략이었다. 리오 틴토와 BHP 빌리튼 및 콤파냐 발레 도 리오 도체의 입장은 당연히 일치한다. 어떻게 중국이 뒷거래하는 것을 허락하겠는가? 마지막에 콤파냐 발레 도 리오 도체는 매스컴을 통해 공개적으로 중국 철강공업협회에 펀치를 날리고 철강공업협회의 협상을 받아들이지 않겠다고 선포했다. 정말 집안 망신을 톡톡히 시켰다고 봐도 무방하다.

2009년 11월 10일, 리오 틴토는 중국 현물 가격이 이미 기준 가격보다 27% 높다고 지적한 바 있다. 이 사실은 2010년 협상의 기초가 되었다. 이 신호는 재차 이전에 세 거두가 요구한 철광석 협상 가격 30% 인상의 입장을 확실하게 밝힌 것이다. 철강공업협회는 다시 한 번 펀치를 얻어맞았다. 필자는 철강공업협회에 누가 당신들에게 울컥해 담판하지 말라는 권력을 줬는지, 그로 인해 국가에 얼마나 큰 손실을 야기했는지 이야기해주고 싶다.

『두바이 & CO.』

– 아미르 레흐만Aamir Rehman

많은 세계 기업 경영자들은 페르시아만 일대의 경제체를 생각할 때마다 이국적인 정취를 물씬 느낀다. 또한 그들은 《아라비아의 로렌스》라는 영화 속 풍경인 방대한 사막, 척박한 토지 및 부락 간의 전쟁 등을 우선 떠올리기도 한다. 뿐만 아니라 1990년대 초 제1차 걸프전을 비롯해 점령당한 쿠웨이트 및 미국이 주도하는 국제연합UN 보호 아래의 사우디아라비아가 여전히 위협받고 있다는 사실 역시 떠올린다. 보다 이른 때를 회상한다면 1970년대의 석유 위기가 대표적으로 꼽힌다. 이는 지금까지도 상당히 고통스런 기억이다. 당시 유가가 크게 올라 정체성 인플레이션이 야기되고 주유소에는 항상 줄이 길게 늘어서곤 했다. 물론 지금은 많은 기업 경영자들이 2000년 이후 이곳의 신속한 발전을 주목하고 있다. 그들의 머리에는 두바이의 버즈 알 아랍이나 그와 유사한 유명한 프로젝트가 스쳐지나갈 수도 있다.

바깥 세계는 이 지역에 대해 보편적으로 호기심이 많고 오해도 많다. 실제로 연구나 토론할 것이 많기는 하나 이 책에서는 가장 자주 나타나는 5가지 오해에 중점을 뒀다. 만약 당신 회사에 이 5가지 '치명적'인 오해가 존재한다면 아마도 많은 비즈니스 기회를 놓치게 되고, 잘못된 자원 배치를 초래할 가능성이 높다.

5가지 '치명적' 오해는 다음과 같다.

1. 석유 외에 다른 것이 없다 : 오로지 에너지와 관련 있는 기업이 이 지역과

밀접한 관계가 있다.

2. 모두들 돈이 아주 많다 : 그래서 오로지 고급 제품과 서비스만이 판로를
가질 수 있다.

3. GCC(페르시아만안협력회의) 고객은 '우리를 혐오'한다 : 세계적인 메이커와
기업이 성공할 수 없다.

4. 여성이 중요하지 않다 : 소비자를 비롯해 직원, 정책 결정자를 막론하고
여성들은 경제 시스템에서 모두 하찮은 존재들이다.

5. 시장은 완전히 아랍 사람들 것이다 : 아랍 소비자들이 페르시아만 지역
의 유일한 시장 목표이다.

대다수 상황과 마찬가지로 이 5가지 오해는 사실의 곡해에서 비롯되거나 밖
에서 떠다니는 소문이 마치 전부인 양 과대 포장된 것이다. 우리는 이런 오해
들을 깊이 연구 토론하고, 더불어 각각의 의제에 비교적 정확한 견해를 더해
야만 한다.

제4장 미국에 손을 들어준 중국산 대두 한 알

제5장 미국 정부가 옥수수 재배에 보조금을 주는 이유는?

제6장 중국의 수출이 늘수록 미국이 부유해진다

제4장 미국에 손을 들어준 중국산 대두 한 알

제5장 미국 정부가 옥수수 재배에 보조금을 주는 이유는?

제6장 중국의 수출이 늘수록 미국이 부유해진다

제2부

현대판 동인도회사

미국에 손을 들어준 대두 한 알

– 미국의 대두전쟁

금융 자본이 독점 조직의 시대를 만들었다. 또 독점 조직은 도처에서 독점 원칙을 시행했다. '연계'를 이용해 유리한 계약을 체결하고 개방된 시장의 경쟁을 대신했다. …… 이런 상황에서 특별히 큰 기업 간에 체결되는 계약은 지그문트 쉴더Sigmund Schilder의 '완곡한' 표현에 따르면 왕왕 "구입에 가깝다."

블라디미르 레닌, 『제국주의론』

재앙을 부른 대두 한 알

중국의 대두 가격은 과연 누가 통제할까? 그 주인공은 바로 월스트리트를 필두로 하는 국제 금융 투기꾼들이다. 금융자본이라고 통칭하는 이들이 중국의 대두 가격을 완전히 통제하게 된 계기는 무엇일까? 그리고 국제 대두 가격이 상승하면 왜 중국의 식용유 가격이 따라서 상승할까?

 **배경 제시**

2009년 5월 11일, 중국 세관총국은 1/4분기 중국의 대두 수입량이 1,000만 톤을 초과해 누계 수입량이 1,015만 톤으로 전년 동기 대비 30.4% 증가할 것이라고 경고했다. 중국산 대두 생산 지역의 하나인 헤이룽장黑龍江성의 경우, 1/4분기 수입 증가율이 동기 대비 84.5배에 이르렀다. 세관총국은 헤이룽장성에서 유전자 변형 대두 제품의 시장점유율이 빠른 속도로 확대되고 있으며, 그중 대두유가 차지하는 시장점유율은 80%에 이른다고 발표했다. 또 대두박 시장은 90% 정도가 유전자 변형 대두박으로 2008년 초에 비유전자 변형 제품이 대부분을 차지한 상황과는 완전히 정반대의 상황을 연출했다. 그렇다면 미국의 유전자 변형 대두는 어떻게 중국산 대두를 대체했을까? 이 사건의 발생에는 어떤 원인이 있는 것일까?

필자는 여기서 깜짝 놀랄 만한 이야기를 들려줄까 한다. 미국 대두는 왜 그렇게 기름이 많이 나올까? 미국 대두의 품질은 왜 그렇게 좋은 것일까? 미국 대두가 특별히 질병에 강한 이유는 무엇일까?

중국은 세계 야생 대두 품종의 90% 이상을 보유하고 있어서 실질적으로 대두 품종을 통제하고 있다. 그런데 참으로 어리석은 사건이 발생했다. 미국에 몬산토라는 종자 회사가 하나 있는데, 그들에게는 원래 우량 대두 품종이 없었다. 그래서 2000년 중국 농업과학원 바이오기술연구소를 방문했다. 그것은 이른바 우호 방문이었다.

중국인들은 사람이 찾아오면 매우 호의적으로 대하고 음식과 술을 대접하며 함께 흥을 다하는 전통이 있다. 몬산토는 '동등함'을 중시하는 중국인의 이런 나쁜 습성을 훤히 꿰뚫고 있었다. 방문을 마치고 양측은 서로 선물을 교환했다. 몬산토는 농업과학원에 기름이 많이 나오는 대두 한 알을 선물했고, '동등함'을 중시하는 농업과학원은 그들에게 대두 종자 한 알을 주었다. 그들은 이 대두 종자를 선물 받고 기뻐 어쩔 줄 몰라 잘 간직해 귀국한 다음 연구를 거듭했다. 물론 중국 농업과학원은 대두를 받아서 쓰레기통에 버렸거나 집으로 가져가 요리를 하지 않았을까. 중국은 그것을 연구실로 가져가 연구하지 않는다.

 **배경 제시**

2001년 그린피스는 몬산토가 중국에서 대두 씨를 가져가 최첨단 연구를 통해 대두의 유전자를 분석해내고, 마침내 대두에서 고생산량 유전자와 병에 강한 유전자를 찾았다고 발표했다. 2000년 몬산토는 중국을 포함한 세계 101개 국가에 64개 항목의 특허를 신청했다. 원래 이것은 중국의 대두였으나 특허를 신청하지 않은 관계로 지금 이 유전자 변형 대두를 사용하려면 특허 비용을 지불해야 한다. 농업과학원 바이오기술연구소의 한 연구원은 화가 나서 몬산토 측에 이렇게 따졌다.

"당신들은 왜 우리 대두를 가지고 가서 부리나케 특허를 등록했는가?"

몬산토 관계자는 이때 당당하게 대답했다.

"우리가 중국의 대두를 가져갔다는 증거가 있는가? 없다. 그렇지 않은가? 국제관례에 따라 우리는 특허를 신청할 수 있다. 이미 중국에서도 특허를 신청해 당신들이 이후에 사용하는 유전자 변형 대두는 모두 우리의 64개 항목의 특허를 벗어날 수 없다. 때문에 우리에게 특허 비용을 지불해야 한다. 그렇지 않으면 우리는 당신들을 고소할 것이다. 우리는 전 세계 101개 국가에 특허권이 있다."

이것이 바로 중국이 저지른 어리석은 짓이다. 중국이 현재 먹는 대두는 바로 이렇게 해서 온 것이다. 필자가 먼저 몬산토 얘기를 꺼낸 이유는 뒤에 언급할 내용이 너무 무섭고 또 모두 몬산토와 관련이 있기 때문이다. 필자는 이 책을 통해 정부와 기업은 물론 전 중국인에게 이 회사는 악마와 다름없으며, 현대판 동인도회사의 일원임을 밝히고자 한다.

대두 위기는 어떻게 시작됐을까? 일반적으로 미국 대두의 품질이 중국 동북의 황금 대두의 품질보다 더 좋다. 연구 결과에 의하면, 몬산토가 훔친 대두 종자를 개량해 대량생산한 대두에서 나오는 기름 비율이 중국의 대두보다 대략 6분의 1 정도 더 많다. 더구나 2003년 이전 그 대두의 CIF 가격은 동북의 황금 대두보다 10%나 저렴했고, 병에도 강했다. 그러므로 일단 대두 수입을 개방하면 동북의 황금 대두는 경쟁이 안 돼 생존 가능성이 완전히 사라진다.

이어서 미국 정부와 월스트리트가 어떻게 이런 음모를 꾸몄는지 알아보도록 하자. 월스트리트 역시 현대판 동인도회사 중 한 멤버이다.

배경 제시

역사서의 기록에 의하면 중국은 전설로 내려오는 황제黃帝 시대부터 대두를 심기 시작했다. 중국 사람들이 심은 대두는 일찍이 전 세계 모든 지역의 총생산량보다 더 많았다. 대두는 과거 국제시장에서 최고의 경쟁력을 갖춘 중국 농산품 중 하나였다. 1995년 이전만 해도 중국은 줄곧 대두 순수출국이었으나 2000년에는 대두 연수입량이 처음으로 1,000만 톤을 돌파하며 세계 최대 대두 수입국으로 전락했다. 그 후 몇 년 동안 중국의 대두 수입이 끊임없이 증가해, 최근 10년간 중국의 대두 생산량은 당초의 세계 1위에서 미국, 브라질, 아르헨티나에 이은 세계 4위로 급전직하했다. 세계 4위라 해도 엄청난 양을 생산하는데, 왜 중국은 '서양 대두'를 수입해야 하는가? 또 국제 대두 가격 변동에 따라 중국의 식용유 가격이 왜 변하는가? 이 모든 것은 몇 년 전의 대두 위기에서부터 비롯되었다.

2003년 8월, 미국 농업부는 날씨가 좋지 않은 탓에 대두 생산량을 하향 조절할 것이라고 발표했다. 미국 농산품의 생산 배정량은 원래 농업부가 결정하므로 이 발표는 이상할 것이 없었다. 그러나 대두 생산량이 줄면 큰일이 난다. 그래서 미국의 금융 투기꾼들은 시카고선물거래소에 진입해 대두 선물을 마구 사들였다. 이로 인해 시카고선물거래소의 대두 거래 가격은 2003년 8월의 최저점 540센트에서 2004년 4월 1060센트까지 빠른 속도로 상승했다.

이 가격은 2003년 이전의 30년 동안 최고 기록을 경신했다. 이 상승폭을 중국에 대입해보면 톤당 대두 가격이 2,300위안에서 4,400위안으로 가파르게 상승한 꼴이 된다. 그런데 이것이 모두 음모란 사실을 알고 있는가? 우선, 미국 농업부가 왜 대두 생산량을 하향 조정하려고 했는지 의문을 품어야 하지 않을까? 둘째, 국제 금융 투기꾼은 왜 이때 대두 가격을 끌어올렸고, 속도도 그토록 빨랐을까? 그들의 목적은 무엇이었을까?

바로 70%에 이르는 중국의 대두 압착 공장을 전부 파산시키려는 것이 최대 목적이었다. 공황 상태에 빠진 중국 압착 기업은 2004년 3월, 1톤에 4,300위안이라는 사상 최고가로 800만 톤의 대두를 앞 다퉈 구입했다.

중국 압착 기업의 줄도산

솔직히 이는 중국 철강 공업의 처지와 똑같다고 할 수 있다. 2008년 중국의 철강 공업도 같은 원인으로 인해 전면적인 곤경에 빠진 적이 있었다. 그러나 철강재를 만드는 사람들은 대두가 가르쳐준 교훈을 받아들이지 않았다.

아무튼 2004년 3월 말 중국이 톤당 4,300위안이라는 비싼 가격에 800만 톤의 대두를 구매한 것은 멍청하게도 월스트리트 금융자본의 계략에 빠졌기 때문이다. 당시 국제 금융 투기꾼들은 미국 정부가 대두를 증산하지 않을 계획이어서 중국에 톤당 5,000위안에 사지 않으면 6,000위안까지 올라간다는 유언비어를 퍼뜨렸다. 국제 금융 투기꾼들은 미국 정부의 말을 중국 매스컴을 통해 도처에서 입에 올렸다. 결국 중국의 많은 대두 압착 기업들은 공황 상태에 빠져 4,300위안이라는 고가에 800만 톤의 대두를 구매할 수밖에 없었다.

배경 제시

대두 가공 기업이 집중적으로 미국 대두를 구매했다. 나중에 미국 농업부가 생산 데이터를 상향 조정하자 국제 금융자본이 뒤따라 공매도를 하기 시작하면서 대두 가격은 급격하게 하락했다. 이런 거대한 가격 차이는 많은 중소기업을 절망적인 상태로 몰아넣었다.

일반적인 상황에서 대두 압착 기업의 자금 중 약 95%가 원료 구매에 사용된다. 때문에 대두 가격이 무엇보다 관건이다. '2004년 대두 위기' 후 중국 압착 기업의 손실은 막심하기 이를 데 없었다. 70%에 이르는 기업이 생산을 중지하고 대량의 기업이 도산으로 내몰렸다. 이 모든 것이 국제 금융 투기꾼들의 행각과 무관하지 않다. 그렇다면 국제 금융 투기꾼은 어떻게 단계적으로 함정을 만들고 어떤 계략을 꾸몄을까?

2008년 중국 철강 업종의 상황을 기억하는가? 대단한 수완을 가진 월스트리트는 중국이 어쩔 수 없이 최고가로 앞 다퉈 매입을 끝내면 그제야 비로소 가격을 떨어뜨린다. 월스트리트에서 손을 대기 전에는 값이 절대 먼저 떨어지지 않는다. 반드시 업계에서 구매가 끝난 다음 미친 듯이 떨어지기 시작한다.

국제 금융 투기꾼들이 당시 시카고선물거래소에서 대두를 내다 팔자 가격이 절반 이하로 미친 듯이 하락했다. 이런 현상은 2004년 4월부터 시작됐다. 그해 3월 중국이 톤당 4,300위안의 고가에 구매한 후 얼마 되지 않은 1개월 후에 국제 금융 투기꾼들은 시카고선물거래소에서 대두를 미친 듯이 팔아치웠다. 중국의 압착 기업은 원가의 95%를 원료에 투입할 만큼 원가가 높다. 그런데 대두 가격이 폭락하면서 막심한 손해를 입어 70%의 압착 기업이 파산하고 대량의 기업이 도산했다.

2009년 8월 중순, 미국의 대두협회 등 농업 기관은 대두 주산지인 헤이룽장성을 현지 조사하고 압착 식용유 생산을 포기하라고 권유했다. 헤이룽장성 대두협회는 당연히 이 건의를 거절했다. 미국이 대두의 수입관세와 배정량 제한을 폐지한 지 채 10년이 안 돼 중국은 대두 수출 대국에서 세계 최대의 대두 수입국으로 전락했다. 현재 중국이 매년 소비하는 대두는 약 5,000만 톤에 이른다. 그중 70~80%는 수입 대두가 차지하며, 주로 미국과 남미에서 들어온다. 외국 식용유 기업들은 중국의 원료 생산 축소에만 눈독을 들인 것이 아니었다. 그들은 눈을 중국의 유지 가공업으로 돌렸다.

필자가 산둥山東성 르자오日照에서 강연하면서 위의 화제를 언급한 적이 있었다. 당시 몇몇 유지 압착 공장 관계자들이 정말 침통한 표정으로 말했다.

"랑 교수님, 우리가 바로 교수님이 말한 본보기에 해당합니다. 르자오의 모 압착 공장이 새로 건설돼 가동하기 직전이었습니다. 당시 1톤에 4,300위안으로 미국에서 대두를 수입했습니다. 그런데 대두가 부두에 도착하기도 전에 가격은 2,000위안으로 떨어졌습니다. 공장이 가동도 하기 전에 우린 파산하고 말았습니다."

이때 식용유 관계자들은 국제 4대 곡물 메이저의 정체를 알고 있었을까? 아마도 많은 사람들이 몰랐을 것이다.

ABCD, 국제 식량 시장의 '막후의 손'

전 세계의 식량 생산과 운송 및 판매를 완전히 장악하고 있는 4개의 구미 회사는 현대판 동인도회사의 멤버 중 하나이다. 이들은 파산한 중국의 압착 기업을 저가로 매입하면서 많은 대두 압착 기업에 지분을 출자했다. 또 이들 세계 4대 곡물 메이저는 중국에 들어와 생산을 중단한 기업 중 70% 이상을 매입했다. 이후로 중국의 대두 시장은 4대 곡물 메이저의 철저한 통제를 받았다. 그러면서 4대 곡물 메이저와 미국 정부 및 월스트리트 간의 애매한 관계가 완벽하게 드러났다. 이 4대 곡물 메이저는 과연 어떤 기업들일까?

이 4개 기업의 영어 이름은 대단히 흥미롭다. 국제사회에서 이를 'ABCD'라고 부른다. 먼저 ADM ^{Archer Daniels Midland}은 'A', 번기 ^{Bunge}는 'B', 카길 ^{Cargill}은 'C', 루이 드레퓌스 ^{Louis Dreyfus}는 'D'로, 4대 곡물 메이저의 첫 알파벳을 조합하면 'ABCD'가 된다. 그렇다면 4대 곡물 메이저는 무슨 일을 주로 벌이고 중국에서는 어떤 음모를 꾸몄을까?

배경 제시

'2004년 대두 위기'가 발생한 후에 중국 압착 기업이 대량으로 도산했다. 이때 세계 4대 곡물 메이저가 공격을 시작해 중국의 대두 가공 능력 70%를 장악해버렸다. 뿐만 아니라 이미 재배 및 무역, 유통 등 각 영역에도 침투했다. 그러면 4대 곡물 메이저는 어떻게 차례로 시장을 독점하고 가격 결정권을 장악했을까? 이 4대 곡물 메이저의 진면목은 무엇일까?

먼저 'A'인 ADM은 싱가포르의 펑이豊益그룹과 공동으로 투자해 이하이자리益海嘉里그룹을 만들었다. 이하이자리는 대단히 중요한 회사로 이 기업과 관련된 많은 이야기를 'A'가 만들어냈다. 식용유 회사인 진룽위金龍魚도 'A' 소속으로 그들이 중국에 주식 보유로 지배하고 있는 공장이나 무역 회사가 무려 38곳에 이른다. 또한 루화魯花 등 중국 내 유명한 식용유 가공 기업에도 지분을 출자했고, 공장이 중국 전역에 분포돼 있어서 가히 전국 최대의 식용유 가공그룹이라고 할 만하다.

'B'인 번기는 2000년 정식으로 중국에 진입하여 이제는 가장 중요한 대두와 기름 종자 공급상이 되었다. 현재 이 그룹은 중국에서 대두 가공 공장 세 곳을 운영하고 있으며, 광둥성 광저우에 또 다른 공장을 건설 중이다.

'C'인 카길은 중국 20개 성과 시에 34개의 독자 및 합자 회사에 투자했다. 투자 항목에는 사료를 비롯해 단백질, 식용유, 동물 사료 및 화학 비료 등이 있다.

'D'인 루이 드레퓌스는 중국에서 옥수수를 수출하는 사업이 날로 번창하고 있고, 미국에 소재한 면화 회사는 이미 대중국 최대의 면화 공급상이 됐다. 2003년 중국에서의 판매액이 16억 달러를 넘어섰다.

이밖에 최근 'A'는 싱가포르 펑이그룹과 합자한 이하이를 통해 과거 형식적으로 지분을 출자했던 촨량이하이川糧益海 식용유 유한공사의 전 자본을 매입했다. 또 펑이인터내셔널은 이하이가 거액의 자금을 아끼지 않고 동북의 대두 근거지로 힘차게 진입하려는 선봉장 역할을 맡고 있다. 'D'는 거액의 연봉을 미끼로 중국인 부사장을 발탁해 동북 지방 대두 곡창 지대의 협상과 대두 구매 업무를 책임지게 했다. 'B'는 르자오에 위치한 산둥싼웨이山東三維그룹 산하의 한 식용유 공장을 매입한다고 발표했다. 마지막으로 'C'는 장쑤성 난퉁南通에서 한국 기업과 연합으로 대규모 대두 압착 공장을 새로 건설했다. 이것들은 필자가 찾아낸 일부 자료일 뿐이며, 아직 찾지 못한 것이 더 많다.

평지풍파와 같은 재조정을 거친 후에 4대 곡물 메이저가 주식을 지배하거나 지분을 출자한 진룽위, 푸린먼福臨門, 루화 등이 점차 주요 메이커로 자리 잡았다. 중국 소비자들이 일상적으로 구매하는 루화나 진룽위 같은 식용유가 모두 외자 기업 수중에 들어갔다는 것이 상상이나 되는가?

중국 식용유의 85%가 이미 외자에 의해 좌지우지된 것은 2004년 중국이 미국 정부와 월스트리트가 연합으로 발동한 대두 금융 전쟁에서 패했기 때문이다. 그 결과 중국인이 매일 먹는 식용유는 월스트리트의 눈치를 살펴야만 했다. 마음에 안 드는 일을 빌미로 그들이 가격을 멋대로 인상하면 중국은 많은 돈을 지불해야 한다. 식용유조차 다른 사람의 통제를 받아 계란 프라이도 해먹기 쉽지 않다는 사실을 상상할 수 있겠는가? 이런 나날들을 과연 어떻게 보낸단 말인가?

 **배경 제시**

그들이 진룽위를 매입한 이유는 단순하게 식용유를 팔아 돈을 벌기 위한 것일까? 만약 대두 가격이 인상되면 진룽위의 식용유 값도 올라 5~10%의 이윤을 챙길 수 있다. 그러나 이렇게 단순히 생각했다면 그들을 너무 얕본 것이다. 미국 정부 및 국제 금융 투기꾼들과 밀접한 관계에 있는 'ABCD'의 최종 목적은 전 세계의 산업 사슬을 통합하는 것이다.

4대 곡물 메이저인 'ABCD'에 대해 좀 더 자세하게 알아보자. 앞에서 말한 것은 그들이 중국에서 벌인 일이었고, 세계적으로는 어떤 기업인지 정확히 이해할 필요가 있다.

그들이 하는 일은 산업 사슬의 통합이다. 상류 및 하류를 통제하고 중간 부분은 유통을 통해서 원가를 대폭 내린다. 그중 'A'는 창고 및 저장, 운수와 관련한 업종에서 장기를 보인다. 전문적으로 중간 유통을 전담할 뿐만 아니라 연구 개발도 대단히 중시한다. 바이오 연료 출현 초기에 그들은 이미 미국 최대의 바이오에탄올 생산 회사가 됐다. 그들은 이 외에도 제품 개발을 통해 미래에 옥수수 등 농산품에서 추출되는 에틸렌 및 에탄올을 생산한다. 미래의 신에너지가 그들 수중에 장악돼 있는 것이다.

'B'의 역할은 무엇일까? 그들은 농장에서부터 마지막 판매까지의 모든 산업 사슬을 중시한다. 남미에 초대형 농장을 보유하고 있어서 한편으로 농민에게 화학비료를 팔고, 다른 한편으로는 농민의 식량을 매입한다. 그들은 이를 다시 중국의 선전으로 수출해 가공한 다음 전 세계에 판매한다.

'C'는 특히 유통의 고리를 중시한다. 바닥이 평평한 식량 운반 예인선 400척과 대형 트럭 2,000대를 보유하고 있다.

마지막으로 'D'는 농산품의 선물 매매를 대단히 중시한다.

그들은 이렇게 중요한 산업 사슬의 몇 개 큰 고리를 완전히 장악하고 있다. 생산은 'B'가 통제하고, 생산품 개발은 'A'가 통제하는 식이다. 원료 구매나 창고 및 보관, 운수 및 오더 처리는 'ABCD'가 사이좋게 함께 통제하고, 도소매 역시 그들이 통제한다. 한편 그들은 대단히 조용히 일을 처리해 기자의 취재를 받아들인 적이 역사상 거의 없었다. 우리 연구 보조원이 엄청난 노력 끝에야 비로소 지금의 이 자료를 얻을 수 있었다.

식용유 가격의 미래는?

배경 제시

4대 다국적 곡물 메이저가 모든 산업 사슬을 장악했다는 사실로부터 그들이 중국의 대두 가격 결정권을 통제하는 것은 고작 가공 이윤을 얻기 위한 것이 아님을 알 수 있다. 그들은 대단히 방대한 전 세계적 전략 관점으로 원료는 국외에서, 가공은 중국에서라는 배치를 구축하고 있다. 그러자 각국 정부는 잇달아 본국의 식량 안전을 보호하는 조치를 취했다. 2007년부터 중국의 관련 부문 역시 여러 차례 농민의 이익을 보호하는 정책을 공포했다. 그러나 국면이 매우 복잡해지면서 시장의 식량 가격 안정이나 식량의 거시적 조정 시스템을 건전하고 완벽하게 만들기란 여전히 어렵기만 하다.

이에 대해 많은 정부 관리들과 기업 경영자들 역시 형세를 분명히 인식하고 있다. 국무원 발전연구센터 농촌경제부의 쉬샤오칭徐小青 부부장은 이렇게 말했다.

"통합 과정을 통해 현재 거의 모든 대두 업종이 이미 4대 곡물 메이저에 통제되고 있다. 중국 비축식량관리총공사는 영리를 목적으로 하는 기관이 아니어서 국가는 외자와 합작하는 것을 불허하고 있다. 때문에 중국 비축식량관리총공사는 여전히 독립된 국유기업이라고 봐도 무방하다. 만약 이 기관마저 인수 합병된다면 우리는 아무것도 남지 않게 된다. 이는 그야말로 최후의 보루인 셈이다."

쉬샤오칭 부부장의 말대로 중국 비축식량관리총공사가 아직 매입되지 않은 것은 국가 정책 때문이다. 이는 정말 축하할 일이다.

주싼九三유지 유한공사의 톈런리田仁禮 사장 역시 이와 비슷한 견해를 밝혔다.

"외자 곡물 메이저의 지분 출자 행위는 지분 출자 기업에게 수입 대두를 구매하도록 유도하기 위해서다. 이는 그들의 대중국 수출을 안정되게 만든다. 그들은 제품의 최종 가격과 지분 출자 기업의 이윤에는 전혀 관심이 없다. 이것이 바로 우리에게 닥친 어려운 점이다."

중국 사회과학원의 차오젠하이曹建海 연구원의 말을 들어보자.

"4대 다국적 곡물 메이저는 근래 속속 식량 유통 및 식량 가공 분야에

눈을 돌리고 있다. 그들은 상류와 하류를 통제하고 유통 고리에서도 원가를 줄이고 있다. 중국은 유통과 가공 양대 고리의 운영을 책임지고 있어서 중국에서 가공도 완성되고 유통도 완성된다. 특히 지방의 곡창 지대를 구매하려는 행위는 다국적 곡물 메이저가 유통 분야에서 좋은 기회를 잡으려는 야심을 분명히 드러낸 것이라고 볼 수 있다.”

『식량 전쟁 』

― 라즈 파텔 Raj Patel

왜 아시아와 아프리카에는 늘 기아가 발생하는가? 왜 전 세계 많은 곳에서 마치 유행병처럼 농민들의 자살 사건이 일어나는가? 왜 우리는 우리가 먹는 음식의 성분을 하나도 모르는가? 왜 미국의 흑인은 백인보다 쉽게 체중이 불어나는가? 왜 LA 중남부에는 카우보이들이 많을까? 세계 최대의 사회운동은 어떻게 진행됐는가? 이런 것들은 모두 깊이 생각해볼 가치가 있고, 최종적으로는 인류와 식품과의 관계를 변화시킨다.

음식의 기원 이야기를 할 때, 우리는 항상 농사를 짓는 것이 시골 사람들의 주린 배를 채우기 위한 것이라고 말한다. 음식의 기원이 간단한 생산 라인으로 서술될 때 우리가 이해할 수 없는 것은 너무 많다. 심지어 우리는 어떤 문제를 질문해야 할지도 모른다.

예를 들면 누가 식량 생산의 주인공인가? 농민인가? 그렇다면 그들의 생활은 어떤가? 그들은 어떤 식량을 먹을 수 있는가? 우리는 이런 문제를 제기할 때 비로소 세계의 농민 대부분이 고통 받고 있다는 사실을 깨닫는다. 일부 농민들은 자신의 토지를 팔아야만 가족을 가까스로 부양할 농토를 얻을 수 있다. 어떤 농민은 도시, 심지어 국외로 이주해야 비로소 생존할 수 있다. 그리고 남은 소수의 농민은 자살을 선택할 수밖에 없다.

그러나 문제는 여기서 그치지 않는다. 누가 농약의 안전 등급을 매기는가? 어떻게 '안전'이라는 기준의 한계를 정하는가? 누가 식품의 생산지를 정하는가? 누가 농민과 농장 노동자의 임금을 정하는가? 누가 안전한 식품 가공 기술을 확정하는가? 누가 식품 첨가제로 최대의 이익을 보는가? 이런 첨가제는 인체에 유해하지 않은가? 세계에 식량을 수송할 수 있는 정말 싼 에너지가 있는가?

이런 보이지 않는 식량 전쟁은 아마도 전 세계 여러 측이 참여하는 가장 복잡한 전쟁이 될 것이다. 또 그것은 국가의 역량이나 전략 및 책략의 각축, 나아가 금융 무법자 자본의 피비린내 나는 전쟁과 세계 4대 곡물 메이저의 이익을 추구하는 음모일 가능성이 다분하다. 그러나 식량 전쟁이 최종적으로 지향하는 것은 삶, 생명, 도덕의 비판과 더욱 관련되고, 사람들 하나하나가 반드시 관심을 기울이고 이해하고 분발해 쟁취해야 하는 역량의 각축장이 되어야만 한다.

제5장

미국 정부가 옥수수 재배에 보조금을 주는 이유는?

– 미국의 옥수수전쟁

제국주의 혹은 금융 자본의 통치라는 것은 자본주의의 최고 단계이다. …… 다른 모든 형식의 자본에 대한 금융 자본의 우세는 대규모 금리 생활자와 금융 과두가 통치 지위를 차지하는 것을 의미한다. 또 금융 '실력'을 가진 소수 국가는 나머지 모든 국가와는 달리 특수한 위치에 처해 있다는 사실도 의미한다.

블라디미르 레닌, 『제국주의론』

미국 옥수수는 왜 저렴할까?

배경 제시

타이어 특별 세이프 가드가 발동되자 중국 상무부는 미국산 수입 닭고기에 대해 '두 가지 반덤핑' 조사에 나섰다. 이에 중미 무역의 초점은 타이어에서 사료 및 옥수수로 옮겨갔다. 미국 정부가 옥수수 재배에 고액의 보조금을 지불하면서 미국 옥수수는 전 세계시장에서 대단히 강력한 가격 경쟁력을 가지게 되었다. 동시에 신에너지 명목으로 지급된 이 보조금은 환경 보호 면에서도 도덕적으로 우세한 고지를 점했다. 그렇다면 이로 인해 일어난 옥수수 전쟁은 장차 어떤 방향으로 전개될까?

버락 오바마 대통령이 2009년 9월 12일, 타이어 특별 세이프 가드 안건에 정식으로 서명하자 중국은 미국산 닭고기에 대해 반덤핑 조사를 실시하기로 결정했다. 미국산 닭고기가 중국에서 너무 싸게 팔려 도저히 적수가 되지 않았던 탓이다. 그래서 중국은 반덤핑 제소를 통해 관세를 올리려고 했다. 그렇다면 미국산 닭고기는 왜 이렇게 싼 것일까?

닭을 기르려면 우선 닭장이 필요하다. 그런데 미국에서 닭장을 짓는 원가가 중국보다 싸다고 생각하는가? 도저히 그럴 리가 없다. 미국의 원료는 매우 비싸서 닭장 건설 원가도 중국에 비해 훨씬 비싸다. 다음으로 사람을 고용해 닭을 돌봐야 하는데, 미국의 인건비는 말할 것 없이 중국보다 높다. 세 번째로 병아리를 부화하는 방법은 다 똑같기 때문에 미국의 원가가 중국보다 낮다고 할 수 없다. 넷째, 미국 사람들은 인도적으로 닭을 키운다. 닭과 닭 사이의 공간이 충분히 넓어 허풍을 조금 보태면 닭들이 다리를 뻗고 산보를 할 수 있다. 중국의 닭처럼 쭈그리고 앉을 공간도 없는 경우는 드물다. 이렇게 볼 때 미국 닭은 비교적 행운을 타고났다고 해도 좋다.

미국은 닭장을 짓는 원가와 인건비 원가 및 병아리를 부화시키는 원가가 낮지 않을 뿐만 아니라 닭을 기르는 데 보다 넓은 공간이 필요하다. 그런데 미국산 닭고기는 왜 그렇게 싼 것일까? 이유는 바로 사료가 싸기 때문이다. 그리고 이 사료는 옥수수로 만든다. 그래서 닭고기 문제는 사실 옥수수 전쟁과 관련되어 있다. 그렇다면 미국 옥수수는 왜 그렇게 쌀까?

몇 가지 데이터를 찾아보면 미국 정부가 옥수수에 대해 대량의 보조금을 지급하고 있다. 예컨대 1,500에이커에 이르는 농장의 생산액이 50만 달러이면 미국 정부는 7만 5,000달러의 보조금을 준다. 이는 이 농장에서 얻을 수 있는 이익에 상당한다. 1998년부터 현재까지 옥수수에 대한 미국 정부의 보조금은 무려 290억 달러에 달했다. 290억 달러를 위안화로 환산하면 2,000억 위안에 이른다. 이는 깜짝 놀랄 만큼 큰 액수이다. 때문에 미국의 옥수수는 대단히 싸고, 옥수수로 만든 사료 역시 매우 쌀 수밖에 없다.

데이터 하나를 더 보자. 연간 중국 옥수수 생산량은 1억 6,100만 톤이고 미국은 3억 6,800만 톤이다. 미국은 이렇게 많은 옥수수로 사료를 만드는 것 외에 에탄올도 생산한다. 이는 신에너지에 사용된다. 2004년 미국 전체 옥수수 생산량의 11%가 신에너지인 에탄올 생산에 사용됐고, 2008년에 이르러서는 이 수치가 33%로 증가했다. 미국 옥수수 생산량의 33%는 중국의 총생산량인 1억 6,000만 톤과 맞먹는다.

미국이 이 엄청난 양으로 에탄올을 만드는 것이 어떤 의미를 가지는
지 아는가? 미국 정부가 옥수수 산업을 보조하는 데 면죄부를 준다. 그
들은 신에너지 개발과 환경 보호라는 도덕적 우위에 서서 자연스럽게
옥수수를 보조한다. 솔직히 전 세계를 대신해 오염이 없는 녹색 신에너
지 에탄올을 개발한다면 보조금을 주는 게 마땅하지 않은가? 연구 개
발에 성공한다면 이를 전 세계에 널리 보급해 모두가 녹색 및 환경 보호
에너지를 얻을 수 있으니 누가 감히 반대하겠는가! 신에너지 개발을 통
해 미국은 도덕적 우위를 점하고 계속 보조금을 지급했다. 이런 합리적
이고 합법적인 보조를 누가 제재할 수 있겠는가?

이렇게 해서 브라질과 아르헨티나를 포함한 여타 옥수수 생산국의
마음은 한마디로 찝찝하게 됐다. 이에 브라질과 아르헨티나는 미국을
WTO에 제소했다. 2~3년 후 판결이 나자 미국은 알았다고 말하면서 보
조금을 10% 내렸다. 브라질은 그래도 불만족스러워 다시 제소를 했다.
3~4년 후에 결과가 나오자 미국은 다시 2%를 내렸다. "그래도 만족하
지 않는다는 말인가? 그러면 다시 제소하라. 누가 사건을 끌고 갈 수 있
는지 보자." 이것이 미국 사람들의 생각이다. 그들은 상대국이 뭐라든
개의치 않고 계속 보조를 한다. 그래서 미국 옥수수가 가장 싸고, 그것
으로 만든 사료 역시 대단히 싸며, 이 사료를 먹는 미국산 닭고기도 매
우 싼 것이다.

중국은 현재 미국산 닭고기에 대해 반덤핑 보복을 준비하고 있지 않
은가? 그러면 중국은 반드시 옥수수 문제에 부딪히게 된다. 반대로 만
약 당신이 미국인이라면 제재할 수 있겠는가? 중국이 미국산 닭고기를
제재하면 미국은 옥수수를 통해 중국을 제재하게 된다. 중국은 지금 누

구 힘이 센지 겨뤄보려고 하는 것 같다. 그러나 필자가 수집한 자료에 의하면 현재 사태는 필자가 말한 형태로 발전하고 있다.

옥수수 가격을 통제하는 결정적 이유

배경 제시

미국은 세계 최대의 옥수수 재배국인 동시에 세계 최대의 옥수수 수출국이기도 하다. 생산량이 전 세계 40% 이상을 점하고 수출량은 전 세계 시장의 60% 이상을 차지한다. 2009년 3월, 미국 농업부 조사에 따르면 그해 미국 옥수수 재배 면적은 무려 9,045만 4,000에이커에 달할 것으로 예상됐다. 이는 1944년 이래 65년 만에 세운 최고 기록이었다. 시장 분석가들은 생산량이 신기록을 달성했지만 옥수수 가격도 여전히 새로운 기록을 세울 가능성이 높다고 전망했다. 그 이유는 미국 정부가 옥수수를 신에너지인 에탄올 가공에 사용할 것이기 때문이다. 그러면 미국 옥수수가 신에너지에 사용되는 것은 본국의 보조금을 지급받는다는 것 외에 어떤 특별한 의미를 가지고 있을까?

그렇다면 다음 단계는 무엇인가? 이는 각별히 주의를 요한다. 석유 가격이 높을 때 많은 사람이나 기업은 연료를 에탄올로 바꾼다. 에탄올이 더 싸기 때문이다. 그러나 사람들이 에탄올을 더 많이 사용하게 되면 에탄올 가격 상승을 야기한다. 그래서 석유 가격이 떨어지면 이번에는 석유를 사용하지 에탄올을 사용하지 않는다. 그러면 에탄올 가격이 다시 하락한다. 미국은 이런 방법으로 에탄올 가격과 석유 가격을 결탁시켰다. 옥수수로 에탄올을 생산하기 때문에 옥수수 역시 석유와 결탁된다. 석유 가격은 미국이 조정하기 때문에 그들은 옥수수 가격도 결정할 수 있다.

일단 미국이 옥수수 가격을 결정하게 되면 얼마나 무서운 일이 벌어질까? 옥수수로 만든 사료는 닭을 비롯해 오리, 소, 돼지, 양, 물고기의 먹이가 된다. 때문에 중국의 돼지고기, 소고기, 양고기, 닭고기, 오리고기, 물고기 및 유제품, 달걀류 등의 식품을 포함한 파생 상품과 앞에서 언급한 식용유 가격 모두 미국의 통제를 받게 된다. 그래서 미국 정부가 석유 가격을 조정하기만 하면 옥수수 가격도 따라서 움직인다. 또한 옥수수 가격을 조정하면 중국 대부분의 식품 가격을 조정하는 것이나 마찬가지다. 결과적으로 식품 가격이 중국의 CPI(소비자물가지수)에서 차지하는 비율은 무려 34%에 달하게 되었다.

다음 단계는 중국 옥수수 시장을 조종하는 것이다. 대두의 사례가 옥수수 시장에서 재현되는 것이라고 보면 된다. 옥수수 가격을 완벽하게 통제하기만 하면 사료 가격을 통제할 수 있고, 사료를 통제하면 식품 가격을 통제할 수 있으며, 식품을 통제하면 CPI를 통제할 수 있기 때문이다. 그래서 필자는 머지않아 옥수수 전쟁이 전개될 것이라고 예상한다.

배경 제시

미국 정부의 적극적인 지원 아래, 2009년 미국이 신에너지에 사용한 옥수수는 2008년 총생산량의 20%에서 25%로 증가했다. UN의 관련 전문가는 50리터의 대체 연료로 자동차 한 대의 연료 탱크를 가득 채울 수 있

2009년 경제 불황으로 인해 소매가격이 하락하자 중국 정부는 농민 권익을 보장하기 위해 매입 가격을 올렸다. 이렇게 되면 중간의 무역상이나 가공업자는 모두 죽지 않는가? 예를 들어 옥수수 전분 가격은 원래 1톤당 2,400위안으로 옥수수와 가격 차이가 500~700위안은 돼야 이윤이 남았다. 그러나 2009년 하반기 옥수수 전분 가격은 1톤당 2,000위안으로 떨어져 옥수수와의 가격 차이가 100위안으로 변했다. 이로 인해 전분을 생산하는 공장은 전부 손해를 봤다. 사료 생산도 마찬가지였다. 되파는 가격이 구입하는 가격보다 낮아지면서 신시왕新希望을 포함한 모든 무역 가공업, 사료업의 처지는 힘들게 됐다. 아마도 이 때문에 최근 신시왕그룹이 옥수수 수입 개방을 희망하는 것으로 보인다.

미국이 대대적으로 보조금을 지급하는 상황에서 일단 중국이 옥수수 수입을 개방하면 대두처럼 완전히 도태될 수밖에 없다. 미국은 1998년부터 현재까지 옥수수에 290억 달러의 보조금을 지원했다. 중국은 이렇게 많은 돈을 한 품목에 보조할 능력이 되는가? 290억 달러라면 미사일 몇 기 내지 항공모함 몇 척을 만들 수 있는 액수가 아닌가?

미국산 옥수수가 일단 중국에 진입하면 중국 옥수수는 대두의 전철을 밟아 모조리 대륙에서 사라지게 된다. 그러면 이후 중국인들은 미국 옥수수를 사용해야 한다. 미국의 옥수수 가격은 석유와 연결되어 있어서 미국이 인플레이션을 조성하려고 마음먹으면 석유 가격만 끌어올리면 된다. 그러면 옥수수 가격이 오르고 이어 사료 가격이 따라 오른 다음에 중국의 농산품 및 식품 가격도 모두 동반 상승한다. 중국의 CPI 지수 역시 자연스럽게 오르게 된다. 이것이 바로 미국의 전형적인 보복 수단이다.

그러나 중국의 무역 가공업자나 사료업자들은 4대 곡물 메이저의 바람과 마찬가지로 중국이 옥수수 수입을 개방하기를 희망한다. 4대 곡물 메이저가 전 세계 옥수수 거래량의 90%를 통제하는 상황에서 중국이 수입을 개방하면 엄청난 이득을 취할 수 있다. 중국의 무역가공 공장과 사료 공장 역시 옥수수 수입 개방을 바란다. 중국이 가공해 되파는 가격이 구입하는 가격보다 낮아 그들로서는 실익이 없기 때문이다. 4대 곡물 메이저도 개방을 희망하고 중국 기업 역시 개방을 바란다면 중국 정부는 이중 압력을 견디지 못하고 수입을 개방할 가능성이 높아진다. 미국 정부는 분명히 이때 손을 써서 중국 정부가 옥수수 시장을 개방토록 할 것이다. 만약 필자가 미국 정부라면 반드시 이렇게 할 것이고, 이는 중국 기업가들 역시 바라는 바이기도 하다.

배경 제시

종자 업종은 국가 식량 안전 문제와 직결된다. 세계의 많은 국가가 몬산토에게 시장을 점령당해 가격 결정 등의 방면에서 이들 다국적기업의 제약을 받는다. 브라질, 아르헨티나 등이 대표적인 국가로 꼽힌다. 일반적인 분석으로는 몬산토가 직접 중국에 시장 개방을 요구하면 난관에 부딪힐 중국 정부는 반드시 미국의 말을 들을 필요가 없다. 중국의 옥수수 절반이 동북 지방에서 생산되며, 헤이룽장성에만 5,900만 무(畝)(1무는 200평임-옮긴이)의 옥수수 산지가 있다. 정부는 식량 안전과 옥수수 생산을 매우 중요하게 생각하여 관리 감독이 대단히 엄격하다. 더구나 중국은 이미 대두의 사례에서 상당한 교훈을 얻었다. 만약 중국 정부가 수입을 개방하지 않는다면 미국은 어떤 방법을 취할까? 이제 이 문제를 생각해보자.

미국은 아예 적의 내부에서 보루를 점령하는 전략으로 중국을 침입할 가능성이 높다. 다시 말해 중국에서 직접 미국 옥수수를 생산하는 것이다. 이는 매우 간단한 이치다. 과거에 일본이 미국으로 많은 자동차를 수출하자 미국은 고관세 같은 각종 무역 장벽을 설치했다. 그러자 도요타豊田, 혼다本田 등은 아예 미국으로 들어가 본토의 자동차 공장이 되는 승부수를 띄웠다. 미국에서 본토 노동자를 고용하여 취업자 수가 증가하자 미국으로서도 달리 할 말이 없었다. 현재 옥수수의 상황이 이와 비슷하다. 중국이 개방하지 않는다면 도요타와 혼다처럼 중국에 진출해 미국 옥수수를 심으면 그만이다.

사실상 그들은 이미 이 일에 착수했다. 헤이룽장성에는 무려 5,900만 무의 옥수수 산지가 있어서, 동북 지방은 중국 옥수수의 요충지이자 가장 중요한 생산기지라고 할 수 있다. 그래서 미국 사람들은 동북으로 가지 않았다. 중국이 감히 생각지 못한, 옥수수가 전혀 나지 않는 광시廣西성으로 진출했다. 필자의 데이터에 따르면 2009년 중반까지 광시성에서 이미 1,026만 무의 산지에 옥수수를 심었다. 이는 헤이룽장성의 5분의 1에 이르는 양이다. 무당 생산량은 463킬로그램으로 중국 평균보다 73킬로그램이 많다. 그들이 광시성에서 생산한 옥수수 종자는 DK 007호인데, 바로 몬산토가 개발한 것이다.

몬산토 옥수수의 비밀

 **배경 제시**

몬산토가 전 세계 종자 제국의 패자가 될 수 있었던 이유는 그들의 주특기 중 하나인 대정부 로비 덕택이다. 몬산토는 최대한 많은 국가의 최대한 많은 전통 농작물 경작지에 유전자 변형 품종을 파종하려는 노력을 기울였다. 이를 위해 세계 각지에 자신들의 능력을 발휘할 수 있는 대표처를 설립하고, 대정부 협상과 정책적인 로비를 통해 철저한 관리되는 현지의 울타리를 걷어 치워버렸다. 몬산토가 지금 중국에서 사용하는 '수법'은 세계 여러 나라에서 펼친 전략의 재판에 지나지 않는다. 그렇다면 몬산토의 로비는 어떻게 전 세계에서 성공을 거둘 수 있었나? 몬산토가 가는 곳마다 승리의 깃발을 꽂은 옥수수 종자에는 도대체 무슨 비밀이 숨겨져 있는 것일까?

몬산토가 개발한 DK 007호 옥수수 종자는 현재 광시성에서 재배하고 있다. 그들은 광시성에서부터 '북벌'의 역량을 키워 진군을 시작하려는 것이다. 그들의 제품 가격은 매우 싸서 굳이 수입 개방에 의지할 필요가 없다. 광시성 정부 역시 대단히 협조적이다. 현지 정부는 심지어 정부 문건을 통해 몬산토의 DK 008호 옥수수를 널리 보급하라고 지시하고 있다. 중국의 농업과학원이 아직 DK 008호의 유전자를 연구해내지 못한 상황임에도 널리 보급하려는 것이다.

이 종자들의 특징은 원가가 낮고 생산량이 많다는 것이다. 그러나 보다 무서운 사실은 뜻밖에도 그들이 광시성에서 종자의 특허 비용을 받지 않고 오히려 대단히 싸게 중국에 팔고 있다는 점이다. 중국의 종자보다 더 싸서 그야말로 거저 주는 것이나 마찬가지였다.

몬산토가 막 아르헨티나에 진출했을 때도 대단히 인자한 얼굴을 하고 암시장에서 거래되는 자신의 해적판 종자에 전혀 관심을 두지 않았다. 농민들이 몰래 종자를 숨겨 다음번에 다시 재배하는 것 역시 못 본 체했다. 지금의 중국에서와 완전히 같은 방법이었다. 그들은 옥수수 시장점유율이 99%가 될 때를 기다렸다가 아르헨티나 옥수수 시장을 전면적으로 장악했다. 그제야 그들은 아르헨티나 농민들을 고소하기 시작했다. 그렇게 큰 회사가 개인을 고소하는데 어떻게 적수가 될 수 있었겠는가?

몬산토는 일찍이 미국에서도 농민 150명을 상대로 소송을 진행한 적이 있었다. 여러분들은 벌금형을 받고 대충 마무리됐을 것이라고 생각하는가? 천만에. 평균 8년의 징역형을 선고받았다. 고작 종자 하나 때문에 8년이나 감옥살이를 해야 하는가? 이들이 바로 몬산토 사람들이다. 그들은 미국에서조차 종자 특허 비용을 내지 않았다는 이유로 8년간

감옥살이를 하게 만들고, 특허 비용의 수십 배에 달하는 배상금을 받아냈다. 이것이 몬산토라는 무서운 집단이다. 중국 대두를 훔친 몬산토는 호랑이같이 흉포하기 그지없다. 그럼에도 중국은 그들과 왕래가 빈번하다.

아르헨티나 농민들은 결국 유전자 변형 옥수수 때문에 부가 비용을 지불했을 뿐 아니라 벌금을 내고 장기적이고도 비싼 법률 소송의 늪에서 허우적댔다. 아르헨티나는 그들의 적수가 될 수 없었고, 과학기술이 발달한 서유럽 역시 몬산토의 공격에 함락되었다. 현재 3대 외자 종자 회사인 미국의 몬산토, 뒤퐁DuPont과 독일의 바스프BASF AG는 이미 서유럽 옥수수 종자 시장의 80%를 장악하고 있다.

몬산토의 현재 전략은 바로 특허 비용을 받지 않고 거의 무료로 종자를 광시성 농민들에게 나눠주고 재배하게 하는 것이다. DK 007호는 생산량이 높고 단가가 낮은 데다가 특히 병충해에 강해 농약 사용량이 현저하게 낮아져 농민들의 큰 환영을 받았다. 이에 현혹된 현지 정부는 정부 공문을 보내 DK 008호까지 널리 보급하고 있다.

몬산토가 그렇게 만만한 상대일까? DK 008호에는 무엇이 있는지 아는가? DK 008호는 유전자를 변형한 종자이다. 농민이 재배하고 생산한 다음 얻은 종자를 다시 심을 경우, 3대 이후의 생산량은 대폭적으로 하락한다. 또한 DK 008호 제1대는 병충해에 특히 강하나 잠재적인 문제가 하나 있다. 병충해에는 여러 가지가 있는데, DK 008호는 가장 중요한 병충해 A에는 강하나 나중에 B, C, D, E 등의 병충해가 확대되기 시작한다. 현재 A 병충해가 가장 심한 이유는 다른 병충해의 독성이 그보다 강하지 않은 탓이다. 그러나 A를 통제한 시기가 지나간 다음에는 B,

C, D, E 등의 병충해가 모두 일어난다. 일단 DK 008호를 재배하면 1~2
년간은 A 병충해를 막아낼 수 있지만 2~3년 후에는 B, C, D, E 병충해
가 모두 나타난다. 그래서 3년 후에는 생산량이 대폭 하락할 뿐 아니라
더 많은 농약을 사서 병충해를 없애야 한다.

그러면 어떤 농약이 과연 B, C, D, E 등의 병충해를 없앨 수 있을까?
필자의 조사에 따르면 B, C, D, E 등의 병충해를 죽일 수 있는 특효약 생
산 능력을 가진 기업은 전 세계에 단 2곳뿐이다. 하나는 당연히 몬산토
이고, 다른 하나는 독일의 바스프이다.

농민들이 처음 재배하는 DK 008호는 문제가 없으나 2~3대 후에는
생산량이 하락하고 B, C, D, E 등의 병충해가 모두 나타난다. 이렇게 되
면 두 가지 선택만이 있을 뿐이다. 하나는 몬산토로부터 농약을 사는
것이고, 다음으로는 다시 그들에게 종자를 사는 것이다. 그들은 계속 종
자 값을 벌어갈 뿐 아니라 여기에 농약 수입까지 생겨 막대한 양의 돈을
챙기게 될 것이다.

몬산토는 이런 방법으로 광시성 농민을 옴짝달싹못하게 하고, 어디
로 도망가고 싶어도 갈 수 없게 만들었다. 3년 후에도 농민들은 몬산토
가 과거처럼 특허 비용을 받지 않고 무료로 종자를 사용하게 해주어 돈
을 더 많이 벌 수 있길 바랄 것이다. 탐욕스런 인간은 몬산토를 떠날 수
없어 그들에게 농약을 사거나 종자를 사야만 한다. 마치 아편을 피우는
것처럼 영원히 몬산토의 손아귀에서 벗어날 수 없다. 과거에는 진짜 아
편이었다면 지금은 유전자 변형 아편이라고 불리는 농산품이다. 광시성
농민들이 달콤한 맛을 본 후 부자가 되면 구이저우貴州성이나 윈난雲南성
등지에서도 DK 008호를 재배할 것이라고 확신한다. 결국에 중국 서남

부는 세계 최대의 옥수수 산지가 될 가능성이 높다.

이에 미국은 수출을 통할 필요 없이 직접 중국 내부에서부터 옥수수 시장을 공격할 수 있다. 최후에 중국인들은 옥수수가 모두 미국 소유라는 사실을 발견하게 될 것이다. 그때가 되면 경로 선택이 다를 뿐 대두의 사례와 결과가 똑같아진다.

중국은 대두의 교훈을 깨닫고 쉽사리 옥수수를 수입하지 않을 것이다. 그러나 몬산토는 중국 내부에서부터 공격하는 전략을 선택해 광시에서 '북벌'을 개시했다. 이것은 미래의 이론이 아니다. 그들은 이미 1,026만 무의 산지에서 옥수수를 재배하기 시작했다. 만약 중국의 옥수수가 모두 함락을 당하면 무서운 결과를 빚을 것이다.

『세계는 평평하다』

– 토머스 프리드먼 Thomas Friedman

우리는 폐쇄가 개방보다 생존하기 더욱 좋은 세계라는 것에서 개방이 폐쇄적인 것보다 더 번영할 수 있다는 쪽으로 생각이 바뀌고 있다. 마치 하버드 대학의 경제학자 데니 로더릭Danny Roderick이 그의 연구 보고서에서 "이것은 세계화를 원하느냐 원하지 않느냐의 문제가 아니다. 어떻게 세계화하느냐의 문제이다"라고 지적한 것처럼 말이다.

몬산토의 로버트 샤피로Robert Shapiro 총재는 일찍이 다음과 같이 말한 바 있다.

"몇 가지 일은 항상 비밀을 지켜야 한다. 그러나 이 비밀을 이용해 창조한 문화는 그저 반응이 비교적 늦은 세계 속의 비교적 늦은 문화에만 적응할 수 있다. 이것은 한 회사가 파산할 때 당신이 아는 것을 매우 높게 평가하는 반면, 바깥 세계에 대한 반응이 미지근한 것은 너무 낮게 평가되는 것과 같다."

그는 이어 이렇게 부연했다.

"나는 차라리 '보라. 그 시스템이 어떻게 작동하는지에 대해 내가 아는 모든 것을 조금도 남기지 않고 알려줬다. 그러나 당신들은 머리를 쥐어짜야만 세팅을 할 수 있다'라고 말하는 편이 나았다. 왜 그런가. 사실상 당신들이 정보에 대해 장기적인 독점을 바라는 것은 불가능하기 때문이다. 결국에 가서 경쟁자가 되는 것은 무슨 일이 발생하든지 간에 당신들이 넓은 출발선 위에서 어떻게 비교 우위를 발휘하느냐에 달려 있다. 어떤 회사든지 대외적으로 배워야 하는 길은 정보를 관리하고 교환하는 방법이다. 이것이야말로 유일하게 비교 우위에 설 수 있는 방법이다."

미래는 경제 개방의 장점이 뚜렷하게 부각하는 시대가 될 수밖에 없다. 지식 세계화 시대에 이것은 경제성장을 유지해주는 관건인 탓이다. 만약 당신이 어떤 방식으로 경제를 폐쇄적인 상태에 놓이게 한다면, 설사 세계 일류의 컴퓨터와 최첨단 기술을 보유했다고 해도 순식간에 낙후한 상태에 놓이게 될 것이다. 그것은 바로 사상 개방을 비롯해 포용력과 창조성을 가진 대다수 사회가 비교적 쉽게 세계화를 실현하는 이유이기도 하다. 그렇지만 개방에 그다지 협조적이지 않은 전통적인 회사와 국가는 반대의 진통을 겪을 것이다. 그것들은 하나같이 폐쇄적이고 경직되면서 극단적, 보수적, 이기적이라는 특징을 가지고 있다.

중국의 수출이 늘수록 미국이 부유해진다

– 미국의 면화전쟁

이것을 일반인의 언어로 번역하면, 자본주의는 이미 발전했다는 말이다. 상품 생산이 여전히 통치 지위를 차지하고 전체 경제의 기초로 여겨지고 있으나 실제로는 이미 파괴당해 대부분의 이윤은 금융 작당 짓을 하는 '천재'들이 가져갔다. 이런 금융 작당 짓과 사기 행위의 기초는 생산의 사회화이다. 인류가 두루 고생해 이룩한 생산의 사회화라는 이 거대한 진보는 오히려 …… 투기꾼들을 행복하게 만든다.

블라디미르 레닌, 『제국주의론』

몬산토의 유전자 변형 면화

필자는 최근 농업 문제에 관해 집중 연구 조사를 진행하면서 대단히 흥미로운 사실들을 발견했다. 앞에서 대두와 옥수수 문제를 다루었는데, 만약 미국 사람들이 뭉칫돈을 벌려고 생각한다면 중국의 가장 중요한 수출품인 방직 제품에도 손을 쓰지 않을까? 필자는 이런 우려를 가지고 장시간 연구한 결과, 깜짝 놀랄 만한 사실을 알아냈다. 그들의 공격은 지금 막 시작한 것이 아니라 이미 막바지 단계에 이르렀다는 점이다.

2009년 10월 27일, 중국 방직공업협회는 금융위기의 영향을 받아 2009년 1~8월 사이에 방직 분야의 총수출액이 1,075억 달러로 전년 동기 대비 -1.78% 성장했다고 발표했다. 그러나 이런 마이너스 성장과 달리 미국을 비롯해 EU, 일본 등 3개 주요 무역 대상국에서의 시장점유율은 오히려 늘어나는 추세를 보였다. 미국 시장점유율은 36%에서 37.5%로 늘어났고, EU 시장 상황 역시 미국과 유사했다. 또 일본의 의류 제품 총수입량 중에서 87% 이상이 중국산이었다.

하지만 전 세계의 소비가 심각한 하락세를 보임에 따라 중국 방직 산업도 다른 수출 지향적 업종과 마찬가지로 산업 고급화의 도전에 직면하게 되었다. 전체 방직 산업의 사슬 중에서 면화는 하류에 위치하는 방직 산업의 기초이다. 그렇다면 이 기초 산업의 상황은 어떤 상황일까? 면화 시장의 변화는 향후 중국 방직 산업에 어떤 영향을 미칠 것인가?

면화 역시 몬산토가 컨트롤하고 있다. 그들은 얼마 전 유전자 변형 면화 신제품 하나를 개발했다. 이름은 유전자 변형 항충抗蟲 면화 33B이다. 그런데 이 면화는 몬산토에게 절호의 기회를 제공했다. 2009년 9월 28

일자 언론 보도에 따르면, 중국 최대 면방직 기지의 하나인 산둥성 더저우德州의 방직 기업이 부족한 면화를 메우기 위해 목재 펄프를 사용하기 시작했다고 보도했다. 2009년 중국의 면화 소비량은 900만 톤으로 대략 200만 톤 정도가 부족했다. 사실 이는 두려워할 만한 수준은 아니다. 2005년 면화 수요량은 950만 톤이었는데 생산량은 고작 570만 톤이었다. 당시는 약 40%가 부족했으니 지금의 30% 부족은 그나마 사정이 나아졌다고 볼 수 있다.

2009년 9월 28일, 중국 면화협회 사이트에 공포된 중국 면화 추세의 월례 보고에 따르면 2010년 들어 면화 수요가 상승할 것이라고 예측했다. 그러나 생산량 하락은 이미 정해진 수순이어서 면화 공급 부족량이 확대될 수밖에 없었다. 그런데 구체적으로 얼마나 확대될지에 대한 데이터는 없었다. 그저 9월 27일 국가발전개혁위원회의 장샤오창張曉强 부주임이 2009년 전국 면화 업무 화상전화 회의에서 2009년도 전체로 볼 때 방직 업종의 생산과 수출이 점차 회복될 것이라고만 말했다. 이는 어느 정도가 될지는 모르겠지만 면화 수요가 단계적으로 늘어나 부족분이 전년도보다 확대될 것임을 의미했다.

2009년 전국 면화 재배 면적은 대략 7,592만 무였다. 이는 2008년에 비해 1,000만 무가 감소한 것으로 감소폭은 10%가 넘었다. 국가발전개혁위원회는 이런 현실을 무시하고 비교적 낙관적으로 2009년도 소비량을 900만 톤이 아닌 800만 톤으로 예상했다. 2009년 1~8월까지의 면화 소비 증가 속도가 2008년 같은 기간의 속도를 이미 넘어서서 900만 톤을 초과할 가능성이 매우 높아졌다. 우리의 예측에 의하면 공급 부족량이 대략 200~300만 톤에 달했다.

이밖에 우리는 또 다른 사실을 알아냈다. 더저우의 예를 들어보자. 언론에 따르면 9월 상순에 연속 5일 동안 흐리고 비가 내려 면화의 품질과 생산량에 크게 영향을 미쳐 생산량이 20% 이상 감소하고, 더욱 중요한 것은 면화 품질이 크게 떨어질 것이라고 보도했다. 이것은 아주 의외라는 느낌을 들게 한다. 왜 2009년 중국의 면화 생산량과 품질이 모두 대폭 하락했는가? 보도에서는 그 원인을 전혀 언급하지 않았다. 필자는 호기심이 동해 곧바로 연구 조사에 착수했다. 그 결과 실면實綿 무게와 조면綠綿 무게 비율이 34%로 하락한 사실을 발견했다.

실면 무게와 조면 무게의 비율이란 무엇일까? 농민이 재배한 면화 안에는 면화 종자가 있다. 이것을 실면이라고 부른다. 이를 직접 방사紡絲로 사용할 수 없기 때문에 반드시 조면으로 바꾸어야 한다. 100근의 실면을 몇 근의 조면으로 만들 수 있는지의 비율을 바로 실면 무게와 조면 무게의 비율이라 부른다. 중국의 표준 실면 무게와 조면 무게의 비율은 37% 정도이다. 그러나 2009년 실면 무게와 조면 무게의 비율은 34%에 불과했다. 면화의 단위 면적당 생산량이 하락하고 품질이 하락해 실면 무게와 조면 무게의 비율 역시 하락했다. 당시 면화 평균 품질이 10% 하락하고, 단위 면적당 생산량도 10% 떨어졌으며, 경작지 면적 역시 10% 감소했다. 현재 상황은 더욱 나빠졌을 가능성이 높다. 변화가 이렇게 컸다는 사실에 필자는 대단한 호기심을 느꼈다. 이어 조사를 거쳐 이 모든 문제가 몬산토에서 비롯됐다는 사실을 발견했다.

1997년 중국은 미국 몬산토로부터 유전자 변형 항충 면화 33B를 들여왔다. 이 품종은 면화씨벌레에 강해 2001년부터 2004년까지 면화를 재배하면서 사용한 농약의 양은 무려 50~60%나 하락했다. 이 때문에 재배 원가는 25%나 떨어졌고, 생산량도 20%나 늘어났다. 실면 무게와 조면 무게의 비율 역시 42%로 좋아졌다. 각 항의 데이터를 보면 2001년부터 2004년까지의 상황은 대단히 좋았다.

그러나 몬산토는 중국의 농업과학원이나 농민들이 이 항충 면화를 번식시킨 다음에 스스로 종자를 생산하고 면화를 생산할 것이라는 사실을 꿰뚫고 있었다. 그들은 이 사실을 알면서도 모른 척했다. 그 이유는 중국에서 매우 재미있는 일이 발생했기 때문이다.

몬산토의 전략, 조삼모사

배경 제시

농산품 품질 안전은 줄곧 각국의 많은 관심을 받고 있다. 어떤 국가는 심지어 이 문제를 인구, 자원, 환경과 함께 4대 사회문제로 다룬다. 이를 중국의 입장에서 한번 살펴보자. 중국은 WTO에 가입한 이후 한편으로 농업 생산이 거대한 압력에 직면했고, 또 다른 한편으로는 농업 과학기술 분야의 취약한 지적소유권이 심각한 도전을 맞이했다. 현재 중국은 전 세계 최대의 면화 생산국이자 수입국이나 장기적으로 봤을 때 "세계 면화의 형국은 중국을 보고, 국제 면화 가격은 미국을 보라"라는 말을 상기할 필요가 있다. 이 말이 내포하는 의미는 미국이 확실하게 국제 면화 가격에 관한 결정권을 장악했다는 것이다. 그렇다면 과학기술력이 뛰어난 미국 농업 회사는 어떻게 이를 이용해 미국의 유전자 변형 면화가 중국 내에서 뿌리내리도록 하고 영향을 미쳤을까?

매우 재미있는 사례 하나를 들어보자. 산둥성의 덩하이登海 사가 산둥 라이저우萊州 농업과학연구소를 고소한 사건이 있었다. 고소한 이유는 덩하이 사가 생산한 종자인 덩하이 9호를 라이저우 농업과학연구소가 표절한 다음 후이위안匯元 53호로 이름을 바꿨다는 것이다. 베이징 농림 과학원 옥수수연구센터는 후이위안 53호 유전자가 분명 덩하이 9호를 기반으로 한 것이므로 표절이라는 감정을 내렸다. 이에 중국 최고인민 법원은 2004년에 앞으로 유사한 사례의 판결에 도움을 주기 위해 유전 자가 같으면 모두 표절이라고 발표했다. 라이저우 농업과학연구소는 결 국 재판에서 패소하고 말았다.

나중에 같은 사건이 또 한 차례 발생했다. 이번에도 덩하이 사의 덩하 이 1호를 진산金山 종자회사가 표절해 진산 2호로 명명한 것이다. 덩하이 사는 지난번 승소한 위력을 믿고 네이멍구内蒙古 자치구의 모 중급법원에 진산 종자회사를 고소했으나 결과는 패소였다. 그런데 패소한 이유가 너무 우습다. 베이징 농림과학원 옥수수연구센터가 공증처의 기능을 갖추지 않아서 이를 믿고 처분의 근거로 삼을 수 없다는 것이다.

베이징 농림과학원 옥수수연구센터는 중국 농업부가 추천한 권위 있 는 기관으로 사실 전 세계에 종자의 표절 문제를 공개적으로 검증하는 기관은 하나도 없다. 또한 정부가 추천한 국유 기관은 오로지 중립적인 입장에서 검증을 진행할 뿐이다. 그럼에도 중국 법원은 이를 인정하지 않고 덩하이 사의 패소 판결을 내렸다.

덩하이 사는 본래 몬산토처럼 종자 산업을 쥐락펴락할 대형 기업이 될 기회가 있었다. 그러나 중국이 지적재산권 보호에 대해 그다지 완벽 한 체제를 갖추지 못한 탓에 몬산토 같은 기업이 출현할 기회를 잃고 말았다. 반대로 이는 몬산토에게 중국에 진입해 시장을 석권할 절호의 기회를 제공했다. 몬산토는 중국에 진출한 후 자신들의 적수가 없다는 사실을 깨달았다.

몬산토는 대단히 똑똑하다. 그들은 자신들이 가지고 온 유전자 변형 항충 면화 33B가 표절될 것이라는 사실을 너무나 잘 알고 있었다. 또 고소할 경우 패소할 가능성이 높다는 사실 역시 모르지 않았다. 때문에 그들은 아예 고소를 하지 않았다. 그렇다면 그들은 어떻게 했을까?

사실 유전자 변형 항충 면화 33B는 앞에서 다룬 옥수수와 동일한 문제가 존재했다. 이 유전자 변형 면화도 최초 3년간은 아무 문제가 없었지만 3년 후에 그들에게 종자를 사지 않으면 종자는 갈수록 품질이 떨어지는 결과를 빚었다. 바로 이 때문에 2009년 중국의 면화는 생산량이 10% 하락하고 품질 역시 10% 떨어졌다. 더욱 무서운 사실은 실면 무게와 조면 무게의 비율이 과거 42%에서 34%로 떨어졌다는 것이었다. 결국 몬산토의 종자는 중국 전통 면화보다 못하다는 결론이 나온다.

이것이 바로 몬산토의 매우 뛰어난 점이다. 그들은 중국 면화 시장을 장악하기 위해 특수한 유전자 변형 항충 면화 33B를 개량해냈다. 이 종자는 3년이 지나면서 갈수록 질이 떨어졌고, 더욱 경악스러운 것은 면화씨벌레에 대한 방역 능력과 관련이 있다. 면화씨벌레가 박멸당한 후인 2006년부터 진딧물은 물론 붉은 거미, 담배가루이 등 그야말로 갖가지 해충들이 모두 출현했다. 총체적으로 말해 잘못 들여온 종자 하나가 심각하게 나쁜 결과를 야기한 것이다. 중국의 면화 품질이 크게 하락한 것은 당연할 수밖에 없었다.

현재 중국의 면화 경작 농가는 옥수수 경작 농가처럼 몇 가지 선택에 직면해 있다. 농민들이 진딧물을 비롯해 붉은 거미, 담배가루이를 없애려면 농약을 사야 하는데, 이 농약은 오로지 두 회사만 제공한다. 하나는 몬산토이고, 다른 하나는 몬산톤 합작기업인 독일 바스프이다. 실면 무게와 조면 무게의 비율이 떨어지고 생산량이 감소하는 것을 막기 위해 농민들은 울며 겨자 먹기로 농약을 구입해 그들의 배를 불려준다. 또 다른 방법은 아예 종자를 다시 사는 것이다. 이렇게 해서 그들은 또 돈을 번다. 여기에 더욱 무서운 사실은 부족한 200~300만 톤의 면화를 어떻게 메우느냐는 것이다. 다시 면화를 심는 것은 이미 불가능해 부족분은 오로지 수입에 의존할 수밖에 없다.

중국의 수출이 늘수록 미국이 부유해진다

미국 정부는 옥수수를 중국에 수출하기 위해 지원을 아끼지 않는다. 면화 역시도 거의 같다고 보면 된다. 1999년 8월부터 2003년 7월까지 미국의 면화 생산자들은 모두 124억 달러의 보조금을 받았다. 그럼에도 같은 기간 미국 면화의 생산액은 139억 달러에 지나지 않아 보조 비율이 무려 89%에 달했다. 이는 미국 농민들이 1달러의 면화를 재배할 경우 미국 정부가 0.89달러의 보조금을 주는 것과 똑같다. 2001년과 2002년은 더욱 기가 막혔다. 당시 미국의 면화 생산액은 30억 달러였다. 그러나 미국 정부는 40억 달러의 보조금을 집행했다. 1달러의 면화를 생산하는 데 보조금 1.29달러를 지급한 셈이다.

이밖에 또 다른 데이터에는 중국이 미국 면화 1톤을 수입할 경우 미국 정부가 농민들에게 600위안 상당의 보조금을 준다고 나와 있다. 이로 인해 2005년 7월에서 8월까지 미국 면화가 대량으로 중국의 보세구로 운송돼 아주 낮은 가격으로 덤핑 판매되었다.

배경 제시

미국 정부가 엄청난 보조금을 주는 탓에 미국의 면화는 대단히 싸다. 필자는 지금도 중국이 이에 어떻게 대응해야 할지 잘 모르겠다.

200~300만 톤이 부족한 것은 기정사실이 아닌가. 겨울이 오면 중국인들은 면옷으로 갈아입어야 하는데, 부족분을 어떻게 해결할 것인가? 그렇다고 미국의 싼 면화를 수입한다면 틀림없이 대두와 옥수수의 사례가 재현되어 중국 면화는 더 이상 경쟁 상대가 되지 못한다.

중국은 과거 몬산토의 유전자 변형 항충 면화 33B를 들여와 자체적으로 생산했다. 그럼에도 일단 미국 면화를 수입하기 시작하면 중국의 면화 시장은 대두와 옥수수 시장의 뒤를 이어 함락되고 말 것이다. 더구나 이 붕괴의 결과는 더욱 심각해진다. 대두가 함락된 이후에 영향을 받은 것은 식용유였다. 옥수수가 함락된 이후에 영향을 받은 것은 가축 및 가금류와 달걀, 유제품을 포함한 파생 제품들이었다. 나아가 이는 중국의 식품에 영향을 주고, 궁극적으로는 소비자물가지수에 영향을 미친다. 일단 면화가 장악당하면 중국의 가장 중요한 주력 수출품인 방직 제품의 원료가 미국의 통제를 받게 되는 것이다.

그 결과로 중국의 방직 산업은 전문적으로 제조만 하고 원료는 미국으로부터 수입해야만 한다. 그런데 현재 면화의 가격 결정권은 미국의 수중에 있다. 중국의 방직 제품을 미국에 수출하려면 중국은 제조만 하고 산업 사슬의 기타 6대 고리는 모두 미국이 통제한다. 그래서 중국의 방직 제품의 가격 결정권 역시 미국이 통제한다고 봐야 한다. 이 경우 중국의 방직 제조 기업은 원료 가격 결정권을 장악하지 못할 뿐 아니라 판매 가격 결정권도 장악하지 못하게 된다. 궁극적으로 제조는 모두 중국에 이양하여 환경을 파괴하고 자원을 낭비하며 노동자를 착취한다. 중국이 고생 끝에 창출한 이윤은 이렇게 미국이 전부 빼앗아가 버린다.

중국의 방직업은 장차 아주 어려운 상황에 처할 것이다. 고생스럽게

일하기는 하나 한 푼의 이윤도 남기지 못할 가능성이 높다. 결국에는 중국 수출이 늘어날수록 미국이 부유해진다는 결론이 나온다.

몰락하는 중국 농업

 **배경 제시**

미국 면화의 경쟁력 우위는 미국 정부의 고액 보조금 덕을 보고 있다. 이는 국제 면화 가격을 왜곡시키는 동시에 각 면화 생산국에 거대한 압력으로 작용하여 면화 경작 농가의 수입에 직접적으로 영향을 준다. 이에 다소 켕기는 것이 있었는지 2009년 10월 19일, 미국 국가면화총회는 중국의 관련 단체와 농가들을 미국으로 초청하는 선심을 베풀었다. 중국의 면화 농가, 면화 전문 합작사, 면화 무역 기업, 면방 기업 대표들로 이뤄진 중국 면화협회의 고급 대표단은 미국으로 건너가 현지 조사 및 교류를 행했다. 조사 및 교류는 미국의 동남, 중남, 서남 면화 지역으로 나뉘어 이뤄졌다. 상황이 상황이었던 만큼 관련 전문가들은 이에 대해 즉각 분석을 내놓았다. 내용의 핵심은 중국 면화협회가 국내 면화 가격이 요동치고 새 면화를 감산하는 시기에 미국 방문단을 파견한 것은 단순한 현지 조사 및 교류에만 목적을 두지 않는다는 것이었다. 최근 들어 중국의 면화 관련 분야 기관들의 활동이 빈번하니 어떤 조치들이 내려질지 더 두고 봐야 하겠다. 그렇다면 미국 정부의 면화에 대한 고액 보조금에 직면해 중국은 어떤 태도를 취해야 할까?

앞에서 말한 대두, 옥수수와 면화 외에도 미국의 독수를 벗어나기 어려운 품목들은 많다. 대강만 꼽아도 가장 중요한 주식인 쌀과 밀을 들 수 있다. 현재 중국 정부는 최종 소매 단계에서 가격을 억제하며 인상을 허락하지 않고 있다. 오히려 농민들의 쌀과 밀을 매입할 때는 고가로 사 주도록 관계 당국에 요구하고 있다. 그러나 되파는 가격이 구입하는 가격보다 낮은 현상을 식량 저장 창고가 어떻게 감당하겠는가? 고가로 매입하고 저가로 팔면 손해를 볼 수밖에 없다. 결과적으로 각 저장 창고는 경영이 어려워지고 부채가 늘어났다. 이때 자금력이나 전략 면에서 중국과 비교가 안 되는 4대 곡물 메이저가 좋은 조건으로 인수하겠다는 추파를 던졌다. 적지 않은 곡식 저장 창고는 어려움을 해결할 절호의 기회로 여기고 대량의 지분 출자를 허락하거나 인수, 합병의 길을 선택했다.

언론 보도에 따르면 산둥성의 허쩌荷澤를 비롯해 옌저우兗州, 량산梁山과 허베이河北성 창저우滄州의 곡식 저장 창고 들이 모두 이하이益海가 지분을 출자하거나 주식을 지배하게 된 곳이다. 구체적으로 얼마나 많은 곡식 저장 창고가 인수, 합병되었을까? 우리는 즉각 현지로 달려가 연구 조사를 진행했으나 각 지역 곡식 저장 창고 관계자들은 식량 안보와 관련한 기밀이라는 이유로 외자에게 인수, 합병당한 세부 항목에 대해 솔직하게 털어놓기를 거부했다. 그래서 지금 얼마나 많은 곡식 저장 창고가 외자에 인수, 합병되었는지 모르는 시한폭탄을 안고 있다.

중국의 다른 농산품인 채소는 어떤 상황일까? 우리의 연구 조사 결과에 따르면, 3대 종자 회사인 미국의 몬산토와 뒤퐁, 독일의 바스프가 이미 중국 채소 종자 시장의 50%를 점유하고 있는 것으로 나타났다.

중국인들의 가장 중요한 먹거리인 돼지고기도 외자 기업에 인수, 합병을 당했다. 양돈의 산업 사슬은 월스트리트의 골드만삭스에게 코가 꿰어버렸다. 2004년 골드만삭스는 돼지고기 가공 공장인 위룬雨潤그룹을 매입했다. 이어 2006년에는 20억 위안의 자금으로 또 다른 가공 공장인 허난쐉후이河南雙匯를 인수, 합병했다. 하류를 해결한 다음에는 상류 문제의 해결에 나섰다. 골드만삭스는 2008년 3억 달러의 가격으로 후난湖南성, 푸젠福建성 등의 수십 개에 이르는 양돈장을 매입했다. 상·하류를 해결한 후인 2009년에는 중류인 유통 시스템까지 구축했다. 이렇게 함으로써 골드만삭스는 중국 양돈 산업 사슬의 통합을 완성했다.

모든 산업 사슬을 장악하면서 원가를 대폭 낮췄고, 이를 통해 최저의 원가로 돼지고기의 가격 결정권을 통제하기에 이르렀다. 중국의 양돈 업체나 업종을 굳이 싹쓸이해서 구매할 필요가 없어진 것이다.

중국의 농축산품 중 아직 인수, 합병되지 않은 것이 있을까? 닭과 오리 업종은 아직 당하지 않은 듯하다. 그러나 우리가 아직 인지하지 못하고 있을 뿐, 모두 인수, 합병되었을지도 모른다. 우리는 아직 이런 현실에 대해 너무 둔감하고, 혹여 반응을 보일 때는 이미 때가 늦는다.

우리는 최소한의 위기의식도 가지고 있지 않다. 모든 농축산품을 몬산토를 필두로 한 구미 이익 그룹인 4대 곡물 메이저와 월스트리트의 금융 자본을 포함한 현대판 동인도 회사에 공손하게 바친다면 장차 중국의 식량 안전 문제는 끔찍한 결과를 맞게 될 것이다.

『산업 사슬 음모』

– 랑셴핑

20여 년의 고속 성장을 거치면서 오늘날 중국은 '세계의 공장'이라는 명예를 누리고 있다. 연구에 의하면 산업 완제품 중 중국은 이미 130여 종 이상의 상품 생산량이 세계 1위를 차지하고 있다. 여러 가지 증거에서 드러나듯 중국은 명실상부한 제조업 대국의 입지를 구축했다.

그러나 분명하게 말하지만 중국은 전혀 제조업 대국이 아니다. 반대로 중국 제조업은 전대미문의 위기에 직면해 있다. 중국의 제조업은 과거 보기 어려웠던 산업 사슬 경쟁 시대에 진입해 그저 노동 단가에서 우위를 보이던 상황이 끝나가고 있기 때문이다. 소위 제조업 대국이란 국제 산업 사슬의 분업 가운데 이윤이 제일 박한 고리에 불과하다.

국제 산업 사슬에서 중국 기업이 제조한 부분이 만약 1위안(10%)을 번다고 치자. 그러면 외자 기업이 강력한 능력을 발휘하는 제품 설계와 연구 개발 및 구매, 창고 저장, 오더 처리, 도매 및 소매 등의 분야에서 9위안(90%)을 벌어들인다. 중국이 10%가 안 되는 가치를 이용해 1조 8,000억 달러의 외환보유고를 쌓은 것은 동시에 국외 기업들이 18조 달러를 축적하는 데 공헌했음을 의미한다. 이 액수는 전 중국 노동자의 80년 어치 임금 총액에 해당한다!

그러면 무엇을 국제 산업 사슬 분업이라고 부르는가? 완구 업종을 예로 들어 보자. 바비 인형의 초기 제품 설계 및 시장 연구 조사 등은 모두 미국이 담당한다. 이에 반해 중국 공장들은 그저 '제공한 원재료를 가공'하거나 '제공한 샘플을 가공'하기에 급급하다. 또 후기 창고 저장 및 물류, 도매 및 소매는 외자 기업이 맡는다. 즉 중국이 국제 산업 사슬에서 실제로 제조하는 액수는 1위안에 지나지 않는다. 이를 '하드 1위안'이라고 칭한다. 또 설계, 구매 및 창고 저장, 오더 처리, 도매 및 소매 등의 산업 사슬은 '소프트 9위안'이라고 부른다. 그렇다면 국제 산업 사슬 분업의 배후에서는 어떤 일이 일어나고 있는 것일까? 본질은 외자 기업들이 '소프트 9위안'을 통해 노동집약형 산업과 가장 돈이 안 되는 분야를 중국 공장에 외주한다고 보면 된다. 이어 외국 기업은 자신들이 주도하는 산업 사슬과 오더 상의 일방적인 우위에 의거해 그들이 직접 제조하는 것보다 상당히 낮은 비용을 중국 공장에 지불한다.

제7장 서양은 어떻게 중국 기업을 장악하는가?

제8장 중국의 산업 사슬을 옭아매는 외국 자본

제7장 서양은 어떻게 중국 기업을 장악하는가?

제8장 중국의 산업 사슬을 옭아매는 외국 자본

제3부

신제국주의의 '가면'을 벗기다

서양은 어떻게 중국 기업을 장악했는가?

– 후이위안의 사례

지금은 소기업과 대기업, 기술이 낙후한 기업과 선진적인 기업이 경쟁하는 시대가 아니다. 지금은 독점자가 독점에 굴복하지 않거나 독점의 압박과 포석에 굴복하지 않는 기업들을 말살하는 시대이다.

블라디미르 레닌, 『제국주의론』

중국 음료 시장을 장악하려는 코카콜라

중국의 대표적 음료 회사인 후이위안匯源주스의 주신리朱新禮 사장은 2003년에 필자의 수업을 들은 적이 있다. 그때 후이위안주스는 더룽德隆이 경영권을 지배했다. 더룽은 필자가 2001년에 비판했던 기업으로, 당시 그 기업에 대해 대단히 자세한 조사 연구를 진행하고 '더룽 계열'이라는 이름을 붙여주었다. 더룽은 당시 후이위안주스의 주식 51%를 보유하고 있었다.

필자는 2003년 주리신 사장이 수업을 들을 때 더룽 계열의 모든 전략 방향에 대해 자세하게 얘기해주었다. 그는 이 말을 듣고 매우 걱정하며 돌아가 더룽 계열과 담판을 시작했다. 그는 필자의 건의를 받아들여 자신이 더룽의 주식 51%를 재매입하거나 자신의 주식 49%를 더룽 계열이 사들일 것을 요청했다. 한마디로 그는 더룽과 합작하지 않겠다는 입장을 밝힌 것이다. 당시 더룽의 오너 탕완신唐萬新은 그에게 이렇게 말했다.

"랑셴펑의 말을 듣지 마십쇼. 그의 말은 완전히 엉터리입니다. 우리는 문제가 전혀 없습니다. 제가 주 사장을 부회장으로 승진시킬 테니 계속 합작을 합시다."

그러나 주신리 사장은 더룽과 결별하겠다는 입장을 고수하고, 급기야 수십 퍼센트의 대가를 더 지불한 다음 더룽 수중의 주식 51%를 인수했다. 이렇게 해서 주신리 사장은 후이위안주스의 지배 주주가 되었다. 그런데 그가 갑자기 자신의 모든 주식을 코카콜라에 팔려고 내놓은 것이 아닌가.

2008년 9월 3일, 후이위안주스는 코카콜라가 주식당 12.2홍콩달러 가격에 총 179억 2,000만 홍콩달러로 후이위안의 모든 자산을 매입한다고 발표했다. 이 가격은 후이위안 시가총액의 3배에 상당하는 엄청난 액수였다. 이 소식이 공개되자마자 홍콩에 상장된 후이위안주스 주가는 4홍콩달러에서 10홍콩달러로 급등했다. 이어 후이위안주스라는 민족 브랜드가 사라지는 것이 아닌가 하는 문제가 사회 각 방면의 주의를 끌었다. 어떤 전문가는 이 외국 회사가 최고가 인수, 합병이라는 방법으로 중국의 반독점 정책을 시험하고 있다고 정곡을 찔러 지적했다. 그런데 이 인수, 합병을 강력히 주장한 사람은 다름 아닌 후리위안주스의 영리하기 이를 데 없는 주신리 사장이었다. 과거 주신리 사장은 몇 개나 되는 경쟁 상대와의 싸움에서 한 번도 패한 적이 없었다. 그는 이때 어떤 생각을 하고 있었을까? 코카콜라가 후이위안을 매입하려는 노력의 배후에는 어떤 진실이 숨어 있을까?

코카콜라는 이번 후이위안 매입에서 너무 자신감이 충만해 실수를 저지르고 말았다. 그들은 후이위안의 주식 100%를 사지 말았어야 했다. 만약 그들이 조금만 똑똑했다면 주식 80%를 매입하거나 합자를 했을 수도 있다. 그렇게 해도 아무 문제가 없었다. 이어 수년이 지난 다음에 슬그머니 주신리 사장을 차버렸다면 별 주목을 끌지 못했을 것이다. 그러나 코카콜라는 서둘러 목적을 달성하려고 전력을 다해 출격에 나서 단번에 주식 100%를 매입하려고 했다. 결과적으로 〈반독점법〉을 위반했다는 판결을 받아 인수, 합병이 취소됐다.

이 결과에 대해 많은 논란이 있었던 것은 사실이다. 그러나 이 사건으로 인해 〈반독점법〉에 대해 어떤 편견을 가지거나 중국 정부를 비판하지 말기를 바란다. 왜냐하면 이런 조치들로도 여전히 부족하기 때문이다. 후이위안주스 인수, 합병 사건은 외자가 대량으로 중국 기업을 인수, 합병한 마지막 단계임을 말해주고 싶다. 사실 중국은 처음부터 외자가 중국 기업을 인수, 합병하는 문제에 대해 주의를 기울였어야 했다. 이 점에 대해 우리는 충분한 증거를 가지고 있다.

 **배경 제시**

코카콜라가 후이위안을 매입한다는 소식이 전해지자 중국 내 여론은 그야말로 떠들썩했다. 네티즌이나 전문가를 막론하고 거의 일방적으로 성토하는 양상을 띠었다. 심지어 많은 기업들이 연명으로 상무부에 이 인수, 합병을 반대한다는 서명을 준비하고 있었다. 이유는 코카콜라가 후이위안을 인수, 합병한 후 거의 50% 이상의 유통을 독점할 뿐 아니라 막강한 재력으로 다른 기업들의 생존 공간을 말살할 가능성이 높았기 때문이다. 이런 반대에도 불구하고 코카콜라는 대대적으로 홍보를 전개했고 주신리 사장의 태도도 단호했다. 이로 인해 많은 사람들은 얼마 지나지 않아 이 인수, 합병을 기정사실로 받아들였다. 메이자징美加淨을 비롯해 훠리活力 28, 러바이스樂百氏, 쑤보얼蘇泊爾, 중화中華치약, 난푸南孚건전지, 샤오후스小護士, 다바오大寶 등 중국 토종 브랜드가 차례로 인수, 합병된 상황에서 후이위안이라고 온전할 리 없었다. 그러나 이번 인수, 합병에서 코카콜라는 전에 없는 번거로움에 부딪혀 반드시 상무부의 반독점 심사를 통과해야 했다. 2009년 3월 18일, 상무부는 코카콜라의 후이위안 인수, 합병 안

을 부결한다고 발표했다. 이로써 후이위안 사건은 중국이 〈반독점법〉을 반포한 이후 최초로 인수, 합병이 부결된 사례로 기록됐다. 그렇다면 도대체 어떤 이유로 코카콜라는 상무부의 심사를 통과하지 못했을까?

국무원 연구발전센터의 보고에 따르면, 중국이 이미 개방한 산업 중에서 랭킹 5위까지의 기업은 모두 외자 기업이다. 이것은 무엇을 의미하는가? 예를 들어보자. 유리 업종의 경우 랭킹 5위까지의 기업은 모두 합자 기업이다. 엘리베이터 업종의 경우도 전국 총생산량의 80% 이상을 차지하는 5개 제조업체 모두 외자가 주식을 지배한다. 가전 업종은 18개 국가급 지정 기업 중에서 11개가 외자와 합작을 하고 있다. 의약 업종은 20%가 외자의 수중에 장악되었다. 국내 시장 자동차 판매액의 90%는 국외 메이커가 차지하고 있다. 더욱 무서운 것은 중국 28개 주요 산업 중에서 21개가 외자에게 다수의 자산을 통제받고 있다는 사실이다. 쉽게 말해 외자가 최대 주주라는 것이다.

중국인이 즐겨 마시는 칭다오靑島 맥주가 정말 국영 기업이라고 생각하는가? 적어도 지금은 이 말이 여전히 유효하다. 칭다오 국유자산감독관리국이 30%의 주식을 보유하고 있기 때문이다. 과거의 제2대 주주는 AB인베브ABInbev로 27%의 주식을 보유하여 당시 그들이 홍콩의 H주식시장에서 4%의 주식을 매입했다면 칭다오 맥주의 지배권을 확보할 수 있었다. 지금은 몇 차례의 전매를 거쳐 아사히朝日 맥주가 칭다오 맥주의 제2대 주주가 되었다. 중국의 국산 브랜드는 잠깐 눈을 돌리는 사이에 대부분 외자 기업으로 변해버렸다. 사실 중국이 〈반독점법〉을 적용한다면 많은 기업이 블랙리스트에 오를 것이다. 그러나 대다수 기업이 외자에 인수, 합병되어 이미 때가 늦었다.

뿌리 깊은 외국 자본

 **배경 제시**

2008년 8월 31일, 주신리 사장은 후이위안주스와 코카콜라의 인수, 합병안에 서명했다. 그러나 양측에게는 불행히도 이달 1일에 〈중화인민공화국 반독점법〉이 정식 반포돼 실시되기 시작했다. 후이위안주스와 〈반독점법〉 사이에는 일종의 미묘한 인연이 존재하는 것 같다. 국가발전개혁위원회 관련 책임자에 따르면, 〈반독점법〉을 시행한 까닭은 "개혁개방 30년간의 급속한 발전에 따라 중국 경제의 구조에도 조용히 변화가 발생하여각 분야에서 업종 발전을 좌우할 큰 회사와 대기업들이 생겨났다. 이들기업 중에는 대형 국영 기업뿐만 아니라 다국적기업도 존재했기 때문이다"라고 밝혔다. 그렇다면 다국적기업은 중국인의 생활에 어떤 영향을 미쳤을까?

중국 수출입 무역 중에서 외자가 차지하는 비중은 55%에 이르며, 그중 첨단과학기술 부문이 무려 87%를 차지한다. 또한 공상총국의 데이터에 따르면, 타이어 업종의 경우 외자 비중이 무려 80%에 이르며, 자동차 부품 업종은 75%에 달한다. 완성차 브랜드의 80%와 판매량의90%가 외자나 합자 기업이다. TV 업종에서 이윤 대부분을 차지하는평판 디스플레이FPD 산업의 60~70%가 외자에 종속돼 있다. 약품 업종을 보면 외자와 합자가 겨우 27%를 차지하고 있으나 고가 시장인 병원과 소비 시장에서 각각 47%와 52%의 점유율을 점하고 있다. 이중 혈압 강하제 랭킹 10위 내의 반 이상을 외자 기업이 차지하고 판매액도 70% 정도에 이른다. 다시 맥주 업종을 보자. 중국에는 도처에 수많은 맥주 공장이 있다. 그런데 이중 2개 브랜드만 외자가 투자하지 않고 있다. 우리가 알고 있는 브랜드 모두 외자가 자금을 투자했다고 보면 맞는다. 보험 업종은 영업을 개시한 지 3년 만에 시장의 10%를 점유했다. 상하이에서 외자 계열 은행들은 영업을 개시한 지 3년 만에 17%의 시장을 점유했다. 컴퓨터 운영 체제는 시장의 95%를 외자 계열이 장악하고 있다. 인텔의 CPU는 85%의 시장점유율을 기록하고 있으며, 시스코는 기업 무선 인터넷 시장의 60%를 차지하고 있다. 특급 우편 시장의 20%, 시멘트 시장의 30%, 럭셔리 호텔 시장의 30%도 외자가 차지하고 있다. 외자는 과학기술의 장점이 없는 식용유 시장도 85%를 지배하고 있다. 고급 오프셋 인쇄기 역시 70~80%의 시장을 외자에 내주고 있다. 항공 화물 적재기의 30~40%, 공사용 기계 시장의 절반도 외자가 점유하고 있다. 솔직히 이런 상황은 별로 대단한 것이 아니다.

양돈마저도 외자 기업에 넘어가 과거에 투자은행이었던 골드만삭스가 이 분야를 장악하고 있다. 그들은 양돈뿐 아니라 운송 판매, 창고 저장, 최종 소매, 도매 등의 전 산업 사슬을 인수, 합병했다. 중국 농민들은 양돈에만 종사하고 한 수 위인 골드만삭스는 양돈 외에 후속으로 이어지는 연속 과정을 모두 가지고 있다. 이것이 바로 외자가 하는 일이다.

때문에 필자는 매스컴에서 많은 전문가들이 〈반독점법〉을 적용해 코카콜라의 후이위안주스 인수, 합병을 금지해야 하는지를 놓고 토론하는 광경을 보면 화가 난다. 이것이 무슨 토론할 가치가 있는가? 이 데이터들을 보고도 토론을 해야만 하나? 중국은 너무 늦었고 부족한 점이 너무 많다.

외국 자본에 의한 인수와 합병, 그 후의 중국은?

배경 제시

1980년대 중후반부터 중국은 외자를 끌어들이기 위한 장려 정책을 채택했다. 때문에 세금, 금융, 토지 등의 방면에서 외자에게 엄청난 우대 조건을 내걸었다. 1992년 이후, 특히 중국이 WTO에 가입한 이후에 외자는 두 차례나 고성장을 구가했다. 거대한 중국 시장이 각국 투자자들에게 중국 경제의 고속 발전이 가져온 각종 이익을 함께 누리도록 만든 것이다. 1990년부터 2004년까지 외국 투자자들은 중국에서 2,506억 달러에 이르는 이윤을 가지고 나갔다. 약 70%의 미국 회사가 중국에서 이윤을 얻었고, 약 42%의 회사는 중국에서 얻는 이윤율이 전 세계에서 얻는 평균 이윤율을 초과했다. 세계은행의 2008년 추산에 따르면, 외자 도입 수가 너무 많은 탓에 중국 GDP에서 외자가 창출한 비중이 40%에 이른다고 한다. 이렇게 보면 외자 기업이 중국의 경제 발전에 큰 공헌을 하기는 했다. 그런데 왜 이들 기업에 대해 고도의 경각심을 유지해야 할까?

외자 기업의 효율이 좋은 만큼 그들이 중국에서 공장을 설립하는 것은 중국에도 유리하다. 그들은 중국 노동자들을 고용할 뿐만 아니라 소비도 늘어나게 만든다. 사정이 이러니 중국이 어떻게 외자를 배척할 수 있겠는가?

유명한 컨설팅회사인 매킨지가 최근 발표한 연구 보고서는 3~5년 내에 중국 소매 시장의 70~80%를 월마트나 까르푸 등을 포함한 외자 기업이 석권할 것이라고 내다봤다. 독자 여러분들은 아마도 나쁠 것이 없다고 느낄 수도 있다. 어쨌든 까르푸는 매장도 크고 제품 종류 역시 모두 갖춰져 있으며 서비스도 매우 훌륭하다. 중국의 작은 구멍가게와는 모든 면에서 비교도 되지 않는다. 때문에 외자를 도입하는 것이 전혀 나쁠 것이 없다. 그러나 과연 문제가 이렇게 간단할까?

이 문제에 대해서는 필자 역시 분명히 말할 수 없다. 필자는 오늘 농사짓는 친구를 초청해 강의를 맡길 생각이다. 이 친구를 가상 농민이라고 부르자. 필자가 관개灌漑하는 방법에 대해 알려 달라고 하자, 이 친구가 친절하게 대답했다.

"관개는 매우 간단합니다. 수문을 열면 관개를 시작할 수 있습니다. 그러나 관개를 하기 전에 먼저 수로를 파야 합니다. 그래야 수문을 열면 물이 관개 수로를 따라 필요한 농경지로 흘러갑니다. 이것을 바로 관개라고 부릅니다."

그런데 어느 수강생이 농민 친구에게 이런 질문을 했다.

"만약 수문을 열기 전에 수로 파는 것을 잊었다면 어떻게 해야 합니까?"

이 질문에 농민 친구는 어이없다는 표정으로 대답했다.

"바보 아닙니까? 관개 수로 파는 것을 잊었다면 수문을 열자마자 온 농경지가 침수되지 않겠습니까?"

여기서 필자가 왜 외자 도입에 반대하는지 깨달았을 것이다. 이유는 단 하나이다. 지금 엄청나게 많은 외자가 중국에 들어왔지만 중국은 아예 관개 수로를 판 일이 없다.

광둥성 선전의 까르푸와 월마트는 중국의 상품 공급업체가 물품을 공급한다. 그러나 그들은 돈을 지불받지 못했다. 이것 떼고 저것 떼여 물건 값이 증발해버렸다. 이런 일은 비일비재하다. 선전의 한 공급업체는 까르푸에 38만 위안의 쌀을 공급했는데, 결제일이 되자 대금을 받기는 커녕 오히려 8,000위안 어치의 빚을 졌다. 왜일까? 휴일 비용, 기념일 비용, 통로 비용, 유통 비용 등 이런저런 비용을 뒤집어씌워 모두 공제해버린 것이다. 중국 공급업체는 정말 불쌍하기 그지없어 빌딩에서 뛰어내려 자살하는 수밖에 없다. 그렇다고 이들을 상대로 소송을 벌일 수도 없는 일 아닌가? 재력과 권력이 막강한 그들을 소송해도 이길 길이 없다. 결국 문제는 중국에 관개 수로가 없다는 것으로 귀결된다.

만약 맥킨지가 예측한 것처럼 3~5년 후에 정말로 외자 소매업이 중국을 석권한다면 그들은 서로 경쟁하지 않을 것이다. 서로 싸우고 죽이는 것은 중국 사람들만 좋아하는 일이다. 외국 사람들은 그렇게 우둔하지 않다. 그들은 중국 시장의 80%를 점유할 날을 기다렸다가 연합해 독점의 행패를 부릴 것이다. 위에서는 소비자 가격을 올리고 아래에서는 공급업체의 공급가를 계속 착취하여, 이렇게 벌어들인 이윤을 합법적으로 자국에 송금한다.

그들이 이렇게 할 수 있는 이유는 바로 중국이 관개 수로를 파놓지 않았기 때문이다. 그리고 결국 최대 피해자는 중국의 국민들이다. 이것이 바로 필자가 외자의 공격적인 인수, 합병을 반대하는 이유이다. 여기서 관개 수로란 법제화된 게임의 룰을 가리킨다.

불공정 인수와 합병을 경계하라

월마트가 미국에서는 절대 공급업체의 상품 대금을 떼어먹지 못한다. 미국은 관개 수로를 파놓았기 때문이다. 미국의 〈파산법〉 제11장 규정에 따르면, 월마트가 연속 3명의 공급업자에게 5,000달러 이상의 빚을 지게 되면 그 누구라도 미국의 연방 파산법원에 월마트가 파산했다고 선포할 수 있다. 자신이 파산했다고 선포하는 것이 아니고, 자신이 빌딩에서 뛰어내리는 것도 아니다. 월마트가 파산했다고 선포하는 것이다. 때문에 월마트는 미국에서 감히 빚을 지지 못하고 3개월 내에 반드시 제시간에 맞춰 돈을 지불한다.

외자는 결코 무섭지 않다. 다만 중국에 관개 수로가 없다는 사실이 무서울 뿐이다. 필자는 최근 많은 매스컴의 보도를 지켜봤는데, 법률의 기본 정신조차 제대로 모르고 있었다. 코카콜라 사건이 어떤 법률 조항에 근거해 판결을 내린 것인지 도무지 알 수 없다고 떠드니 말이다. 빌어먹을! 그렇다면 미국은 있다는 말인가? 미국은 법 조항조차도 없다. 미국 법률은 관습법이기 때문에 법 조항이 없다. 그렇다면 그들은 무엇을 근거로 사건을 판결하나? 감각에 의지한다.

중국의 하이얼海爾이 미국의 마텔을 인수하려고 했다. 그러나 그들은 법으로 하이얼을 고소하지 않았고, 그렇다고 허가도 하지 않았다. "그만 지껄이고 꺼져버려!"라고 말한 다음 다른 기업이 인수, 합병하도록 했다. 수년 전 중국해양석유총공사가 미국 유노컬의 유전을 인수, 합병하려고 했다. 그러나 그들은 아예 중국에게 무슨 판결을 내리지도, 국회가 비준하지도 않았다. "그렇다고 너희들 중국이 어쩔 건데?"라고 말한 셈이다. 반면 중국은 이렇게 무지막지하게 나온 적이 없다. 중국은 대문을 활짝 열고 누구라도 들어와 인수, 합병하기를 간청했다. 중국 기업은 미국 회사를 매입하려고 할 때마다 쓴맛을 보았다. 심지어 법원에 가보지도 못하고, 행정 명령 역시 허가받지 못했다. 미국은 〈반독점법〉을 통해 중국 기업을 제재할 필요조차 없었던 것이다.

배경 제시

미국에서는 1880년대에 트러스트를 배척하는 대규모 군중 운동이 폭발했다. 반독점 사조는 1890년 〈셔먼Sherman법〉의 탄생을 촉발했다. 이 법률은 세계 각국이 시행하는 반독점법의 원조로 일컬어진다. 그 후 미국은 다시 〈클레이턴Clayton법〉과 〈연방무역위원회법〉을 반포했다. 미국의 '관개 수로'는 이 세 법률을 기초로 약간의 단행법과 대량의 판례에 근거해서 만들어졌다. 현재 경제협력개발기구OECD의 모든 회원국에 〈반독점법〉이 있다. 선진국과 달리 개발도상국은 1980년대 초까지도 〈반독점법〉에 흥미가 없었다. 정부가 본국 경제의 고속 성장에 바빠 경쟁을 억제하는 조치를 취했기 때문이다. 그러나 1980년대 후반기 이후 개발도상국은 자유 경쟁을 유지하는 법률 제도 확립의 중요성을 인식하기 시작했다. 관개 수로, 바꿔 말하면 법규 의식이 마침내 살아난 것이다. 그렇다면 관개 수로는 도대체 어떻게 영향력을 발휘할까?

필자는 국외 매스컴을 포함한 중국의 많은 매스컴의 견해와 정반대의 입장을 가지고 있다. 필자는 이 책을 통해 중국 정부에 강심제를 한 대 놓아줄 생각이다. 중국의 조치는 여전히 많이 미흡하다. 그래서 중국도 감각에 의지해 모든 사건을 판결하고, 외국의 어떤 기업이 중국 회사를 인수, 합병하려고 하면 중국인들도 전국인민대표대회(한국의 국회에 해당-옮긴이)를 찾아가 "안 된다. 무슨 이유가 없다. 그냥 기분이 안 좋다"라고 한 마디 하면 된다. 이렇게 하는 최종적인 목적은 불쌍하기 그지없는 중국 기업들을 보호하는 데 있다.

저장浙江성에는 정타이正泰라는 가전 제조 기업이 있다. 최근 이 알짜 기업을 독일의 슈나이더가 인수, 합병하려고 했다. 만약 미국이라면 인수, 합병을 거부할 수 있으나 중국은 다르다. 당시 슈나이더는 정타이가 말을 듣지 않자 도처에서 고소를 남발했다. 베이징은 물론 미국, 유럽에서도 정타이가 자신들의 제품과 기술을 카피했다고 고소했다. 결국 정타이는 경영에 쏟아야 할 시간의 40%를 법정 소송에 투입하고 각종 자료를 준비해 슈나이더에 대응해야만 했다.

외자들이 채택하는 전략은 우선 방대한 변호사 팀을 꾸린 다음 가장 뛰어난 변호사가 도처에서 기업들을 고소하는 것이다. 그리고 기업들이 귀찮아하면서 회사를 팔 때까지 기다린다. 이때 좋은 소식이 들렸다. 정타이의 난춘후이南存輝 사장이 회사를 팔지 않고 끝까지 버텼고 소송에서도 이긴 것이다. 그러나 또 다른 유명한 전기회사 더리시德力西는 19억 위안에 외자에 팔렸다. 외자가 중국에서 이렇게 날뛰는 결정적인 이유는 중국이 관개 수로를 파지 않았기 때문이다.

개발도상국의 기업들은 성장과 세계화 과정에서 점진적으로 법제와 법규 의식을 갖추기 시작했다. 그러나 걸음마 단계인 이들 기업이 철저하게 법규를 파악하기란 결코 쉽지 않다. 그들 맞은편에 서 있는 다국적기업과 경제 형태에서 결코 평등하지 않기 때문이다. 대자본의 비호 아래 펼쳐지는 다국적기업 간의 경쟁 및 합작은 마치 위험한 현상이 꼬리를 물고 일어나는 게임과 같다. 법규에 대한 탐색 과정에서 법규 배후에 항상 살기가 숨겨져 있고, 말로 표현할 수 없는 게임의 공포를 느낄 수 있다. 그러면 이런 게임은 어떻게 진행되는 것일까?

필자는 이런 현상의 발생을 막기 위해 어느 자리에서든 정부의 법제화 구축을 촉구했다. 사실 최근 몇 년 동안 중국 정부도 법제화 건설에 적극 나서 〈반독점법〉을 적용해 우선 코카콜라의 후이위안주스 인수, 합병을 취소시켰다. 이처럼 중국은 반드시 국내 기업을 보호해야 한다. 그렇다고 중국이 국제화를 싫어하고, 외자 기업이 인수, 합병하는 것을 환영하지 않는 것은 아니다. 다만 현재의 인수, 합병이 공정하지 못하기 때문에 반대한다.

무엇을 불공정 인수, 합병이라고 부르는가? 예를 들어보자. 독일의 보쉬는 최근 우시無錫의 웨이푸威孚를 인수, 합병했는데, 사실 코카콜라가 후이위안을 인수, 합병하려고 했던 것을 포함해 여기에는 일정한 패턴을 가지고 있다. 인수, 합병이 진행되면 외자 측은 돈을 지불하고, 중국 측은 공장 건물과 땅 문서를 내서 주식을 각각 반씩 차지한다. 이것이 과연 공평한 거래일까?

만약 공평하다고 여긴다면 외국 사람을 너무 얕잡아본 것이다. 여기서 주의할 것은 중국 공장은 순수하게 제조만 하지만 보쉬와 코카콜라 같은 회사들은 제조 용도로 중국 기업을 인수, 합병하는 한편, 원료 구매를 비롯해 창고 저장, 운수, 도소매 등을 포함한 다른 모든 채널들까지 장악한다는 것이다. 그래서 인수, 합병을 마친 후 쌍방이 각각 50%의 주식을 보유한 합자 기업이 설립되지만 그들은 가격 이전 지급 시스템을 통해 인수, 합병한 제조 고리의 이윤을 모두 창고 저장, 물류, 도소매 등의 판매 고리 쪽으로 전환시킨다. 이렇게 하면 한 회사의 전체 재무 제표는 수치가 딱 들어맞고 이윤도 똑같아진다. 그러나 분할된 기업에 대해 말하면 제조 고리 합자 부분의 이윤을 모두 비합자 부분으로 옮기는 것이기 때문에 합자 부분의 적자를 초래한다. 이렇게 연속 3년 적자가 난 다음에는 쌍방이 다시 자금을 투입한다. 만약 이때 외자가 20억 달러의 자금을 투자하고 중국 측은 돈이 없다면 어떻게 될까? 중국 측은 주주로서의 권한이 희석돼 50%의 주식 보유율은 2%로 떨어져버린다. 그들은 이런 방법을 이용해 한 발짝 한 발짝 중국 자본을 잠식하고 있다.

이것이 바로 현재 외자 기업이 중국 기업을 인수, 합병하는 상투적인 수법이다. 초기 단계에는 공평한 것처럼 보이지만 마지막에 가서는 재무적인 기교를 통해 중국 측을 차버리고 자신들 마음대로 조종한다. 이 모든 결과는 중국에 법제화된 게임 룰과 관개 수로가 미비하기 때문이라고 단언해도 좋다.

그래서 〈반독점법〉에 대한 필자의 관점은 다른 학자들과 완전히 다르다. 이것은 중국이 법제화된 게임의 룰이라는 관개 수로로 진입하는 첫

걸음이다. 필자는 중국의 조치가 그다지 좋아 보이지 않고 또 많이 부족하다고 생각한다. 중국은 마땅히 더 많은 유사한 법률을 확보해야만 한다. 필자는 심지어 다분히 감정적인 판결도 내릴 필요가 있다고 본다. 미국이 가능하다면 중국도 가능하다.

『금융위기 경제학』

– 콜린 리드 Colin Read

미국은 이제 글로벌 경제의 참여자이지 더 이상 지도자가 아니다. 미국은 어쩌면 글로벌 시장에서 일종의 새롭고 보다 균형 잡힌 자세를 취해야 할 것이다. 이것은 보다 합리적이나 여전히 강력하고 공고한 경제성장 시대의 기초가 될 것이다.

미국을 글로벌 경제 시장의 일개 참여자로 보는 이런 새로운 인식은 미국의 국제 정치적 지위에도 영향을 미칠 것이라고 본다. 또 보다 강대해지고 자신감이 넘치는 중국, 러시아, 유럽과 인도 등은 아마도 새로운 글로벌 경관(景觀)이라는 피할 수 없는 변화를 향해 속도를 가할 것이다.

이는 결코 미연방준비제도이사회(FRB)가 미국의 경제 운명에 대한 통제력 상실을 의미하지 않는다. 다만 FRB가 스스로 보다 작은 물고기로 변했음을 인식하게 됐음을 뜻한다. 글로벌 경제라는 바다가 이미 더할 수 없이 크게 확장됐기 때문이다. 그래서 미래 글로벌 경제의 안정은 각국 중앙은행의 일치된 행동 능력에 달려 있다고 봐도 무방하다.

많은 사람들은 최근 금융위기의 도래를 예의 주시하고 있다. 이런 자세는 마치 농민이 가축과 야생동물의 이상 행동을 통해 지진과 화산 폭발을 예측하는 것과 크게 다를 바 없다. 세계 금융 시장이 날이 갈수록 불안정성을 더해가는 것 역시 불길한 조짐이다. 그러나 우리는 결코 이런 징조들을 가지고 눈앞에 닥친 위기에 재빨리 대응할 수 없다. 현재는 사실상 훗날 발생할 전 세계적인 재난이 너무도 심각할 것임을 보여주는 어떤 징조도 없다.

그러면 강력한 중국 경제가 세계 금융 시스템을 글로벌 금융 붕괴로부터 구해낼 수 있을까? 답은 '노'이다. 만약 이번 경제위기가 우리에게 어떤 교훈을 주었다고 한다면, 그것은 한 국가가 세계경제를 촉진하는 시대는 이미 지나갔다는 사실이다. 새로운 세계 금융 질서는 협력과 협조의 질서가 될 것이며, 중국은 이미 그 안에서 확고하게 중요한 역할을 해내고 있다.

현재 우리의 아이들은 이전에 비해 더욱 자신의 경제적 운명을 장악할 수 있고, 또 자신의 경제적 운명에 대해 책임을 져야 한다는 사실을 느낄 것이다. 우리 입장에서는 이런 경제적 현실을 좀 더 빨리 받아들일수록 좋다.

제8장

중국의 산업 사슬을 옭아매는 외국 자본

– 월마트의 사례

자유시장은 갈수록 과거의 일이 돼버렸다. 독점성을 띤 생디카와 트러스트가 서서히 자유시장을 축소시킨다…….

블라디미르 레닌, 『제국주의론』

왜 월마트가 무서운가?

'외자'라는 두 글자를 들으면 많은 사람의 귀가 자신도 모르게 곧추 세워진다. 마치 길거리를 돌아다니는 서양 사람들이 주의를 끄는 것과 다를 게 없다. 바이두에서 '외자 인수 합병'을 검색해보면 외자에 대한 네티즌들의 태도를 알 수 있다. 너도나도 큰소리로 치거나 너무 과장해 듣는 사람을 놀라게 하는 경우가 대부분이다. 그러나 이런 고함과 적대감은 외자가 얼마나 무서운지를 설명하는 것이 아니라 외자가 무엇인지 전혀 모른다는 것을 설명할 뿐이다. 이런 현실은 마치 사람들이 귀신을 무서워하는 것과 비슷하다. 사람들은 초인적인 능력이나 재주가 있는 요괴를 무서워하는 것이 아니다. 그저 자신들이 무지몽매한 탓에 이해할 수 없는 일을 귀신이 하는 일이라고 생각하고 두려워할 뿐이다. 중국인들이 비공식적으로 외국인을 '서양 귀신'이라고 부르는 것은 바로 이런 이유 때문이다.

 **배경 제시**

미국 소매업의 전설적 인물인 샘 월튼은 1962년 아칸소주에서 월마트를 창업했다. 현재 월마트는 전 세계 16개국에 7,800개가 넘는 매장을 개설하고, 매주 연인원 1억 7,600만 명의 고객을 상대하는 세계 최대의 소매 체인 업체가 되었다. 월마트는 1996년 중국에 진입한 후, 광둥성 선전에 최초로 월마트 쇼핑센터와 샘 회원 마트를 열었다. 이후 13년간 사세를 확장한 월마트는 중국 89개 도시에 무려 148개 점포를 개설했다. 이중 월마트 쇼핑센터는 138개를 헤아리고, 샘 회원 마트가 3곳, 동네 상점이 2

곳이 있다. 동시에 외자 계열 슈퍼마켓인 하오여우둬好又多의 35% 주식과 102개 상점을 보유하고 있다. 이 수치는 월마트보다 1년 일찍 중국에 진입한 까르푸의 136개 점포를 가볍게 넘어서는 것이다. 월마트는 2008년에 중국 2급, 3급 도시에서도 쇼핑센터의 오픈과 배치의 보폭을 가속화했다. 때문에 분석가들은 월마트가 전략적 포석을 가속화하여 중국 내 소매 시장 점유율을 더욱 끌어올린 다음 보다 확실한 외자 소매 기업으로 탈바꿈하려 한다고 평가하고 있다. 그렇다면 13년 동안 월마트의 중국 확장 전략은 무엇이며, 현재 월마트는 도대체 무슨 꿍꿍이를 꾸미고 있을까?

중국은 왜 외자를 그토록 두려워할까? 이는 앞에서 지적한 것과 같은 이치이다. 우선 어떤 일들은 중국인의 능력과 인식 범위 내에서 절대 이해할 수 없고 또 해낼 수도 없기 때문이다.

2009년 5월 27일, 월마트는 푸젠성 창러長樂에서 제148호 분점을 열었다. 그렇다면 이를 베이징의 화롄華聯 체인점과 비교해보자. 상무부가 적극 지원하는 15개 전국 대형 소매 기업의 하나로, 전국에서 1~2등을 다투는 중국 자본의 소매 기업이다. 그러나 월마트와 비교하면 화롄은 전국에 1만 평방미터 이상의 대형 종합 슈퍼마켓이 80개에 불과하다. 이런 결과는 그나마 정부에서 적극적으로 지원했기 때문에 가능했다. 만약 정부가 지원하지 않는다면 어떨까? 요식업을 보자. KFC는 중국에 2,100여 개 분점이 있다. 맥도날드 역시 KFC에 뒤지지 않는다. 그러나 샤오페이양小肥羊(중국식 샤브샤브 체인-옮긴이)은 전국에 고작 130개 직영 식당과 246개 체인이 있을 뿐이다. 샤오페이양은 그나마 나은 편에 속한다. 대다수 중국 기업은 샤오페이양의 수준에조차 이르지 못하고 있다.

중국 기업은 외자를 두려워할 필요가 없다. 외자를 두려워하거나 멸시하기보다는 지피지기를 통해 외자의 경쟁 수법을 이해하는 것이 더 중요하다. 사실 중국의 기업가는 사업에 대한 열정이나 기술에 대한 집착, 나아가 판매 수단의 능숙함, 직원에 대한 '착취'를 막론하고 많은 부분에서 외국의 동종 업계보다 한 수 위에 있다. 반면 외자 기업은 관리와 특히 사유 면에서 월등한 우세를 보이고 있다!

바로 이 사고가 중요하다. 가장 무서운 것은 당신들의 생각이 모두 틀렸다는 것이다. 표면적으로 월마트는 매일 저렴한 가격으로 판매한다는 구호를 외치고 있다. 이 경우 사람들은 월마트가 가격 전쟁을 벌이고 있다고 생각할 것이다. 또 월마트는 스스로 계속 손해를 보며 장사한다고 말한다. 그러면 사람들은 월마트가 중국 실정을 너무 모르고, 나아가 이런 비즈니스 모델은 배우거나 연구할 가치가 전혀 없다고 생각한다. 월마트는 노조 설립 역시 인정하지 않는다. 그러면 "외자 기업은 정말 못 쓰겠구나. 이렇게 하다가는 언젠간 고객의 마음을 잃게 될 거야. 심지어 중국인의 마음 깊은 곳에 잠재된 민족적 열등감을 자극할지도 몰라"라고 생각할 것이다. 이외에 월마트는 하오여우뒈의 점포들을 대거 매입했다. 이때도 사람들은 "월마트가 인수, 합병 전쟁을 벌이고 있구나. 이는 굉장히 위협적인 일이 될 거야. 월마트는 가격 전쟁으로 시장을 독점한 다음 가격을 대거 인상할 거야"라고 여길 것이다.

틀렸다! 전부 틀렸다! 사람들이 생각한 것 모두 틀렸다! 사실 월마트가 중국에서 경쟁하면서 가격을 인상하는 것은 전혀 두려울 게 없다. 이는 결국 경쟁력을 잃게 되어 중국 기업을 도저히 이길 수 없다. 여러분은 중국 소비자들이 '이익만 꾀할 뿐 다른 것에는 관심조차 없다'라는 사실을 반드시 알아야 한다. 보이콧을 한다고 해도 겨우 2~3일뿐이다. 결국에는 싼 물건을 사게 되어 있다. 솔직히 월마트가 무슨 일을 꾸미는지 중국 전문가들, 심지어 기업가들도 거의 모른다고 100% 장담한다.

배경 제시

2008년 10월, 월마트는 베이징에서 앞으로 직접 농장에서 재배하는 사업을 실시해 2011년에 중국 농민 100만 명이 혜택을 보게 될 것이라고 공개 발표했다. 2개월 후에 월마트는 랴오닝성 와팡뎬瓦房店시에서 '유기 과일로 전환하는 월마트의 1만 무畝 그린 과일 직접 구매 기지'의 현판식 행사를 가졌다. 월마트는 향후 공급업체를 비롯해 배송 센터, 쇼핑센터 등의 모든 고리를 포함한 '녹색 공급 사슬'을 구축하겠다는 입장을 명확히 밝혔다. 이 장담이 실현되면 월마트에서 장을 보는 소비자들은 환경 보호적이고 값싼 과일을 만나게 될 것이다. 그러나 경제학자의 눈으로 볼 때 월마트의 이 '녹색 공급 사슬'은 사람들을 긴장시킨다. 왜 그럴까?

중국 기업은 고작 제조 및 가공 고리에서 고생스럽게 하루하루를 보내고 있다. 반면 월마트는 자신들이 보유한 공급 사슬의 강력한 장점을 이용한다. 그래서 표면적으로는 가격 전쟁을 벌이는 것 같으나 실제로는 전혀 그렇지 않다. 중국 기업은 종종 손님을 끌기 위해 손해를 무릅쓴다. 하지만 월마트는 손해를 전혀 보지 않을 뿐만 아니라 오히려 판매량을 확대하고 재고 회전율도 높여 자연히 돈을 벌어들인다.

현재 월마트는 직접 자신들의 브랜드 상품을 출시하고 있다. 전에 1봉지에 10위안에 팔던 채소는 도매상으로부터 8위안에 물건을 받았다. 이렇게 해서 월마트는 2위안을 벌었다. 그러나 지금 월마트는 도매상을 돌아 직접 농가를 찾아간다. 그래서 1봉지에 3위안 가격으로 물건을 구매하고 운송 역시 자신들이 직접 책임져 도시로 가져온다. 이렇게 하면 유통 고리의 단가는 5위안에서 2위안으로 떨어져 월마트가 파는 채소의 원가는 5위안이 된다. 설령 10% 세일을 해서 9위안에 팔더라도 월마트의 이윤은 2배인 4위안이 남는다.

구체적으로 말하면 월마트는 최근 생산 부문에서 끊임없는 준비를 진행하고 있다. 물가가 싼 곳을 선택해 자신들이 지정한 채소 품종을 대량 재배하는 것이 대표적으로 꼽힌다. 그런 다음 물류의 장점을 십분 활용해 저가로 대도시에 배송한다.

2008년 9월, 월마트는 구이저우성 구이양貴陽에 채소 재배 기지를 설립했다. 여기에서 재배되는 채소는 월마트의 공급업체인 위둥裕東농업을 통해 대량으로 월마트 서남 지구의 17개 슈퍼마켓에 운송되고 있다. 비슷한 곳이 화북과 동북 시장에도 있다. 2008년 12월 말, 월마트는 다롄싱예위안大連興業源공사와 합작으로 랴오닝성 와팡뎬시에서 '유기 과일로 전환하는 월마트의 그린 과일 직접 구매 기지'의 간판을 내걸었다. 5,000무에 이르는 현지 과수원의 그린 과일을 유기 과일로 전환하여 화북 지구에 있는 월마트 점포에 직접 공급했다.

이 모든 계획의 규모가 얼마나 큰지 아는가? 2011년에 이르면 월마트는 중국에서 100만 명의 농민이 참여하는 '농민과 슈퍼 연결' 프로젝트를 실시할 계획으로 있다. 지금은 10만 명의 농민들이 경작하는 2만

5,550에이커의 농경지와 과수원이 이 '농민과 슈퍼 연결' 프로젝트에 참여하고 있다.

그러면 판매에서는 어떤 상황이 벌어지고 있을까? 월마트는 2006년에 이미 40여 종의 자체 브랜드를 보유했다. 주로 의류와 식품 방면의 브랜드들로, 2010년에 자체 브랜드 점유율을 기존의 2.5%에서 20% 정도로 끌어올렸다. 현재 월마트에는 3개의 아주 중요한 자체 브랜드가 있다. 그레이트 밸류Great Value(중국명은 후이이惠宜)를 비롯해 메인스테이즈Mainstays와 심플라이 베이직Simliy Basic이 주인공이다. 산하에 총 5,250개 자체 브랜드 제품을 가지고 있고, 총 2만 5,000종의 상품에서 차지하는 비율이 5%를 초과한다. 일반적인 상황에서 자체 브랜드의 가격은 전국적인 브랜드보다 5~20% 정도 낮고, 일부 제품은 심지어 30~50%까지 가격이 떨어진다. 2009년부터 지금까지 월마트는 80종의 신제품을 출시했고, 2010년 3월부터는 올로이Ol'Roy 개 사료와 이퀘이트Equate 건강미용 제품 등을 포함한 기타 브랜드들도 판매하기 시작했다.

월마트는 이렇게 산업 사슬의 상류와 하류를 통합했다. 통합을 완성한 후 진정한 경쟁 수단은 독점 후 가격을 인상하는 것이 아니라 인하하는 것이었다! 이는 일부 전문가들의 예측을 완전히 비켜갔다. 월마트는 2008년 말부터 유사 이래 최대의 가격 인하 행사를 단행하여 상품의 가격 인하폭은 대부분 20%에 달했다. 심지어 일부 상품의 하락폭은 40%를 넘기도 했다. 또한 달마다 테마 판촉 활동을 전개하기도 했다.

월마트의 하락폭과 빈도는 곧바로 모든 소매상의 심리적 마지노선을 압박했다. 표면적으로 소비자는 최종 소비자 가격이 하락하면서 수혜를 봤다. 게다가 농가 역시 사업 규모가 계속 확대되면서 혜택을 입었다.

그러나 실제로는 월마트가 중국 산업 사슬의 중간 고리 기업들을 붕괴로 내몰았다는 사실을 상기해야만 한다. 더구나 이는 겨우 첫걸음에 불과했다.

두 번째 행보는 기타 대형 중간상과 소매상이 사라졌을 때 월마트와 공급업체의 관계가 변한 것이다. 이때 월마트는 더 이상 공급업체에게 물품 공급을 부탁하지 않았다. 오히려 공급업체가 규모를 유지하기 위해 도리 없이 월마트에게 물품 공급을 구걸해야 했다. 이에 대해서는 야광亞光 가정용직물유한공사의 귀뱌오郭彪 사장의 말을 들어보면 잘 알 수 있다. 이 회사는 주로 국외의 오더를 받고 중국 내에서는 월마트와 수년 동안 협력 관계를 유지했다. 매년 월마트에 공급하는 양이 총 판매량의 대략 14~15%였다. 이제 그의 말을 본격적으로 들어보자.

"우리가 만드는 수건의 수출 가격이 비교적 높아 상당수의 이윤도 바로 이곳에서 나온다. 그러나 현재 많은 공장들이 불경기를 겪으면서 심지어 일부 공장은 오더를 받지 못해 생산을 중지하고 있다. 때문에 월마트의 오더가 있고 본전이 확보된다는 보장만 있으면 물건을 만든다."

월마트에 식품을 공급하는 업체 관계자 역시 이렇게 말한다.

"대기업이라고 해도 현재의 소비 상황에서는 재고가 쌓이고 생산 능력이 남아도는 형편이다. 만약 월마트가 판촉 활동을 벌여 이 문제들을 해결해준다면 우리도 월마트와 행보를 같이하고 싶다."

월마트는 아직 세 번째 행보에 대한 계획을 발표하지 않았다. 그러나 이상의 분석을 통해 다음 행보를 예측해볼 수 있다. 우리는 최소한 아직 고리 하나가 월마트에게 먹히지 않았다는 사실을 알 수 있다. 그것은 바로 최상류에 있는 재배 고리이다. 그 이유는 대체 무엇일까?

이는 중국의 정치 문제와 관련이 있다. 중국에서 농업용 토지는 법적
으로 이전하거나 저당 잡히는 것을 허가하지 않는다. 그렇기 때문에 월
마트는 농민들과 계약을 체결해 채소를 구입한다. 그러나 여기에는 한
가지 위험이 존재하고 있다. 중국 정부가 이런저런 궁리 끝에 농민들의
이익을 보장해줄 요량으로 이 통제를 점차 풀어주려 하고 있기 때문이
다. 일단 토지까지 완전히 개방되면 월마트는 채소 공급업체에게 돈을
빌려줄 것이다. 이어 이 공급업체가 나서서 땅을 산 다음 다시 농민에게
재배하도록 할 가능성이 크다. 이렇게 되면 남아메리카와 아프리카가
다국적기업의 농산물 재배 단지가 된 역사가 자연스럽게 재현된다. 재
배 고리의 이익마저도 완전히 월마트에게 먹히는 꼴이 되고 만다.

월마트가 지금 벌이는 일련의 활동은 객관적으로 이런 과도기를 실
현하고 있다고 볼 수 있다. 예를 들어 월마트는 물품 공급업체들이 원활
한 자금 유통을 위해 대출을 받으러 은행을 찾아가는 일을 돕고 있다.
이렇게 하면 월마트와 공급업체, 은행 세 곳이 협력을 하게 된다. 월마트
는 공급업체에게 장기적 협력을 위한 오더를 주고, 물품 공급업체와 은
행은 자금 대출과 관련한 협력을 진행한다.

월마트의 비즈니스 성공전략

이상의 비즈니스 모델에서 가장 중요한 것은 무엇일까? 바로 월마트가
마음만 먹으면 유통 고리의 원가를 5위안에서 2위안으로 떨어뜨릴 수
있다는 것이다. 이는 중국 기업 입장에서 보면 그야말로 무시무시한 일

이다. 솔직히 미국의 다른 소매 기업들도 이런 입장에 처하면 정말 난처해진다.

경제학자 레이 스톤 박사는 일찍이 미국 소매 기업에 대한 연구를 진행하다가 놀라운 사실을 발견했다. 미국의 3대 소매 기업 중에서 상품 물류 원가가 전체 판매액에서 차지하는 비율이 월마트는 1.3%, 케이마트는 8.75%, 시어스는 5%라는 것이다. 이는 바꿔 말하면 미국에서 100달러짜리 물건을 파는데 월마트는 2달러도 채 안 되는 돈, 케이마트는 8달러, 시어스는 5달러를 쓴다는 말이 된다. 만약 연 판매량이 250억 달러라고 가정할 경우, 월마트의 물류 원가는 케이마트에 비해 18억 6,250만 달러, 그리고 시어스보다는 4억 2,500만 달러를 덜 쓴다는 것이다. 이 차액은 정말 놀랍기 그지없다. 이 차액이 바로 월마트가 가격 전쟁을 벌일 수 있는 첫 번째 자본이다.

배경 제시

2004년 12월 11일, 중국은 전면적으로 소매업 시장을 개방했다. 해외에서 진입한 소매업의 거두들은 이를 기회로 삼아 대거 확장을 시작했다. 월마트와 까르푸가 가장 대표적인 업체이다. 시장 개방은 중국 소매업의 고속 성장을 가능하게 만들었다. 일반 소비자들 역시 대형 슈퍼마켓이 가져다주는 실익과 편리함을 체험하게 되었다. 그러나 일반 소비자들은 '매일 저렴한 가격'으로 판매하는 전략 뒤에 숨겨진 격렬하고 영향력이 엄청난 비즈니스 경쟁에는 그다지 관심이 없다. 그러면 우리는 어떻게 이런 소매업의 개방을 살펴봐야 할까? 또 어떻게 월마트의 비즈니스 전략을 주시해야 할까?

기본적으로 월마트는 물품 공급업체의 배달 서비스를 원하지 않는다. 대신 자신들이 교외의 고속도로 부근에 큰 물류센터 하나를 건설한다. 그런 다음에 그곳을 거점으로 주변 320킬로미터 상권 내의 모든 분점에 직접 배달한다. 이 물류센터의 물품들은 모두 원가가 제일 싼 전 세계 각지에서 직접 가지고 온 것들이다.

그렇다면 중국 기업들의 방법은 어떨까? 완전히 반대라고 보면 된다. 이들은 물품 공급업체가 배달 서비스를 해주길 바란다. 이렇게 하면 물류에 투자하는 비용을 절약하게 된다. 그런 다음 소매 제품의 판매로 돈을 버는 것이 아니라 공급업체로부터 받는 입점 커미션으로 돈을 번다.

이 두 가지 비즈니스 모델 중에서 어느 것이 더 편리할까? 당연히 후자가 훨씬 편하다. 월마트가 출현하기 전에는 미국의 소매업도 기본적으로 이런 방식을 택해 절반 정도의 물건은 대체로 공급업체가 물류를 제공했다.

첫 번째 모델은 너무나 번거롭지 않은가. 대형 데이터베이스를 구축해야 하고, 또 전 세계의 공급 사슬을 제대로 안배해야 하며, 여기에 많은 트럭도 구입해야 한다. 트럭 운전사도 당연히 고용해야 한다. 두 번째 모델에서 슈퍼마켓은 창고라고 보면 된다. 이에 반해 첫 번째 모델에서는 월마트가 중앙 물류 창고를 세운 다음에 빈번하게 물건을 보충한다. 생각만 해도 번거롭게 느껴질 수밖에 없다. 여러분이 두 번째 모델을 채택해 사장이 됐다고 생각해보자. 이 경우 열 몇 명의 직원만 잘 관리하면 슈퍼마켓 하나를 훌륭하게 경영할 수 있다. 그러나 월마트 방법을 따르면 슈퍼마켓 하나에 배치되는 인원이 수백 명은 돼야 한다.

그러면 월마트의 우세는 어디에서 오는가? 최근 개장한 푸젠성의 창러 체인을 예로 들어보자. 월마트는 한 번에 500명 정도의 직원을 채용했다. 초기 자금이 일반 슈퍼마켓의 수십 배는 족히 들어간다. 그러나 이 500명이 있음으로 해서 월마트는 주변 320킬로미터 범위 내에 한두 개의 점포를 여는 것이 그야말로 손바닥 뒤집는 것만큼 쉬운 일이 되었음을 알아야 한다. 새 점포는 이 센터의 강력한 지원을 얻을 수 있기 때문이다. 예를 들어 상품 가격은 이전에 그 지역 상점에서 관련된 일을 했던 사람을 뽑아 결정하면 된다. 현지 주민들이 대두로 만든 식용유를 좋아하는지 유채씨유를 좋아하는지도 역시 이전에 그 지역 상점에서 일한 경험자에게 물어보면 된다. 또 현지의 어떤 신문에 광고를 내야 가장 효과적인지에 대해서도 마찬가지라고 할 수 있다.

바꿔 말해 월마트가 현재 그다지 돈을 벌지 못하거나 시장점유율이 높지 않다고 언급할 가치가 없다고 말하는 것은 틀려도 한참 틀린 생각이다. 사실 그들은 병사들을 집결하기 위한 나팔 소리도 아직 울리지 않았다. 지금 그들은 묵묵히 하나하나의 거점을 점령하고 있을 뿐이며, 모집하는 인원들도 군인에 비교하면 모두 장교급들이다. 마치 제1차 세계대전 후의 독일과 비슷하다고 볼 수 있다.

당시 독일은 패전의 대가로 감군을 해야 했는데, 사병만 감군하고 장교는 대상에서 제외하는 기막힌 전략을 폈다. 이렇게 해서 정전 조약에 규정한 감군 목표치에 도달하면서도 부대의 편제는 완벽하게 존속시킬 수 있었다. 제2차 세계대전이 시작될 때 독일은 장교 한 명이 수백 명의 병사들을 모집하여 모든 부대는 신속하게 원래의 상태를 회복했다. 게다가 장교들의 작전 지휘 능력은 변함없이 우수했다. 이처럼 월마트는 지금 일개 중대에 불과하지만 어느 순간 일개 군단으로 변신할 수 있다.

이것이 월마트의 진정한 실력이다.

현재 월마트의 중국과 미국 상황을 비교해보면 명확해진다. 월마트는 중국에 140여 개의 체인이 있다. 그중 100여 개는 하오여우뒈와 통합해 개점한 것들이다. 순수한 월마트 체인은 사실 40개 정도에 불과하다. 이 수치는 10여 년 전 미국 본토의 배송 센터 수에 해당한다.

미국에서 월마트의 물류 배송 센터는 일반적으로 100여 개 체인의 중앙 자리에 위치한다. 다시 말해 배송 센터가 주요 판매 시장에 설립되는 것이다. 이런 배송 센터는 운수 반경이 비교적 짧고 균일하여 주변 도시 100여 개 판매망의 수요를 만족시킬 수 있다. 기본적으로 320킬로미터를 하나의 상권으로 배송 센터가 건립되기 때문에 가능한 일이다. 또 월마트 각 체인의 오더 정보는 회사의 고속 통신 네트워크를 통해 배송 센터에 전달된다. 배송 센터는 모든 정보를 취합한 다음 정식으로 공급업체에 오더를 내린다. 이어 공급업체는 상품을 직접 주문한 체인에 배달하거나 배송 센터로 보낸다. 그래서 어떤 이는 월마트의 배송 센터를 이렇게 표현했다.

"이들 대형 건물의 평균 면적은 11만 평방미터가 넘는다. 축구장 24개의 크기에 상당한다. 안에는 사람들이 상상할 수 있는 각양각색의 상품들이 쌓여 있다. 치약에서 TV, 생리대에서 완구까지 없는 게 없다. 상품 종류가 무려 8만 종을 넘는다."

월마트는 미국에 62개 이상의 배송 센터를 가지고 있다. 이들 센터를 통해 4,000여 개 체인에 모든 서비스를 제공한다. 이들 센터는 당연히 각 지역의 무역 중심지에 심혈을 기울여 배치해놓았다. 때문에 일반적으로 임의의 한 센터에서 출발할 경우 차로 하루 내에 서비스를 원하는 체인에 제공할 수 있다.

보다 중요한 점은 월마트의 전략이 대군단 작전이라는 사실이다. 그러나 중국 기업들은 전략을 소규모로 진행하여 게릴라전을 벌인다는 말조차도 입에 올리기 민망할 정도이다. 그래서 중국 기업들이 얼마나 오래 생존할 수 있는지는 월마트가 어느 특정한 기업의 점포 앞에 언제 체인을 오픈하느냐에 달려 있다. 월마트에 대군단이라는 말을 붙이는 것은 절대 과장이 아니다. 실제 월마트 배송 센터의 효율은 미국 육군에 비해 절대로 뒤지지 않는다!

배송 센터의 한쪽은 화물 적재 작업장으로 트럭 130대가 동시에 화물을 적재할 수 있다. 다른 한쪽은 화물 하적 작업장으로 동시에 135대의 트럭을 정차시키는 것이 가능하다. 배송 센터는 24시간 쉬지 않고 돌아간다. 하루 평균 다루는 화물 적재 및 하적 트럭이 200대가 넘는다. 월마트는 또 가능한 한 큰 트럭으로 화물을 운송한다. 대략 16미터 길이의 화물차로 컨테이너 운송 트럭에 비해 더 길고 더 높다. 미국 도로에서 자주 이런 차량 대열을 볼 수 있는데, 월마트의 트럭들은 모두 자사 소유이고 기사 역시 월마트의 직원이다. 그들은 미국의 각 주를 연결하는 고속도로를 운행하고 차 안에 물건을 최대한 실어 원가를 줄여나간다. 월마트의 6,000여 대에 이르는 운송 트럭에는 모두 위성항법장치GPS가 설치돼 있다. 따라서 본사는 모든 차량이 어느 위치에 있고 무슨 화물을 실었으며 목적지가 어디인지 바로 확인할 수 있다. 이를 통해 월마트는 시간을 값지게 사용한다. 만약 날씨와 도로 사정 등으로 차량의 도착 시간이 지체된다면 적재 및 하적 인력들은 기다릴 필요 없이 다른 일을 할 수 있다.

원가를 최소화하라

배경 제시

월마트가 오늘날의 비즈니스 지위를 차지할 수 있었던 이유는 기업이 일관되게 수행하는 가혹할 정도의 단가 통제와 밀접한 관계가 있다. 이 때문에 기업 이윤과 직원 복지가 충돌하는 문제가 발생하기도 했다. 2006년 4월 26일, 600만 명의 미국 노동자를 대표하는 미국승리연맹은 전 미국 35개 도시에서 집회를 열고 월마트의 무 의료보험과 저임금 등의 정책에 강력하게 항의했다. 또 최근 들어 미국 노조는 여러 차례 아프리카와 아시아, 라틴아메리카에서 유사한 문제로 말썽을 일으키고 있는 월마트와 소송을 벌였다. 솔직히 소매업에서는 원가 절감이 상업적 경쟁력과 가장 직접적인 관련이 있다. 이 사실은 직원들의 복지에 대한 지출에 그대로 나타나고, 물류의 중간 고리에서도 드러난다. 그렇다면 월마트의 물류 원가 절감 능력은 어떤 수준에 도달했을까?

슈퍼마켓에 갈 일이 있다면 주인에게 이렇게 한 번 질문해보자.

"사장님 가게에서 매일 간장 몇 병이 팔리는지 아십니까?"

슈퍼마켓 사장은 틀림없이 대답을 못할 것이다. 그 사장이 자기 동네에서 누가 간장이 필요한지 어떻게 알 수 있겠는가! 그 사장에게 한 달에 간장을 몇 병이나 팔았는지 물어봐도 아마 정확하게 대답하지 못할 것이다. 그러나 만약 어느 도시 안에 100개의 슈퍼마켓이 있다면 어떻게 될까? 여러분은 놀랍게도 이 전체 숫자 속에 일정한 규칙이 있다는 사실을 발견하게 된다! 이것이 통계학에서 말하는 대수大數의 법칙이다.

규모가 어느 정도 충분히 클 때 많은 무작위의 변화량은 규칙적인 특성을 가지게 된다. 이렇게 해서 월마트가 우세를 점할 수 있는 이유는 돈을 제품에 깔아놓을 필요가 없기 때문이다. 작은 슈퍼마켓에서 한 달에 간장 1박스를 팔고, 1박스의 가격이 500위안이라면 1년에 6,000위안의 제품을 파는 것이 가능하다. 이에 비해 월마트가 하루에 간장 1박스를 팔 수 있다면 1년에 18만 위안어치를 판매할 수 있다. 가격 경쟁을 하지 않고 이윤율이 10%일 때, 500위안을 작은 슈퍼마켓에 투자하면 1년에 600위안밖에 못 벌지만 월마트에 투자하면 1만 8,000위안을 버는 것이 가능하다. 이것이 차이가 아니고 무엇인가!

여기서 관건이 되는 것은 바로 제품의 회전율이다. 바꿔 말해 재고에 깔아놓는 돈을 빨리 돌게 하는 것이다. 월마트의 이 능력은 미국의 다른 경쟁 상대에 비해 5배 정도나 높다. 중국에서는 아직 지사가 설립되지 않았기 때문에 낮은 편이기는 하나 객관적으로 평가해도 이 능력은 중국 경쟁 상대보다 십수 배에서 수십 배가 높다고 할 수 있다.

이 예를 가지고 한 발짝 더 나아가 생각해보자. 만약 월마트가 "우리는 그렇게 많은 돈이 필요 없다. 가격을 조금 낮게 정해 이윤을 반으로 낮추겠다"라고 해도 쉽게 9,000위안을 버는 것이 가능하다. 이때 월마트는 계산기를 두들겨보고 대규모로 제품을 입하하면 가격 협상력이 매우 높아진다는 사실을 발견하게 된다. 과거에는 간장 1박스 가격이 500위안이었다. 이것은 공급업체가 책임지고 물건을 배송해주는 도매 가격이다. 그러나 판매 당사자가 직접 공장에 가서 대량으로 물건을 들여오면 가격은 단시간에 290위안으로 떨어진다. 여기에 자신이 물류까지 책임지면 원가는 더 낮아져 아마 10위안도 되지 않을 것이다. 이윤의

반을 가지고 물류 시스템과 IT 시스템을 구축한다고 치더라도 5,000여 위안의 이윤은 남는다. 그래서 슈퍼마켓에서 파는 간장을 당장 3분의 2 가격으로 세일 판매할 수 있다!

이 물류 원가 관련 데이터는 필자가 임의로 생각해낸 것이 아니다. 월마트의 배송 원가는 경쟁사의 절반인 판매액의 2%를 차지한다. 중국에서 파악한 연구 조사 데이터와 비교해보면 어떨까. 일반적으로 물류 원가는 전체 판매액의 10% 정도를 차지하고, 어떤 식품 업종은 심지어 20% 내지 30%에 달한다. 그래서 현재 중국의 제품 1박스 소매가격이 500위안이라면 그중의 대략 100~200위안이 물류 원가에 해당한다. 만약 운송 노동자의 임금과 재고 관리 원가까지 모두 포함하면 아마 200~250위안 정도가 될 것이다. 이 원가는 제품 공급업체의 공장도 가격은 포함하지 않은 것이다. 그렇다면 월마트의 2%는 어떤 개념일까? 가격에다 2%를 곱한 것으로 10위안도 많다고 볼 수 있다.

이렇게 말할 수 있는 이유는 월마트 운송 노동자의 원가가 대단히 낮기 때문이다. 더구나 800명의 직원이 24시간 교대로 적재 및 하적, 운반, 배송을 한다. 세계적인 대기업이기는 해도 월마트 노동자들의 임금은 결코 많지 않다. 이들 노동자의 학벌이 거의 예외 없이 중졸과 고졸로 그저 월마트의 특별 훈련을 받았을 뿐이기 때문이다. 노동자들의 학력이 낮다는 이유로 월마트는 직원들을 우습게보고 의료보험 비용을 지불하지 않는 것이다.

미국에서 고용주가 직원에게 의료보험 비용을 지불하지 않는 것은 상상할 수 없는 일이다. 그러나 월마트는 어떤가? 월마트는 현재 미국에 3,700개의 분점에 직원 수가 130만 명이나 되는데, 2009년 1월 데이터에는 고작 61만 명의 직원만이 의료보험 혜택을 누린 것으로 나타나 전체 직원의 49%를 차지했을 뿐이다. 워싱턴주의 직원들은 20%만이 공공 의료보험 지원 혜택을 받는 것으로 조사됐다. 그래서 나머지 직원들은 의료보험 등의 비용을 자신이 부담하는 길밖에 없다.

40여만 명에 이르는 해외의 월마트 직원은 더욱 이런 복지 혜택을 누리기 어렵다. 그러니 외자 기업의 복지가 반드시 좋다는 환상을 버려라. 솔직히 말해 외자 기업은 이 방면에서 대단히 잔인하다. 월마트가 중국에서 노조 설립을 반대했다는 말을 듣고 가슴속 가득 민족적 열등감을 느낄 필요는 없다. 월마트는 미국에서도 노조 설립을 단호하게 반대한다. 가장 중요한 원인은 역시 비용이다. 노조 설립을 용인할 경우 매년 2%의 비용이 나간다.

그런데 왜 그들은 지금 중국에서 노조 설립에 동의했을까? 중국 정부가 무서워서 그런 것이 결코 아니다. 그들은 미국 정부도 두려워하지 않는 사람들이다. 진짜 원인은 중국의 노조에 들어가는 비용이 사실 전부 행사나 복지 등의 형식을 통해 노동자들에게 되돌아가고 있다는 사실을 깨달았기 때문이다. 게다가 중국의 노조는 미국 노조처럼 그렇게 강성이 아니다. 2007년 미국의 노조는 전미 35개의 도시에서 대대적인 파업을 단행했다. 또 노조 대표와 고용주가 급여 등에 대한 협상을 벌이기도 한다.

월마트의 급소

월마트는 막대한 자금을 들여 인수, 합병하고 체인점을 개설하는데, 그렇게 많은 돈이 어디서 나는 것일까? 사실 이들 사업에 들어가는 자금은 그들이 버는 돈과 비교하면 보잘것없는 액수에 불과하다! 6,000여 대의 운송 트럭과 면적이 축구장 24개와 맞먹는 62개의 배송 센터는 어떻게 설명할 것인가? 월마트가 보유하고 있는 위성과 전 세계에 널리 분포돼 있는 대형 서버는 굳이 말할 필요도 없다. 중국 기업은 월마트의 모든 화물 운송 차량에 장착된 GPS조차 모방하기 어렵다. 마찬가지로 그처럼 방대한 네트워크의 IT 인프라스트럭처에 대한 자금 투입과 업데이트 관리 비용 역시 대다수 기업이 부담할 수 있는 성질의 것이 아니다. 이처럼 진입 장벽이 높을수록 향후 중국 기업이 역전할 기회는 갈수록 줄어든다. 때문에 필자는 중국 기업들이 모두 깨어나 그들의 표면적인 것만 보지 말고 배후에 감춰진 비상한 재주를 늘 생각하라고 권하고 싶다.

그들의 재주란 과연 무엇일까? 손오공은 요괴를 길들일 때 72가지 변신술을 사용했다. 그의 전략은 바로 민첩함과 다양한 변화였다. 예를 들어 이랑신二郞神과 싸울 때는 끊임없이 변신하여 기술과 전략이 서로 협력하고 보충해 장점을 배가시켰다. 바로 이 때문에 불변不變으로 만변萬變을 제압하는 여래불如來佛을 만나기 전까지 백전백승을 거두었다.

그렇다면 중국 월마트는 어떤가? 종합해서 말하면 위성, 서버와 차량 대열 등은 모두 공급 사슬 관리라고 할 수 있다. 그래서 가장 좋은 전략은 공급 사슬의 우위를 최대한도로 발휘하는 것이다. 이는 바로 고효율의 회전율로 저이익률의 영향을 상쇄하고, 공급 사슬의 우세로 매일 최저 가격의 전술을 관철하는 것이다. 월마트는 탐욕스런 뱀처럼 하류를 먹은 다음에 중류를 먹고, 중류를 먹은 후에는 다시 자신의 상류를 키운다. 이는 불변으로 만변에 대응하는 중국 시장에 직면하기까지 미국에서 만변으로 불변에 대응한 전술이었다고 말할 수 있다. 하지만 매일 저렴한 가격으로 판다는 전략은 월마트에게 경영 원가에 극도로 민감할 수밖에 없다는 치명적인 약점을 야기했다.

이 약점으로 인해 월마트는 불행히도 중국에서 전대미문의 3대 도전에 부딪혔다. 첫째는 토지 임대가 과거처럼 우호적이지 않다는 것이고, 둘째는 고가 행진의 물류 원가를 들 수 있으며, 셋째는 경쟁 상대가 시간이 갈수록 청출어람이 되고 있다는 사실이다.

비싼 토지 임대료가 발목을 잡다

월마트가 처음 중국에 들어왔을 때는 거만함이 하늘을 찔렀다. 그것은 어쩌면 당연했다. 그들은 자본력이 막강했고, 어쨌든 금융위기 이래 지금까지 S&P500 지수에서 위력을 발휘하는 몇 안 되는 대기업의 하나로 손꼽혔다. 다른 기업들의 주가는 대부분 떨어졌으나 월마트는 반대로 올라갔다.

2000년 중국의 완다^{萬達}가 월마트와 협상을 벌였다. 당시 대세가 이미 정해져 계약서에 서명만 남겨두고 있었다. 그런데 월마트가 편지 한 통을 보내 "우리는 당신들의 프로젝트에 관심이 많다"라고 말했다. 완다는 이 편지를 받고 월마트의 가혹한 요구에 따라 필요한 시공을 시작했다.

당시 완다는 월마트가 프로젝트 전체에 대한 실사를 다 마친 다음에야 정식으로 계약서에 서명할 수 있었다. 완다는 그때야 비로소 원래 이 계약이 미국 본사에서 내놓은 조건이라는 사실을 깨달았다. 각 조항이 모두 너무 각박했고 흥정할 여지조차 전혀 없었다.

이것은 그저 태도 문제일 수 있으나 그 배후에 숨겨진 진정한 의도는 바로 토지 임대였다. 월마트에게는 초대형 매장이 필요하여 사업을 시작할 때 토지 임대 비용이 가장 민감한 문제일 수밖에 없었다. 이는 미국에서는 당연히 문제가 없다. 집집마다 차가 2~3대씩 있을 뿐만 아니라 땅은 넓고 사람은 적다. 도시 교외의 고속도로 진출입 부근에서 면적이 넓고 임대료가 싼 땅도 쉽게 찾을 수 있다. 그러나 중국은 달랐다.

월마트가 상대해야 할 일반 소비자는 대부분 자가용이 없다. 때문에 대형 할인 매장이 동네 구멍가게만도 못했고, 최소한 수적인 면에서 대형 할인 매장의 발전 공간은 한계가 있었다. 그러나 이것이 가장 치명적인 문제는 아니었다. 미국에서는 황량한 야외 토지의 임대 비용이 통상적으로 십 몇 년 동안 변하지 않고, 더구나 이런 땅이 지천으로 널려 있다. 월마트가 처음 중국에 진출했을 때 바다 건너 미국 본사에서 지휘를 했고, 이사회에는 극동 지역에서 비즈니스에 종사했던 이사가 단 한 명도 없었다. 때문에 그들은 당연히 중국과 미국이 별로 다를 게 없다고 여겼다. 또 당시에는 월마트가 선택할 수 있는 협력 파트너가 대단히 많았다. 여기에 월마트에 제시한 임대 조건도 특혜가 매우 많았다. 예컨대 월마트가 완다와 협력해 추진한 최초의 6개 프로젝트는 모두 무료 임대 기간이 6개월이었다. 이를 계산해보면 평방미터당 매월 임대 비용이 대략 20위안에 지나지 않았다.

그러나 지금은 어떤가? 주력 체인에 대한 완다의 임대 비용 요구가 아무리 낮다고 하더라도 이미 평균 비용은 평방미터당 매월 50위안으로 올랐다. 그러나 완다의 이런 합작은 다 생각한 바가 있기 때문에 나온 것이다. 주력 체인은 반드시 자신의 비즈니스 지역에 충분한 손님들을 끌고 와야 한다. 한마디로 고객의 유동량을 대거 늘려야 하는 것이다. 이렇게 되면 주력 체인 주위의 임대 비용과 집값이 올라 완다는 더 많은 수익을 올릴 수 있다고 생각했다. 그러나 완다는 곧 월마트가 이 일을 해내지 못할 것이라는 사실을 깨달았다.

그래서 2004년 초 완다는 월마트의 경쟁 상대인 까르푸와 접촉하기 시작했다. 이로 인해 재미있는 일이 벌어졌다. 첫날에는 완다와 까르푸가 접촉하고, 둘째 날은 월마트가 주도적으로 완다에 편지를 보내 사업을 논의했다. 그러나 최종적으로 완다는 하얼빈에서 타이완 계열의 다룬파大潤發(영문으로는 RT-MART임-옮긴이)와의 협력을 선택했다. 도도하던 월마트는 졸지에 버림을 받았다.

만약 월마트가 남기를 원했다면 문제는 쉽게 해결될 수 있었다. 어쨌든 무료 임대 기간이 지났고 특혜 기간 역시 지났으니, 당시 시가에 따라 임대 비용을 지불하면 그만이었다. 하지만 월마트가 이를 원하지 않아도 완다로서는 아쉬울 것이 없었다. 완다가 2007년에 오픈한 '완상후이萬商會'에 등록한 슈퍼마켓은 30여 개였다. 그렇게 많은 기업이 줄을 서서 입주를 희망했으니 말이다. 더구나 매장은 처음 협력 프로젝트를 시작했을 때 월마트의 가혹한 요구에 따라 만든 것이었다. 하드웨어와 내부 설계를 비롯한 인테리어들은 하나같이 일류 이상이었다. 더구나 월마트가 그곳에서 여러 해 동안 상권을 확장하고 고객 유동량을 대대적으로

늘려놓았으니, 많은 기업들이 침을 흘리면서 탐낸 것도 전혀 이상한 일
이 아니었다.

성공도 실패도 물류 탓

많은 데이터는 베이징에서 월마트의 인기가 까르푸보다 못하다는 사실
을 확인시켜주고 있다. 문제는 어디에 있을까? 위치 선택? 아마도 아닐
것이다. 문제는 결코 복잡하지 않다. 결론적으로 말하면 어린애들도 알
고 있는 말에 답이 있다. 고객을 이해하지 못했다는 것이 바로 답이다.

중국에서 비즈니스를 하려면 중국 소비자들의 습관을 이해해야 한
다. 이는 확실히 미국보다 훨씬 어려운 점이다. 미국의 대형 할인 매장에
서는 식품과 핫 푸드 제품 등이 통상적으로 상점 면적의 10%를 넘지 않
는다. 그러나 중국 슈퍼마켓에서는 이 비율이 50% 정도에 이른다. 작은
습관이 큰 문제를 일으키는 법이다. 바로 이 점이 성공도 물류, 실패도
물류 탓이라는 말이 나오도록 월마트를 고전하게 만들었다.

미국 사람들의 식사는 대단히 간단하다. 처음 북미에 가는 중국인이
라면 이런 사실에 깜짝 놀랄 것이다. 그들의 아침식사는 우유와 오트밀
이다. 개인별로도 차이가 별로 없어 기껏해야 콘플레이크, 오트밀 스퀘
어와 인스턴트 오트밀을 먹느냐의 차이 정도에 불과하다. 우유는 더 간
단해 탈지 우유와 전지 우유의 차이만 있을 뿐이다.

그렇다면 제대로 된 식사는 어떻게 하는가? NBA에서 같이 농구 하
는 트레이시 맥그레이드와 야오밍姚明에게 질문하면 이 차이가 얼마나

큰지 알게 된다. 트레이시 맥그레이드가 가장 좋아하는 음식은 어머니가 만들어주는 스파게티라고 한다. 만약 할머니가 만든 소스를 곁들인다면 그는 아마 감격해서 눈물을 흘릴지 모른다. 그러면 야오밍은 어떨까? 그는 상하이 요리를 즐겨 먹고, 가장 좋아하는 음식은 광둥 수프라고 한다.

소비자 입장에서는 개인의 음식 취향을 무슨 과분한 요구라고 할 수 없다. 그러나 월마트 입장에서는 골치 아픈 일이다. 미국에서는 오트밀의 유효 기간이 긴 데다가 소비자가 즐겨 찾는 것도 고작 몇 개 브랜드에 지나지 않는다. 이에 반해 중국에서는 정말 번거롭다. 야오밍의 어머니는 아들을 위해 오늘은 물고기 수프를 끓이고, 내일은 동충하초 요리를 하며, 모레는 오리 수프를 끓이지 아닐까……. 이처럼 중국 가정에서는 일주일 동안 같은 음식을 먹는 경우가 많지 않다. 그러면 월마트는 "우리는 가장 많이 팔리는 몇 가지 상품만 들여놓겠다"라고 말할지도 모른다. 그러나 미안하게도 야오밍의 어머니는 월마트로 가지 않고 옆에 있는 까르푸로 가서 장을 본다. 그도 아니면 차라리 몇 걸음을 더 걷더라도 재래시장을 찾는다.

월마트의 가장 큰 장점은 무엇인가? 전체 미국의 오트밀 소비량이 어느 정도인지 통계를 내고 예측하는 것이다. 매주 소비량은 물론 매일의 소비량까지 정확히 계산한 다음 생산업체와 전 세계 곳곳에 있는 공장에서 얼마나 생산할지에 대한 계획을 세운다. 이어 이것들을 미국의 몇 개 배송 센터로 운송해 문지방이 닳도록 각 체인에 물건을 보충해준다.

이렇게 하면 어떤 장점이 있는가? 어느 한 월마트 체인의 오트밀 소비량이 안정적이지 못하고 변화가 심하더라도 한 주(州)의 수십 개 점포의 총판매량은 피차간의 이런 불확실성을 상쇄하기 때문에 안정적이 되고 예측이 가능해진다. 이것을 통계학에서는 대수의 법칙이라고 부른다. 그래서 배송 센터의 모든 상품 수요는 대단히 안정적이 되고 재고 역시 매우 낮아진다. 개별 체인이 물건이 부족해도 걱정할 필요가 전혀 없다. 이틀 내에 배송 센터가 제품을 보충해준다. 이처럼 대량의 주문 대금과 재고를 줄일 수 있기 때문에 전체 기업의 재고 회전율, 자금 회전율 또 자산 회전율이 모두 상당히 높다. 더불어 일단 규모의 경제를 키우게 되면 기본적으로 대적할 상대가 없어진다. 월마트의 오더 규모가 매우 큰 상황에서 원가를 더욱 절감할 수 있다. 또 회전율도 높아 1%의 이윤율이라도 수익은 적지 않다.

그러나 다른 경쟁사들은 오더 규모가 그렇게 크지 않고 회전율 역시 높지 않다. 사실 월마트와 같은 자본 수익률을 유지하려면 이윤율에 의지할 수밖에 없는데, 이렇게 되면 결과적으로 가격에서는 영원히 월마트와 경쟁하는 것이 불가능하다. 그래도 월마트와 같은 가격으로 상품을 팔게 되면 해당 기업은 손해를 보게 되고, 특히 규모가 클수록 손실이 커져 결국에는 문을 닫고 도산하고 만다.

그러나 월마트의 이런 상품들은 야오밍의 어머니 같은 무수한 중국 소비자들 앞에서 전대미문의 도전에 직면했다. 상하이에서 하루에 소비되는 물고기가 몇 마리인지 정확하게 예측할 수 있을까? 설사 정확하게 예측했더라도 야오밍의 어머니가 붕어를 끓이려는지, 농어에 칼을 대려는지 어떻게 알 수 있겠는가? 또 이곳에서 살지 아니면 맞은편에서 구매할지 알 수 있을까? 결론적으로 말해 중국은 '먹는 것을 가장 중요하게 여기는' 나라로, 소비 상품에 대한 수요가 너무 세분화돼 있다.

미국 사람에게 소고기는 그저 스테이크일 뿐이다. 그러나 중국 사람은 꽃등심, 양지머리, 소꼬리뼈 등으로 나눈다. 돼지고기는 더욱 복잡해 등심, 갈비, 미트, 삼겹살, 뒷다리, 머리고기, 혀, 귀, 연골, 내장 등으로 세분화된다. 또 고기 상태가 신선하지 않으면 사는 사람도 없다. 중국에서 비즈니스를 하려면 이렇게 세분해야 한다. 또 어느 상품을 어느 정도의 유효 기간이 지난 다음에 처분해야 하는지에 대해서도 주의를 기울여야 한다.

중국 사람들이 깨나 신경 쓰는 이런 음식 문화로 인해 월마트 모델이 전적으로 의지하는 대수의 법칙은 거의 사망 상태에 이르렀다. 더 죽을 맛인 것은 슈퍼마켓 안의 상품 중 절반이 식품이고, 식품 중에서도 반은 신선 상품이라는 사실이다. 이에 대응하려면 반드시 단거리 공급 사슬에 의지해야만 하는데, 월마트가 자랑하는 배송 센터의 효율은 도리어 공급업체가 제공하는 물류만큼 효과적이지 못한 결과가 나오는 것이다.

청출어람

월마트가 해결하지 못한 문제는 반대로 중국 본토 기업에게는 전혀 문젯거리가 되지 않았다. 현재 몇몇 내자內資 슈퍼마켓의 싱싱한 제품들은 확실히 월마트보다 낫다. 특히 외자와 본토 경험을 모두 가진 타이완 자금의 슈퍼마켓이 독점적인 우세를 지닌다. 다룬파와 하오여우뒤 등이 대표적인 기업으로 꼽힌다. 여기에 월마트가 본격적으로 사업에 진입함으로써 쉽게 배우기 어려운 귀감의 기회를 제공했다.

과거에 사람들은 월마트의 물류 시스템이 어떻게 구축됐는지, 또 월마트의 배송 빈도가 어떠했는지 잘 알지 못했다. 그러나 지금은 월마트가 여러 상점 앞에 문을 열어 매일매일 그저 바라만 봐도 열에 여덟아홉은 배울 수 있다. 중견 간부 매니저를 어떻게 양성하는지 모른다면 월마트가 양성하기를 기다렸다가 스카우트하면 된다. 가장 카피하기 어려운 것은 월마트의 영혼인 IT 시스템이다. 그러나 이것 역시 중국 본토 기업에는 문젯거리가 되지 않는다.

외자 IT 컨설팅 회사도 뒤따라 중국에 들어와 이미 완성돼 있는 시스템을 구매하면 된다. 그래서 하룻밤 사이에 중국의 크고 작은 슈퍼마켓들은 과거의 진열장이 아니라 새로운 상품 진열대를 사용하게 됐다. 또 스캔의 코덱을 사용해 결재를 하고, 은행과 협력해 구매 카드를 만들기 시작했다. 이미지 통일, 복장 통일을 시작한 것은 물론이다. 고객에 대한 서비스 태도도 갈수록 좋아지고 있다. 월마트와 까르푸는 모두 메기처럼 빠른 동작으로 시장을 활성화시켰으나 모든 시장을 먹어치우지는 못했다.

월마트가 가야 할 길

그러면 월마트는 앞으로 어떻게 해야 할까? 6장에서 필자가 언급한 세 가지 문제에 대해 반드시 조정을 거쳐야만 한다. 조정의 기초는 당연히 월마트가 현재 보유한 우세 위에 확립되어야 한다. 우선 월마트의 물류 관리 시스템은 여전히 독특한 우세를 가지고 있다. 다만 현재 중국인들의 음식 습관에 적합한 물류 문제를 해결하지 못하고 있을 뿐이다. 둘째 월마트의 주식은 S&P500 지수 주식 중에서도 금융위기를 버틴 몇 안 되는 우량주로 손꼽힌다. 때문에 융자 원가가 대단히 낮다.

물류 단가를 내리지 못하는 이상 두 가지 출로가 있을 뿐이다. 첫 번째는 횡적인 인수, 합병으로 규모를 확대해 다시 대수 법칙의 유리한 무기를 들고 오는 것이다. 이것이 바로 월마트가 하오여우둬를 매입한 이유이기도 하다. 두 번째는 종적인 인수, 합병으로 기타 고리의 물류 원가를 절약하는 것이다. 이렇게 전 산업 사슬이 경쟁하면 물류 관리 원가를 충분히 곳곳으로 분산시킬 수 있다. 물론 이때 외자 기업이 인수, 합병하는 것에 많은 반대가 있을 수밖에 없다. 월마트는 이것을 고려해 자신들이 통제할 수 있는 협력 파트너를 지원하는 방식으로 바꿔야 한다. 말하자면 상류로의 확장을 실현하는 것이다.

이때 월마트의 융자 원가 우세가 본격적으로 드러난다. 만약 본토의 슈퍼마켓 기업이 대출을 받아 물류 기업을 세우려면 적어도 6%의 투자 수익률을 올려야 가능하다. 이자율이 6%라는 말이다. 그렇지만 월마트는 어떤가? 2009년 월마트는 11억 엔의 변동 이율 채권을 발행했다. 융자 이율 단가가 겨우 런던 변동 이율에 0.6%를 더하는 수준이었다. 그해 9월 런던의 평균 엔화 변동 이율로 예측하면 이 융자 원가는 0.8%였다. 달리 말해 새 사업은 1%의 투자 수익률만 올리면 되는 것이다.

어느 슈퍼마켓 그룹이 현재 이자 지불에 쓸 수 있는 유동 현금이 1억 위안이고, 융자해주는 쪽이 요구하는 복개율이 2배라면 이 기업은 8억 3,000만 위안까지 융자를 받을 수 있을 것이다. 만약 융자를 받는 쪽이 월마트라면 어떻게 될까? 최대 62억 5,000만 위안의 융자를 받을 수 있다. 더구나 월마트에게 융자해주는 금융기관은 그렇게 높은 복개율을 요구하지 않을 것이다. 간단하게 말해 똑같이 10억 위안을 불살라버리면 중국 기업은 파산해 현금을 회전할 수 없는 상태가 된다. 그러나 월마트는 수중에 50억 위안을 움켜쥐고 있다가 그 기업을 저가로 사버린다.

이렇게 총정리를 하면 월마트가 무섭다는 사실을 느낄 것이다. 또 지금까지 중국 시장은 월마트에게 크게 중요하지 않았다. 전 세계 총판매액 점유율만 보면 있어도 되고 없어도 되며, 돈을 잃어도 되고 벌어도 되는 시장이다. 또 인수, 합병을 해도 되고 시원스럽게 팔아도 된다. 실제로 월마트는 독일 시장에서 철수하면서 회수한 돈으로 중국 시장과 라틴아메리카 시장을 개척하고 있다. 그러나 중국 본토 기업 입장에서 만약 이 시장을 잃어버리면 아무것도 남지 않게 된다.

『곰과 함께 춤을』

— 윌리암 마쿼드 William Marguard

미래학자는 항상 이렇게 카오스 이론의 효과를 묘사한다. "브라질에서 나비한 마리가 날갯짓을 하면 멀리 미국의 날씨에 영향을 미친다"라고. 이 같은 이론에 따르면, 멀리 미국 아칸소주에 있는 월마트의 고급 매니저들이 터키의 농경지에 유기 면화를 재배할 계획을 정하면 멕시코의 어느 작은 마을의 경제에 영향을 미칠 수 있다. 이는 결코 과장된 말이 아니다. 이런 상황은 이미 현실로 나타나고 있다. 당신이 좋아하는지의 여부와 관계없이 우리는 사실상 월마트의 세계 속에서 생활하고 있으니까.

월마트나 다른 거대 기업을 막론하고 이들이 갖춘 강력한 힘은 우리들의 생활을 변화하게 만든다. 비록 우리들이 이에 대해 잘 모르거나 혹은 근심걱정으로 애가 타더라도, 이런 변화와 함께 오는 것은 반드시 내리지 않으면 안 되는 일련의 결정이다. 또 현재의 경제라는 큰 물결 아래에서 우리가 유일하게 확정할 수 있는 것은 이런 결정을 내린 다음에 과거 일찍이 실행해 효과를 봤던 흑백 논리는 더 이상 쓸모가 없다는 사실이다. 월마트 및 다른 업종의 거대 기업들은 지금 우리가 상상하지 못할 정도의 큰 규모로 성장했으며, 영향력 역시 너무나도 광범위하다. 이런 사실은 기업 경영자들에게 끊임없이 기업 전략을 조정하도록 강요한다.

현재 사람들은 월마트만 인식하는 것이 아니다. 월마트와 같은 막강한 경쟁력을 가진 모든 대형 기업들이 지금도 월마트 경제를 연장시키고 있다. 이런 경제의 느낌은 존재하지 않는 곳이 없다. 이제는 아무도 이 관계에서 벗어날 수 없게 되었다.

사람들은 반드시 월마트 경제 속에서 어떻게 생활하고 일해야 하는지 배워야만 한다. 또한 어떻게 해야만 이런 도전들을 우리 앞에 굴복시킬 수 있을지에 대해서도 생각하지 않으면 안 된다. 이것은 결코 일종의 관점이 아니다. 생활 속의 명명백백한 실제 사실이다. 우리는 앞으로 어떻게 해야만 현명한 선택을 통해 생존할 수 있고, 또 부단히 번영 발전하는지 깨우치게 될 것이다.

제9장 소말리아 해적이 출현한 이유는?

제10장 서양은 어떻게 아프리카를 약탈했는가?

제11장 중국의 아프리카 진출을 비난하는 서양 언론

신제국주의의 진면목

소말리아에 해적이 출현한 이유는?

– 서양의 아프리카 수탈현장

그중에는 제국주의의 아래와 같은 5가지 기본적인 특징이 포괄돼야 한다. (1) 생산과 자본의 집중이 이처럼 고도로 발전함으로써 경제생활 속에서 결정적 역할을 하는 독점 조직을 만들어냈다. (2) 은행 자본과 산업 자본은 일찍이 잘 어우러져서 이 금융 자본의 기초 위에서 금융 과두를 형성하게 됐다. (3) 상업 수출과 다른 자본 수출은 특별히 중요한 의의를 가지고 있다. (4) 세계를 분할하는 자본가 국제 독점 동맹이 이미 형성됐다. (5) 최대 자본주의 대국은 세계상의 영토 분할을 이미 끝냈다.

블라디미르 레닌, 『제국주의론』

평화를 사랑하는 유서 깊은 나라

2009년 상반기에 오바마 대통령은 해군 특수부대를 파견해 소말리아 해적에 납치됐던 미국인 선장을 구출한 사건으로 다시 한 번 국제사회의 주목을 끌었다. 이 소식이 전파를 타고 전 세계에 알려지면서 미국은 강대국으로서의 위용을 한껏 과시하고 전 세계의 박수갈채도 받았다. 더불어 유엔을 필두로 한 국제사회의 소말리아 해적에 대한 비난의 목소리도 한층 더 높아졌다. 대부분의 서구 언론은 소말리아 해적을 극악무도한 범죄자 집단으로 묘사하고 있다. 중국 역시 이 해적들과 무관하지 않다. 2009년 하반기에 중국 원양어선이 소말리아 해적에 피랍되면서 해적 사태가 중국에서도 지대한 관심을 끌었다.

소말리아 해적은 무수히 많은 선박을 납치하면서 적지 않은 돈을 벌었다. 지금까지 족히 2억 달러는 벌어들였을 것으로 추정된다. 때문에 소말리아에서는 해적 행위가 '하이테크 산업'으로 불리며, 종사자 수도 초기의 100여 명에서 지금은 1,000여 명으로 늘어났다.

그렇다면 소말리아 해적과 관련한 진실은 무엇일까? 전 세계가 입을 모아 소말리아 해적을 규탄할 때나 위풍당당한 미국 해군들이 한 치의 망설임도 없이 총을 들어 소말리아 해적들을 쏴죽일 때, 그들이 무엇 때문에 해적이 되어야만 했는지, 또 그들을 지금의 이 지경으로 이끈 진정한 원인이 무엇인지 생각해본 적이 있는가?

배경 제시

2009년 10월 19일, 선원 25명을 태운 중국 화물선 더신하이德新海 호가 인도양에서 피랍됐다. 더신하이호는 칭다오원양운수회사 소속의 화물선이었다. 중국해상구조센터 총경비실 관계자는 칭다오원양운수회사의 보고서를 인용해 "화물선은 남아프리카공화국을 출발해 인도로 가던 중 세이셸군도의 동북쪽 320해리(592km), 모가디슈 동남쪽 980해리(1815km) 위치에서 소속 회사에 '무장 해적이 배에 올라탔다'라는 짧은 보고를 보내고 연락이 두절됐다"라고 발표했다.

이보다 전인 2008년 12월 16일, 허야페이何亞非 중국 외교부 부부장은 유엔 안보리의 소말리아 해적 문제와 관련한 장관급 회의에서 2008년 한 해에만 중국 국적 선박과 중국의 용선傭船 6척이 소말리아 해역에서 피랍됐다고 밝혔다. 또 그는 이중 1척의 선박과 17명의 중국 선원이 아직까지 석방되지 못했다고 덧붙였다.

필자가 와튼 스쿨에 다닐 때 동창 중 마티어스 치카온다라는 아프리카 추장이 있었다. 아프리카 중남부는 줄루족 집단 거주 구역으로 유명하다. 줄루족은 모두 여덟 개 부족으로 구성돼 있고 각 부족마다 추장이 있다. 필자의 동창 마티어스 치카온다는 바로 이 여덟 추장 중 한 명이었다. 그의 영지는 지금의 말라위공화국이다. 부언하건대 아프리카인들은 모두 선량한 사람들이다. 그들은 조상 대대로 아프리카 대륙에서 세상과 싸우지 않는 유유자적한 삶을 영위해왔다.

마티어스 치카온다는 필자에게 늘 자신들이 수렵과 농경을 생업으로 한다고 말하고는 했다. 호기심이 동한 필자가 어느 날 그에게 물었다.

"야, 만약 맹수를 만나게 되면 어떻게 하냐?"

그러자 그는 즉각 대답했다.

"맹수별로 대처 방법이 다 달라. 예컨대 코끼리를 만나면 그냥 일직선으로 걸음아 나 살려라 하고 도망가야 해. 코끼리는 몸을 90도로 꺾어서 따라오지 못하고 곡선을 그리면서 따라오거든."

아프리카인들은 야외로 놀러나갈 때 항상 목에 짐승 가죽을 두르고 다닌다. 늘 상대의 목을 노리는 표범의 공격에 대비하기 위한 최선의 방법이다. 한번은 마티어스 치카온다의 삼촌이 표범을 만나 결사적으로 싸운 적이 있다고 한다. 삼촌은 목에 두른 짐승 가죽 덕분에 다행히 큰 부상을 입고도 무사히 집에 돌아올 수 있었다. 만약 늑대를 만난다면 어른의 경우에는 별 일이 없다. 늑대는 자기보다 키가 큰 동물을 공격하지 않는 습성이 있다. 그러나 만약 어린아이가 늑대를 만났다면 재빨리 나무토막을 주워 머리 위에 얹으면 된다. 그러면 키가 늑대보다 커 보이기 때문에 쉽게 공격을 당하지 않는다.

배경 제시

아프리카 최동단에 위치한 소말리아는 북쪽으로 아덴만을 사이에 두고 예멘과 마주하고, 동쪽은 인도양에 면해 있다. 또 아시아, 아프리카 및 유럽 3대주와 태평양, 대서양 및 인도양을 연결하는 교통 요충지이다. 통계에 의하면 매년 수에즈운하를 통과하는 선박이 1만 8,000척에 이르는데, 이중 대다수가 아덴만을 경유한다. 세계 원유 수송량의 30%도 이곳을 통해 세계 곳곳으로 보내진다. 600년 전 중국 명明나라의 정화鄭和는 다섯 번째 항해를 하면서 소말리아에 상륙했다. 지금도 소말리아 경내에는 '정화 타운'이라는 지명이 있다. 옛날 전 세계 방방곡곡에 우정을 전달했던 소말리아 해역이 최근 들어 해적 창궐로 다시 세인들의 주목을 받고 필자는 다시 물었다.

"그러면 사자를 만났을 때에는 어떻게 해야 해?"

그 친구가 대답했다.

"그때는 사자에게 잡혀 먹히기를 기다리는 수밖에 다른 방법이 없어."

사자는 맹수 중에 단연 으뜸으로 손꼽힌다. 그래서 줄루족은 사자를 신으로 숭배하기까지 한다. 더 흥미로운 사실은 줄루족 부락 추장들은 권력을 상징하는 지팡이를 하나씩 가지고 있는데, 이 지팡이 맨 꼭대기에 사자 털로 둥지를 만들어 얹고 그 속에 사자의 '두루'를 모신다는 것이다. 내가 멍해 있으니까 마티어스 치카온다가 친절하게 사자의 '두루'에 대해 설명해주었다.

"사자의 기관지 부근에 사람 손가락 절반 길이만 한 연골과 비슷한 조직이 있어. 그것을 '두루'라고 해."

그 친구의 설명에 의하면 사자가 두려움의 대상이 되는 이유는 바로 이 '두루' 때문이라고 한다. 사람들은 이 '두루'를 얻기가 매우 어렵다. 부족 사람들이 주술사의 지휘 아래 힘을 합쳐 사자를 때려잡으면 사자는 죽기 직전에 '두루'를 토해난다. 이때 주술사가 사자의 사체 주변을 세심하게 살펴 '두루'를 찾아낸다. 마티어스 치카온다는 '두루'를 모신

지팡이를 들었을 때 그의 부족 모두가 마치 사자를 만났을 때처럼 두려워하는 눈빛으로 자신을 바라보는 놀라운 경험을 했다고 말했다. 신기한 일이 아닐 수 없었다.

필자는 마티어스 치카온다와 몇 년 동안 함께 지내면서 정말 많은 것을 배웠다. 아프리카인의 습관은 우리와 완전히 달랐다. 예컨대 필자가 식사 자리에서 "이 요리 맛이 어때?"라고 물었더니 그는 입으로는 "매우 맛있다"라고 대답하면서 고개를 가로저었다. 아프리카인은 이처럼 우리와 완전히 다른 문화를 가지고 있으나 매우 선량한 사람들임에는 틀림없다. 마티어스 치카온다는 와튼 스쿨 졸업 후 말라위공화국에 돌아가 중앙은행 총재로 취임했다. 대통령이 되기 위한 준비 과정인 셈이었다. 총재 임기가 끝나면 바로 대통령이 될 것이다. 아프리카에는 마티어스 치카온다와 같은 고학력자가 대단히 드물다.

소말리아는 다섯 개 부족으로 이뤄져 있다. 그래서 소말리아 국기의 도안은 오각별이다. 소말리아 역시 다른 아프리카 국가들처럼 세상과 싸우지 않으면서 살아왔다. 게다가 유구한 역사와 문화를 자랑하는 유서 깊은 나라이다. 소말리아는 서기 1세기 때부터 항구를 만들어 로마, 그리스 등과 해상 무역을 진행했다. 서기 7세기 때에는 아랍 상인들이 소말리아에 대량으로 진출했다. 소말리아 사람들은 아랍인들의 높은 도덕성, 성실하고 공정한 무역 자세를 매우 높게 평가하면서 이 모든 것이 아랍인들의 신앙 덕분이라고 여겼다. 그래서 아랍인의 종교인 이슬람교는 7세기부터 소말리아에 널리 전파됐다.

12, 13세기 이후부터는 도시국가가 형성되기 시작했다. 당시의 상황은 중국의 전국戰國 시대 때와 비슷했다. 15세기에 이르러 정화가 다섯 번

째 항해에 나서면서 소말리아의 수도에 상륙했다. 소말리아의 수도 모가디슈는 오랜 역사를 지닌 고대 도시이다.

소말리아 재난의 시작

배경 제시

유엔의 조사에 의하면 소말리아는 1인당 GDP가 150달러에도 채 못 미쳐 세계 최빈국으로 꼽힌다. 국제구호단체의 불완전 통계에 의하면 현재 소말리아의 900만 인구 중 3분의 1이 넘는 320만 명이 국제적 원조를 절실히 필요로 하고 있다고 한다. 과거 자료들을 들춰보면 소말리아 국민들은 이전부터 점잖고 예절이 발랐으며 언행이 공손하고 예의범절을 중요하게 생각했다. 또 민족적 자긍심이 강한 사람으로 인식돼 왔다. 소말리아인들은 공개 석상에서 옷차림에 매우 신경을 쓴다. 약속시간은 거의 칼 같이 지키고 손님 접대하기를 상당히 좋아했다. 이같이 예의범절에 밝고 도덕성이 높은 사람들이 지금은 무엇 때문에 가난뱅이로 전락했는가? 또 무엇 때문에 그들 중 일부는 해상에서 공공연히 강도짓을 일삼는 해적이 됐는가?

소말리아의 비극은 19세기부터 시작됐다. 1887년 소말리아 북부가 영국에 점령당하면서 영국령 소말리아가 되었다. 1925년에는 이탈리아가 소말리아 남부를 점령하고 보호령으로 만들었다. 1960년에 이르러 영국과 이탈리아가 소말리아에서 철수한 후 소말리아공화국이 수립되었다. 그러나 소말리아의 재난은 이때부터 시작됐다. 영국과 이탈리아는 소말리아에서 철수한 뒤에도 여전히 현지에 대리인을 둔 채 소말리아의 자원을 무자비하게 약탈했다. 그 결과 소말리아는 갈수록 가난해졌고 국민들은 해마다 기근에 허덕였다. 소말리아인들이 그토록 유럽과 미국을 증오하는 이유도 모두 이 때문이라고 해도 과언이 아니다.

영국과 이탈리아는 1960년대에 소말리아에서 철수하면서 영토를 제멋대로 나눠버렸다. 에티오피아와 케냐는 소말리아의 인근 국가들로, 제국주의 열강들은 소말리아의 일부 영토를 점령하면서 나머지 영토를 제멋대로 에티오피아와 케냐에 떼어주었다. 따라서 이치대로 따지자면 에티오피아와 케냐 국토의 일부는 원래 소말리아에 귀속돼야 마땅하다.

소말리아는 독립 후 원래 자신들의 땅이었으나 제국주의 열강에 의해 남에게 빼앗긴 영토를 되찾으려고 1960년부터 전쟁을 멈추지 않았다. 이런 상황을 지켜보던 구소련은 1963년 소말리아에 1만 명의 병력을 지원했다. 소말리아군은 이 지원을 등에 업고 1964년부터 에티오피아를 공격했으나 번번이 패했다. 1978년에 이르러서는 군대 편제가 완전히 무너지고 말았다. 소말리아는 이때부터 소련의 말을 듣지 않고 미국에 의지하기 시작했다.

미국은 1980년대부터 소말리아에 마수를 뻗치기 시작했다. 미국은 8억 달러를 원조 자금으로 투입했고, 이탈리아는 10억 달러를 지원했다. 양국의 지원 금액을 합치면 소말리아 GDP의 절반을 가볍게 넘었다. 그럼에도 소말리아는 해마다 계속되는 전란과 군벌 할거 국면을 벗어나지 못했다. 급기야 국가 전체에 부정부패가 만연해 미국과 이탈리아의 지원 자금은 대부분 개인의 호주머니로 들어갔다. 구호물자는 암시장에서 공공연히 거래됐고 서민들의 생활은 갈수록 어려워졌다.

1980년대 말에 냉전체제가 무너지면서 미국은 소말리아의 영토에 대해 흥미를 잃었다. 소련과 전쟁할 필요가 없어졌으니 소말리아는 이용가치가 없어진 셈이었다. 미국은 소말리아에서 조용히 철수하고 원조 역시 모조리 끊어버렸다. 소말리아는 졸지에 무정부상태의 혼란에 빠졌고, 해마다 계속되는 전란으로 말미암아 백성들은 도탄에서 헤어나지 못했다.

이때부터 소말리아인들에게는 악몽 같은 나날의 연속이 시작됐다. 유엔은 1992년 소말리아에 평화유지군을 파견했으나 치안을 호전시키기에는 역부족이었다. 그러던 1994년에 사건이 터졌다. 한 미군 부대가 소말리아인들과 교전할 때 소말리아 수도 전체가 출동해 미군을 공격한 것이다. 미군은 전투에서 참패하고 헬기 역시 소말리아군에 의해 격추되었다. 미국인들도 참 엉뚱하기는 하나 재미있는 사람들이다. 그들은 당시의 참패를 구태여 감추려 하지 않고, 실화를 바탕으로 한《블랙호크 다운》이라는 영화를 제작했다.

1994년 당시 미국 대통령이었던 클린턴은 패전을 계기로 미군을 소말리아에서 전격적으로 철수시켰다. 외부 세력이 완전히 철수한 1995년 이후 소말리아는 졸지에 무정부상태의 극심한 혼란에 빠졌다. 다섯 부족 간의 내전이 끊이지 않고 발발하면서 국민들은 그야말로 생지옥의 고통 속에서 허우적댔다. 당시 사법 시스템도 완전히 붕괴되자 이슬람교가 소말리아 치안을 책임지며 이슬람 율법에 입각한 종교 재판소로 정부의 역할을 대신했다. 종교 재판소는 살인, 강도, 마약 등 범죄 활동을 단속하며 국민들의 안전을 책임졌고, 교육, 위생 등 공익사업도 적극적으로 추진했다.

이때 미국은 이슬람교를 싫어한다는 이유로 2006년에 에티오피아에 무기를 지원하면서 소말리아 이슬람법정연맹[UIC]과 전투를 벌이도록 부추겼다. 미국을 등에 업은 에티오피아군은 소말리아 경내에서 번번이 승전고를 울렸고, 급기야 이슬람법정연맹을 완전히 격멸했다.

이 모든 것을 종합해보면 제국주의는 1887년부터 2008년까지 소말리아에 대한 유린을 한순간도 멈추지 않았다는 사실을 명료하게 알 수 있다. 소말리아 국민들은 살기 위해 어쩔 수 없이 해적의 길을 선택해야만 했다.

궁지에 몰린 어민, 해적의 길을 택하다

 **배경 제시**

2006년까지 소말리아 해역은 세계에서 가장 안전한 항로 중 하나였다. 이때까지 소말리아의 대부분 지역은 이슬람교의 통제를 받았다. 그들은 엄격한 법률을 제정하고 무력으로 범죄활동을 단속해 해적들이 발붙이기가 매우 어려웠다. 국제해사기구 관계자의 말에 의하면 이 같은 법률은 매우 큰 효과를 나타냈다. "2006년 여름 내내 소말리아 해역에서 해적 사태는 단 한 건도 발생하지 않았다"라는 보고서를 발표했다. 그러나 미군이 소말리아 내정에 간섭하면서부터 '블랙호크 다운 사건'이 터졌고, 더 나아가 세계적인 재앙이 초래됐다. 항간에 떠도는 설에 따르면 소말리아 해적들은 배 위에서 구운 염소고기를 먹고 아랍 홍차를 마시며 내비게

이선과 위성 휴대폰 및 AK47 소총을 능숙하게 다룬다고 한다. 그러나 이들 해적 대다수는 어민 출신이다. 해적 활동에 사용되는 장비도 모두 어민들의 노동과 생활 경비로 구입한 것이라는 사실을 아는 사람은 대단히 적다. 그렇다면 풍족한 삶을 누리던 소말리아 어민들은 무엇 때문에 군사 장비를 구입해 만인의 질타를 받는 해적의 길을 걷게 됐는가?

소말리아의 해안선 길이는 무려 3,300km에 달해 어류와 해산물이 대단히 풍부하다. 아프리카 최대의 어장이 모두 이곳에 모여 있다. 소말리아 해역은 원래 참치, 새우와 랍스타가 대량 생산되는 풍요로운 바다였다. 그러나 소말리아에 무정부상태가 지속되면서 구미 각국의 선박들이 소말리아 해역에 대량으로 밀려들기 시작했다.

그들은 이곳에서 두 가지 만행을 저질렀다. 하나는 무차별적인 어획이었다. 미국의 경우 크기 미달의 수산자원 어획은 법으로 엄격하게 금지돼 있다. 예컨대 알라스카에서 대게를 어획할 때 크기 표준에 부합하는 것만 선별해서 상품으로 판매할 수 있다. 표준에 미달하는 것은 바다에 도로 방생해야 한다. 보통 자로 재서 길이가 20cm 이상인 것은 시장에 보내고, 20cm 미만인 것은 바다에 도로 놓아줘서 계속 자라고 번식하도록 해야 한다. 그래야 이후에도 꾸준히 어획할 수 있는 자원을 확보할 수 있다. 새끼 게와 암게까지 모조리 어획해버리면 이후에 멸종 사태를 부를 것이 뻔하다.

미국인들은 자국에서는 불법 어획 금지 규정을 엄격하게 지켰다. 그러나 미국과 유럽의 어선들은 소말리아 해역에서는 무차별적인 어획을 감행했다. 그들은 새끼 게와 치어들도 놓아주지 않고 모조리 싹쓸이해갔다. 소규모 어업으로 생계를 이어가던 소말리아 어부들의 생존 기반 자체를 흔들어놓은 것이다. 막다른 골목에 이른 소말리아 어부들은 자발적으로 해양 방범대를 조직해 외국 선박의 불법행위를 단속했다. 나아가 외국 선박을 내쫓지 못할 경우에는 인질을 잡아두고 그들이 저지른 불법적인 일에 대해 일종의 벌금을 받아냈다.

소말리아인들이 무엇을 잘못했는가? 그들에게는 잘못이 없다. 잘못을 저지른 사람은 소말리아의 무정부상태를 틈타 소말리아인들을 유린한 제국주의자들이다. 생계 수단을 강탈당한 어부들이 자신들의 권리와 이익을 지키기 위해 불법 침입자들을 쫓아낸 것이 잘못된 일인가?

그러나 소말리아에 닥친 재난은 이것뿐만이 아니었다. 유럽 기업들이 화학물질과 핵폐기물을 소말리아 해역에 거리낌 없이 버리기 시작한 것이다. 조사 결과에 의하면 2005년 한 해에만 소말리아에서 300명 이상이 원인불명의 중독 증상에 시달리다가 사망했다. 유럽의 화학 공장과 의료 기관 및 이탈리아 기업들이 소말리아 해역에 버린 폐기물이 이들의 사망을 초래한 주요 요인이었다. 이탈리아 마피아가 손을 댄 사업 중에서 가장 중요하고 수익성도 가장 높은 사업이 바로 핵폐기물을 비롯한 유독물질을 처리하는 것이었다. 그들은 미국, 유럽의 핵폐기물을 소말리아 해역에 마구 가져다 버렸다. 소말리아는 그들에게 있어 아무런 제재를 받지 않고 마음껏 폐기물을 버릴 수 있는 쓰레기장이 됐다. 이것이 오늘날 소말리아의 현실이다.

그들에게 내일은 없다

배경 제시

중국 관영 신화新華통신은 소말리아 관련 보도에서 다음과 같은 기사로 현실을 묘사했다. "수많은 소말리아인들의 기억 속에 어제는 굶주림과 두려움, 더불어 가족을 잃은 슬픔으로 충만한 어두운 나날들이었다. 그리고 그들이 생각하는 내일은 희망도, 목표도 없는 공허하고 암울한 나날들이다. 그들에게는 오늘밖에 없다. 그래서 갖은 방법을 다해 살아남으려고 애쓴다. 궁지에 몰린 그들은 생존을 위해서라면 그 어떤 모험도 마다하지 않는다."

많은 국가들은 소말리아 해적으로 인해 국제 운송에 위협을 느끼자 해군을 파견해 호위 운송을 하고 있다. 그러나 미국 제5함대 대변인 제인 캠벨은 이에 대해 대단히 의미심장한 말을 했다. "비록 각국에서 파견한 해군이 일정한 역할을 하고 있으나 소말리아 해적 사태를 근본적으로 해결하기에는 역부족이다. 이 문제는 해군의 힘으로 해결할 수 없다. 문제의 근원이 해상이 아닌 육지에 있기 때문이다."

소말리아 독립신문인 바다흐트의 설문조사에 의하면 소말리아 사람 중 70%가 '해상에서 무기를 들고 선박을 납치하는 해적들의 행위를 강력히 지지'하는 것으로 나타났다. 무엇 때문인가? 앞에서도 언급했듯 소말리아인들은 그들의 해역에 무단 침입한 선박들을 저지하고 방어하는 것을 정당방위로 생각하고 있다. 그들은 이렇게 항변한다.

"(서방 세계가) 우리 해역의 어류와 새우를 싹쓸이해가서 우리는 굶어

"

죽게 됐다. 게다가 핵폐기물을 우리 바다에 버리고 가서 우리는 생명의 위협을 받고 있다. 그런 자들을 내버려둬서야 되겠는가."

그들은 또 한 가지 사례를 들었다. 미국의 독립전쟁 당시 조지 워싱턴과 건국 공로자들은 해적에게 돈을 주고 미국 영해를 지키도록 했다. 당시 미국에 해군이나 해안 경비대가 없었기 때문이다. 다시 말해 미국 '건국의 아버지'로 불리는 워싱턴도 소말리아 해적과 똑같은 짓을 했다. 심지어 인질을 잡아두고 몸값을 받아내 미국 군대를 먹여 살렸다.

그럼에도 대부분의 미국인들은 이들을 지지했다. 똑같은 행동인데도 워싱턴은 미국인이라는 이유로 '영웅' 대접을 받고, 소말리아인들은 '극악무도한 해적'이라는 오명을 쓰고 있다. 이른바 '애국 행위'로 일컬어지는 조지 워싱턴의 행동이 지금의 소말리아인들의 행동과 뭐가 다르다는 말인가? 이것이 공평한가?

사실 중국도 제국주의의 무자비한 침략을 당했던 과거가 있다. 그러나 지금은 아니다. 중국이 우뚝 일어섰기 때문이다. 그러나 모든 국가가 수많은 침략과 전란을 겪고 일어선 것은 아니다. 오늘날 해적이 들끓는 소말리아 역시 제국주의 침략의 마수에서 벗어나지 못했다. 소말리아는 1887년부터 아니, 1846년부터 제국주의의 침략을 받았다. 그리고 지금까지도 그 악몽에서 벗어나지 못하고 있다.

『컨테이전』

– 존 R 탈보트 John R. Talbott

월스트리트는 말할 것도 없이 영원한 탐욕의 대명사이다. 과거에도 그랬을 뿐 아니라 앞으로도 그럴 것이다. 그러나 월스트리트도 상황이 여의치 않기는 마찬가지이다. 20년 전까지도 월스트리트는 성실하고 신용 있는 자본 시장으로 불렸다. 월스트리트 기업들은 명예를 그 무엇보다도 중요시했다. 이익을 창출할 때에도 전통적인 방법에 의존했다. 이는 고객들에게 실질적인 가치를 창출해줄 수 있는 제품과 서비스를 경쟁 상대보다 더 신속하고 친절하게 제공하는 방법이었다.

사실 이번 금융위기의 진짜 원흉은 특정인들의 배후 조종을 받는 미국 정부이다. 미국 정부가 금융업의 탈규제 정책을 대대적으로 실시하지 않고 기존 규칙과 감독 관리를 완화하지 않았더라면 위기 자체가 생기지 않았을 것이다. 미국 정부는 최근 30년 동안 '작은 정부, 규제 완화'를 입버릇처럼 외치면서 '저세율, 고성장'의 발전 모델을 촉구해왔다. 그러나 현실은 어떤가? 현재 미국의 사회경제적 구조는 고지출, 고세율, 큰 정부이다. 그러나 초대형 기업과 은행에 대한 감독과 규제는 대폭 완화된 상태에 있다.

이토록 처참한 위기의 현장에서, 나아가 이처럼 열악한 경제 환경에서 '현금'의 중요성을 깨닫는 사람들이 점점 더 많아지고 있다. 나는 기존 투자를 대체할 만한 효과적인 방안을 쭉 열거할 수는 없으나 사람들의 흥미를 끌 수 있는 일련의 대체 방안을 이미 찾아냈다. 마찬가지로 투자에 적합한 국가를 많이 찾아내지는 못했으나 나름대로 최고의 투자 대상국이라고 생각되는 후보국 하나는 찾아냈다.

이번 위기를 순조롭게 극복해낸 사람들은 한층 더 강해질 것이다. 더불어 그 과정에서 국가와 정부 및 개인의 나아갈 방향에 대해 심각하게 반성하고 정확한 길을 가고 있는지 재삼 판단하게 될 것이다. 어떤 의미에서 보면 이번 금융위기는 전화위복이 될 수도 있다. 미국 대중들이 지금처럼 큰 시련과 고통을 겪지 않았다면 자신들이 줄곧 잘못된 길을 가고 있었음을 영원히 깨닫지 못했을 것이다. 그러나 그들은 이번 위기로 인해 직장과 주택을 잃을 위험에 노출되면서 잘못을 뼈저리게 깨달았다. 잘못을 깨달았으니 이제 남은 일은 잘못을 고치는 것뿐이다.

그들이 과연 잘못을 고칠 수 있을까?

제10장

서양은 어떻게 아프리카를 약탈했는가?

– 코트디부아르의 사례

자유 경쟁이 지배적 지위를 차지한 구舊 자본주의가 상품 수출이 중심이었다면, 독점이 지배적 지위를 차지한 신新 자본주의는 자본 수출이 중심이 된다.

블라디미르 레닌, 『제국주의론』

서양의 제국주의

2009년 11월 8일 오후, 원자바오溫家寶 중국 총리는 샤름 엘 셰이크에서 열린 기자회견에서 한 기자로부터 "중국이 아프리카의 자연 자원에 대해서만 흥미를 가진다는데, 그 말이 사실이냐?"라는 질문을 받았다. 이에 대해 그는 즉각 다음과 같이 대답했다.

"사실 '중국의 아프리카 진출이 자원을 수탈하기 위한 이른바 신식민주의(신제국주의)'라는 비판적인 논조는 이미 오래전부터 제기돼온 것이다. 따라서 이에 새삼스럽게 반박할 필요도 없다."

원자바오는 이 질문에 대해 총리의 신분에 걸맞게 대답했다. 당당하고도 콧대 높은 자세 역시 견지했다.

그렇다면 일개 경제학자인 필자가 IMF 회의나 세계은행 회의에서 똑같은 질문을 받았다면 어떻게 대답해야 할까? 아마 필자는 아주 정중한 태도로 이렇게 대답할 것 같다.

"그렇습니다. 중국은 오로지 아프리카의 자연 자원에 대해서만 흥미를 가지고 있습니다. 미안하지만 중국은 당신이 말한 것처럼 그 정도로 욕심이 많지 않습니다. 아프리카의 모든 자연 자원이 아니고 오로지 에너지와 광산 자원에 대해서만 흥미가 있을 뿐입니다. 더불어 중국은 아프리카가 원하는 가격에 이 자원들을 구매할 것입니다. 그러면 이제는 귀하께서 대답을 해보시죠. 귀하의 나라를 비롯한 제국주의 국가들이 어떻게 아프리카 자원을 수탈했는지에 대해 말입니다."

제국주의란 무엇인가? 제국주의는 자연 자원뿐만 아니라 농업, 공업 및 기타 모든 이익 산업을 확실하게 독점하는 것을 가리킨다. 예컨대 아프리카의 농업을 거의 궤멸적으로 지배한 것도 제국주의의 행태로 볼 수 있다. 그러나 중국은 절대 그렇게 하지 않는다. 중국은 공평하고 공정한 무역을 통해 아프리카의 자원을 구매한다. 나아가 거래 가격도 중국이 일방적으로 책정하지 않는다. 양측이 평등한 협상을 거쳐 정한다.

진정한 제국주의란 무엇일까? 독자들의 이해를 돕기 위해 사례를 하나 들겠다. 코트디부아르는 과거에 프랑스의 식민지였다. 코트디부아르라는 이름도 프랑스인들이 지은 것이다. 불어로 '상아의 해변'을 뜻한다. 프랑스인들이 아프리카에서 수렵한 상아를 이곳에서 배에 실어 유럽에 운송했기 때문에 붙여진 이름이다.

물론 지금 코트디부아르는 이미 독립해 더 이상 프랑스의 식민지가 아니다. 그러나 코트디부아르에는 아직도 프랑스의 잔여 세력이 많이 남아 있다. 코트디부아르의 국가 경제 및 국민 생활과 밀접히 연관된 전력, 통신, 에너지 등의 산업은 여전히 프랑스 자본이 독점하고 있다. 예컨대 코트디부아르텔레콤의 지주회사는 프랑스텔레콤이다. 코트디부아르텔레콤의 자회사인 오렌지ORANGE, 아비소AVISO 등의 기업은 통신 장비를 구매할 때 프랑스 제품을 최우선적으로 선택한다. 따라서 다른 국가 제품은 이 나라의 시장 문턱을 넘기 어렵다. 중국 통신장비 전문업체인 화웨이華爲도 코트디부아르 시장을 개척할 때 갖은 어려움을 겪었다고 한다.

산업 독점은 진정한 제국주의가 아니다. 그저 제국주의의 초기 단계일 뿐이다. 진정한 제국주의는 한 국가와 민족의 사상을 완전히 지배하고, 그 나라의 산업이 종주국에 완전히 의존하도록 만드는 것이다. 그렇기 때문에 프랑스 정부는 코트디부아르에 대한 정책의 기저를 동질화

assimilation와 연합association에 두었다. 동질화는 식민지 국가의 제반 분야에서 프랑스어를 우선적으로 사용하도록 하고, 식민지의 사회 체제, 법률 및 사회 관리 각 분야에서 프랑스 제도를 답습하도록 하는 것을 가리킨다. 연합이라는 것은 코트디부아르에서 프랑스 이익에 부합되는 현지 풍속과 관례만 보존하도록 허용하는 것이다.

2차 대전 종식 후 프랑스 드골 정부는 코트디부아르의 독립이 시간 문제라는 사실을 깨달았다. 그래서 의도적으로 코트디부아르 독립 계획을 차근차근 실행해나갔다. 프랑스의 계획대로라면 코트디부아르가 형식적인 '독립국'이 된 후에도 프랑스는 여전히 정치적, 문화적으로 최대한의 영향력을 행사할 수 있었다. 때문에 의도적으로 적극 실시한 것이 아프리카에 프랑스 문화 전파를 목적으로 한 '문명화의 사명mission civilisatrice 프로젝트'였다.

이 프로젝트의 배후에는 프랑스인의 어떤 심리가 깔려 있을까? 바로 자국 문화에 대한 자부심 내지 우월감이다. 프랑스인들의 문화적 자부심은 세계적으로 유명하다. 파리를 여행하는 외국인들은 현지인들에게 길을 물을 때 가급적 영어를 사용하지 않는 것이 좋다. 프랑스에서는 영어가 거의 대접을 받지 못하기 때문이다. 프랑스인들이 영어를 몰라서가 아니다. 영어를 다 알아들으면서도 오만한 자존심을 굽히기 싫어 영어로 대답하지 않을 뿐이다.

사상은 토대이고 진짜 핵심은 경제에 있다. 알고 보면 코트디부아르도 참 재미있는 국가이다. 코트디부아르는 독립을 선포한 1960년대 이후부터 오히려 프랑스에 더 의존하고 있다. 독립하기 전 코트디부아르에는 불과 3만 명의 프랑스인이 거주했다. 그런데 독립 이후에는 오히려

6만 명으로 늘어났다. 당시 코트디부아르의 인구는 겨우 1,000만 명에 지나지 않았다.

코트디부아르의 프랑스인들은 대부분 변호사, 교사, 관리자, 경제 및 기술 고문 등으로 하나같이 요직에 종사했다. 다시 말하면 코트디부아르의 엘리트 계층 대부분이 프랑스인으로 이뤄졌다는 얘기이다. 많은 프랑스인들이 지금도 여전히 코트디부아르에서 공직, 특히 경제와 관련한 요직에 포진해 있다. 독립 후 몇 년 사이에 코트디부아르에서 근무하는 프랑스인의 규모는 오히려 식민지 시기 때보다 훨씬 더 증가했다.

프랑스인들은 코트디부아르에서 무슨 일을 했을까? 그들은 코트디부아르의 수출 주도형 경제를 선도했다. 프랑스인들 '덕분에' 코트디부아르는 세계 최대의 카카오 수출국이 될 수 있었다. 또 아프리카 최대 및 세계 4위의 커피 생산국이 됐다. 그때 당시 코트디부아르의 경제는 오늘날 중국 경제처럼 대단한 호황을 누렸다. GDP 연 평균 성장률이 1960년대에 6.17%, 1970년대에는 무려 13.67%에 이르렀다. 그러나 20년이 지난 1980년대에는 GDP 성장률이 고작 2%대에 머물렀다. 간혹 경제위기라도 터지면 경제성장이 뒷걸음치기도 했다.

이상한 일이 아닌가? 커피는 중국의 저가 양말만큼이나 유럽과 미국 시장에 꼭 필요한 상품이다. 게다가 양말은 매일 살 필요가 없으나 커피는 매일 마시지 않으면 안 되는 물품이다. 마찬가지로 카카오는 초콜릿을 만드는 데 반드시 필요한 원료이다. 따라서 미국인과 유럽인들은 커피와 카카오를 떠나서 살 수 없다. 그런데 무엇 때문에 커피와 카카오를 생산하는 코트디부아르는 오히려 수동적이 됐는가?

제국주의의 첫 번째 올가미 : 비교 우위

비교 우위 이론은 국제 무역 이론 중에서 가장 중요한 개념에 속한다. '비교 우위'를 간단하게 설명하면 다음과 같다. A와 B가 사과와 배가 필요하다고 가정할 경우, A와 B가 모두 사과와 배를 생산하기보다는 A가 상대적으로 생산비가 싼 사과를 생산하고 B가 상대적으로 생산비가 싼 배를 생산한 후 교환하면 모두 저렴한 비용에 사과와 배를 먹을 수 있다. 언뜻 들으면 매우 그럴듯한 이론이다. 그러나 제국주의 국가들은 이 '비교 우위'를 악용해 자신들의 실속을 차리고 있다.

현재 세계경제 구도는 다음과 같다. 미국과 유럽, 일본 등은 산업으로 농업을 보조하는 시스템에 속한다. 특히 식량, 목화 및 우유 등 농산품에 대해서는 거액의 보조금을 지급해 생산 비용이 대단히 저렴하다. 이렇게 되자 아프리카 국가들은 별 수 없이 경제 작물을 재배할 수밖에 없다. 아프리카에서 밀을 심어봤자 미국산이나 호주산과 가격 경쟁에서 밀릴 수밖에 없기 때문이다.

따라서 이른바 '비교 우위'라는 미명하에 코트디부아르에서 재배할 수 있는 것은 생산비가 낮은 카카오와 커피뿐이다. 이 결과 현재 코트디부아르에서 카카오와 커피 재배 면적은 전국 경지 면적의 60%, 카카오와 커피 산업에 종사하는 인구는 전국 인구의 25%인 400만 명에 달한다. 또 카카오와 커피 생산액은 GDP의 10%, 카카오와 커피 재배업이 국세에서 차지하는 비중은 30~40%에 이른다. 이밖에 카카오와 커피 수출액은 전국 수출 총액의 42%를 차지한다.

이렇게 되면 어떤 문제가 생기는가? 카카오와 커피 산업은 코트디부아르 경제에서 대단히 중요한 위치에 있다. 이 양대 산업의 흥망성쇠는 코트디부아르 국가경제의 전체적인 흐름을 주도한다. 다시 말해 국제 카카오 가격 내지 커피 가격이 대폭 하락하거나 또는 국제 식량 가격이 대폭 상승한다면, 코트디부아르는 충분한 식량을 수입할 수 없어 결국 전국적인 기근과 소요 사태를 초래하게 된다. 이런 상황에서는 종주국에 의존하지 않고 배겨낼 재간이 없다.

제국주의의 두 번째 올가미 : 사유화

그렇다면 국제 카카오 가격이나 커피 가격을 비정상적으로 갑자기 폭락시킬 방법에는 어떤 것들이 있을까? 바로 경제발전에 이롭다는 명목으로 아프리카 국가들이 사유화 개혁을 실시하도록 부추기는 것이다. 그 다음에 국제적 제재를 통해 아프리카 국가들의 수출입을 제한하면 손쉽게 가격을 통제할 수 있다.

코트디부아르는 독립 후 '농산물 가격 안정화 기금'이라는 정부 기구를 설치해 전국의 농업을 관리했다. 이 기구가 생기면서 재배자들은 생산과 생산물 가격 책정에 대한 자주권을 잃고 말았다. 이에 반해 정부는 독점을 통해 막대한 이익을 얻었다. '농산물 가격 안정화 기금'이 농업을 독점한 시기가 바로 코트디부아르 GDP 성장 속도가 가장 빨랐던 때이다. 이는 따지고 보면 정부가 주요 작물의 구매와 수출입을 독점했기 때문에 가능한 일이었다. 그러나 실제로 이 시기에 대량의 사회적 문제도 유발됐다. 국가경제는 빠른 속도로 성장했으나 국민들은 경제성장의 혜택을 하나도 받지 못했다. 국가 재산 대부분이 부패한 정부 공무원들의 개인 잇속을 챙기는 데 이용됐던 것이다.

시간이 흐르면서 문제가 점점 더 심각해지자 재배자들은 개혁을 촉구하는 목소리를 높이기 시작했다. 때마침 전 세계적으로 사유화 개혁 붐이 일 때였다. 코트디부아르 정부는 마음이 내키지는 않았으나 카카오와 커피 산업에 대한 국가 독점을 완화할 수밖에 없었다. 1999년에는 IMF가 코트디부아르에 대해 경제적 제재를 가하면서 사유화 개혁을 촉구했다.

개혁의 결과로 코트디부아르 정부는 카카오와 커피 산업 관리를 재배자들에게 맡기고 대신 두 가지 명목의 세금만 징수했다. 하나는 통합세로 세율은 카카오의 경우 220CFAF(세파프랑)/kg, 커피의 경우 10CFAF/kg이었다. 다른 하나는 등록세로 카카오와 커피 산업에 모두 5%의 세율을 적용했다.

이렇게 되자 사유화의 슬로건을 내건 외자 기업들이 코트디부아르에 대거 몰려들었다. 이들 기업이 코트디부아르의 카카오 산업과 커피 산업을 손쉽게 장악한 것은 두말할 필요가 없었다. 지금 코트디부아르에는 카카오 가공 기업 4개와 커피 가공 기업 1개가 있다. 이들은 모두 외자 기업이다. 그중 카카오 가공 기업의 가공 능력은 카카오 생산량의 18% 정도, 커피 가공 기업의 가공 능력은 커피 생산량의 12% 정도에 이른다.

코트디부아르에 있는 카카오 가공 기업 4개를 소개하면 다음과 같다.

우선 사코SACO라는 기업이다. 스위스 베리-칼레바우트BARRY-CALLEBAUT 그룹의 자회사로 가공 공장 3개를 가지고 있다. 연간 약 10만 톤의 카카오를 가공한다.

다음으로는 유니카오UNICAO를 꼽을 수 있다. 4대 국제 곡물 메이저인 미국 ADM그룹의 자회사로 1개의 가공 공장이 있다. 연 가공 능력은 약 9만 톤에 달한다.

세 번째로는 미카오MICAO를 들 수 있다. 4대 국제 곡물 메이저인 미국 카길 그룹의 자회사로 1개의 가공 공장이 있다. 연 가공 능력은 약 10만 톤에 달한다.

마지막으로 세무아시CEMOICI가 있다. 프랑스 세무아CEMOI 그룹의 자회사로 1개의 가공 공장이 있다. 연 가공량은 약 6만 톤에 달한다.

코트디부아르에 있는 커피 가공 기업은 카라/네슬레CAPRA/NESTLE이다. 스위스 네슬레 그룹의 자회사로 1개의 가공 공장을 가지고 있다. 연간 약 3만 톤의 커피 원두를 가공한다.

경제적 이익을 위해서라면 군사 행동도 불사

무엇 때문에 외국 기업들은 코트디부아르에서 그토록 큰 영향력을 행사할 수 있는가? 그들은 먼저 '경제 고문'이나 '정치 고문'이라는 명목으로 직접 코트디부아르의 내정에 간섭한다. 이어 코트디부아르 정부가 고분고분 순종하지 않는다 싶으면 반정부 세력을 부추겨 기존 정부를 뒤엎게 한다. 만약 반군이 정부군을 이기지 못할 경우에는 아예 직접 군대를 파병해 정부를 해체시키는 짓도 서슴지 않는다. 필자는 아래에 2004년 코트디부아르에서 일어난 무력충돌 사태의 내막을 밝히고자 한다.

당시 로랑 그바그보 코트디부아르 대통령은 '애국청년단'이라는 새로운 단체를 발족시켰다. 그 목적은 자크 시라크 프랑스 대통령의 지원을 받는 반정부 세력을 견제하고, 코트디부아르 내의 프랑스인들에게 위협감을 주기 위해서였다. '애국청년단'은 반군 내부에 분열이 일어난 틈을 타서 공습을 가했다. 이 소식을 듣고 화가 머리끝까지 난 프랑스는 직접 손을 쓸 기회만 노리고 있었다.

드디어 2004년 11월 6일에 기회가 왔다. 이날 오후 코트디부아르 정부군은 반정부 세력 통제 구역 내의 프랑스군 진영을 습격했다. 무력충돌로 인해 9명의 프랑스인과 1명의 미국인이 사망했다. 프랑스군은 드디어 무력을 사용할 핑계거리를 찾은 것이다. 프랑스군은 다짜고짜 코트디부아르 정부군의 공군을 습격해 쑥대밭을 만들었다. 그 결과 코트디부아르 정부군의 전투기 4대, 무장 헬기 5대 및 운송 헬기 1대가 격추됐다. 프랑스는 잇따라 국제사회에 다음과 같이 선포했다.

"코트디부아르 정국이 초미의 긴장 상태에 휩싸인 가운데 프랑스는 자국 국민의 안전을 도모하기 위해 미라쥐 F1 전투기 3대를 가봉 수도 리브르빌에 있는 프랑스 공군기지에 파견할 것이다."

프랑스 국방부는 또 '평화유지군' 명목으로 300여 명의 군인을 코트디부아르에 증파했다. 2004년 11월 8일, 프랑스군은 코트디부아르 대통령 관저 주변 지역을 완벽하게 점령했다.

이번에는 2008년 10월 6일, 프랑스 파리 형사법원에서 재판을 시작한 '앙골라 무기 밀수 사건'에 대해 살펴보자. 이 사건은 프랑스가 식민지 국가들을 어떻게 조종, 착취했는지 적나라하게 보여준다. 이날 1990년대 앙골라 내전 기간에 앙골라에 무기와 탄약을 밀수한 40여 명의 혐의자들이 법정의 피고석에 섰다.

'앙골라 무기 밀수 사건'의 피고 리스트에는 쟁쟁한 인물들이 수두룩했다. 그중에는 프랑수아 미테랑 전 대통령과 사르코지 현 대통령의 국정 자문역을 지낸 자크 아탈리Jacques Attali, 러시아 마피아 출신의 이스라엘 무기 거래상 알카디 게이다막Gaydamak, 프랑스의 부호이자 앙골라 최대 석유 기업 회장을 지낸 국제 무기상 피에르 팔콘, 샤를르 파스꾸아Charles Pasqua 전 프랑스 내무장관, 프랑스의 유명한 작가 폴 루브 수르지에 등이 망라됐다. 그러나 피고 리스트에서 가장 주목을 끈 인물은 단연 프랑수아 미테랑 전 대통령의 아들이자 아프리카 담당 대통령 자문관을 지낸 장 크리스토프 미테랑이었다.

아프리카 자원을 싹쓸이하다

1973년, 27세의 장 크리스토프 미테랑은 프랑스 국영 통신사인 AFP 기자 신분으로 서아프리카에 파견됐다. 그는 서아프리카에서 9년 동안 머무르면서 명실상부한 '아프리카통'이 됐다. 이 와중인 1981년에 아버지 프랑수아 미테랑이 프랑스 대통령에 당선됐다. 2년 후인 1983년에 미테랑 대통령은 자신의 아들을 아프리카 담당 대통령 자문관인 페인Pain의 보좌관에 임명했다. 이어 1986년에는 페인을 몰아내고 장 크리스토프 미테랑이 그 자리를 대신했다. 이에 장 크리스토프 미테랑은 1986년부터 1992년까지 아프리카 정치 무대에서 가장 주목받는 인물로 우뚝 설 수 있었다.

장 크리스토프 미테랑은 무엇 때문에 아프리카에 갔을까? 프랑스는 장기간 아프리카에서 식민 정책을 펼치면서 정치, 경제 및 군사적으로 막대한 이익을 챙겼다. 또 현지 이익집단과 극비리의 암거래를 지속해왔다. 따라서 프랑스의 역대 대통령들은 모두 가장 신뢰하는 측근을 대리인으로 삼아 아프리카에 파견했다.

장 크리스토프 미테랑은 대담하게도 무슨 짓이든 서슴없이 저질렀다. 대통령 아버지가 든든한 백그라운드가 돼주니 두려울 것이 없었다. 1980~90년대에 프랑스가 아프리카에서 감행한 중대 군사 행동의 배후에는 모두 장 크리스토프 미테랑이 있었다. 자이르의 모부투 정권을 도와 쿠바 용병 군대에 대적하거나 차드의 히센 하브레 정부를 도와 리비아 군을 물리친 것 등이 대표적으로 꼽힌다.

장 크리스토프 미테랑은 전 프랑스 내무장관 고문이었던 말치아니를 통해 국제 무기거래상인 피에르 팔콘, 알카디 게이다막과 손을 잡았다. 말치아니, 팔콘 및 게이다막은 1980년대부터 앙골라에서 무기와 탄약 밀수업에 종사해온 인물들이다. 장 크리스토프 미테랑은 이들과 한통속이 된 후 특수한 신분과 지위를 이용해 군수품 불법 거래에 편의를 제공했다. 이 대가로 그는 1993년과 1994년 2년 동안 앙골라 정부로부터 180만 달러에 이르는 리베이트를 받았다.

전문가들의 분석을 따르면 이들이 불법 거래한 무기 가운데 뇌관과 지뢰만으로도 내전 중인 앙골라에서 50만 내지 100만 명의 사망자를 발생케 했을 것으로 추정된다. 또 사망자들 중 대부분이 전쟁과는 무관한 죄 없는 시민들이었다고 한다. 장 크리스토프 미테랑은 이밖에 1990년 르완다 내전 때에도 무기 밀매에 간여했다.

여기서 짚고 넘어가야 할 인물이 또 한 명 있다. 바로 마가렛 대처 전 영국 총리의 아들 마크 대처이다. 마크 대처는 2004년 8월 25일에 적도 기니에서 쿠데타를 일으키려 한 혐의로 남아프리카공화국에서 체포됐다. 《더 가디언》지에 의하면 마크 대처는 1985년에 영국 정부와 사우디아라비아 정부 간의 200억 파운드의 무기 거래를 중개한 전과가 있었다. 그러나 대처 총리는 아들에게 무기 거래와 관련된 모든 혐의를 부인하도록 지시한 뒤 아들을 남아프리카로 이주시켰다.

필자에게 만약 본문 서두에서 외신 기자가 원자바오 중국 총리에게 했던 질문에 대답할 기회가 주어진다면 다음과 같이 몇 마디 더 보충할 것이다.

"우리는 서구 '선배님'들처럼 아프리카의 돈이 될 만한 것들을 모조리 강탈하고, 가난을 그들에게 남겨주는 파렴치한 짓은 하지 않을 것이다. 우리는 '경제발전의 성과를 함께 나누고 현지 국민들의 생활수준을 철저하게 개선시킨다'라는 가치관을 실현하기 위해 아프리카에서 번 돈으로 아프리카인들을 위해 도로, 병원, 학교 등을 건설할 것이다. 한마디로 아프리카인들에게 보답하고 부패한 공무원들에게는 뒷돈을 챙길 여지를 주지 않을 생각이다. 아프리카인들에게 실질적인 혜택을 주는 우리 방식은 걸핏하면 초현실적인 정치적 요구를 들먹이고 운송 금지, 경제 제재 심지어 무력간섭도 꺼리지 않는 서구 국가들보다 훨씬 더 효과적일 것이라고 생각한다."

『글로벌리티』

– 미국 보스턴 컨설팅 그룹 경영 컨설턴트 3명 공동 집필

1976년 봄, 《뉴요커》지 표지에 '9번 애비뉴에서 바라본 세상'이라는 제목의 삽화가 실렸다. 삽화의 작가는 소울 스타인버그 Saul Steinberg 였다. 이 삽화는 자기중심적이고 편협한 뉴요커의 시각을 풍자한 대표적인 작품이다.

그림은 근경近景, 중경中景, 원경遠景 세 부분으로 구성된다. 근경에는 맨해튼 시내가 사뭇 자세하게 묘사돼 있다. 또 중경에는 나머지 미국이 녹색의 장방형 형태로 표시돼 있다. 그 너머로 멀리 수평선이 보이고 그곳에 중국, 러시아, 일본이 손톱만 한 물방울 모양으로 그려져 있다. 인도는 심지어 그림에 나타나 있지도 않다.

이 표지 그림이 지금 시대에 발행됐더라면 아마 어이없다는 반응이 대다수일 것이다. 중국과 러시아는 말할 것도 없고 인도, 멕시코, 브라질, 터키, 체코 및 기타 급속 성장 중인 국가들이 전 세계 사람들의 생활에 시시각각 영향력을 미치고 있기 때문이다. 주지하다시피 지금은 제품과 서비스의 글로벌 유통이 이뤄지는 시대이다. 우리가 입고 있는 셔츠는 루마니아에서 봉제한 것이다. 또 우리가 먹는 살구는 터키에서 재배한 것이 적지 않다. 또 컴퓨터 기술자는 인도 출신이 깃발을 날리고 있다. 반면 우리가 사용하는 노트북은 중국에서 조립한 것이 많다. 셔츠의 상표나 인도 출신 기술자의 말투 따위는 빙산의 일각이다. 진짜 문제는 우리 생활 주변에 경쟁자들이 가득하다는 사실이다.

누구도, 어떤 곳에서도 글로벌리티를 피해갈 수 없다. 당신도 물론 예외일 수 없다. 어느 날 타타 Tata 그룹이 당신의 기업을 인수할 수 있다. 당신의 아이들이 중국 상하이에서 당신에게 안부전화를 할지도 모른다. 어느 날 갑자기 당신이 멕시코로 발령 날지도 모른다. 그리고 어느 날 당신의 전용 주차장에 반짝거리는 새 창펑長豐(광둥성 소재 자동차 회사―옮긴이) 자동차가 주차돼 있을지도 모른다.

이 모든 일이 발생하는 것은 단지 시간문제일 뿐이다.

제11장

중국의 아프리카 진출을 비난하는 서양 언론

– 서양의 무차별 견제책

자본 수출국은 자본 수출을 통해 항상 일정한 '이익'을 얻는다. 이 '이익'의 성격이 금융 자본과 독점 조직의 시대적 특성을 반영한다.

블라디미르 레닌, 『제국주의론』

"오래 사귄 친구는 순금과 같다"

최근 서방 언론은 중국의 대아프리카 정책에 대한 흠집 내기에 열을 올리고 있다. 제10장에서 언급했던 것처럼 원자바오 중국 총리가 2009년 11월 8일 오후 샤름 엘 세이크에서 열린 기자회견에서 유사한 질문을 받은 것도 같은 맥락이다.

중국과 미국 사이에 불거졌던 타이어 특별 세이프 가드 사건에서 중국이 상세한 데이터와 사실을 열거해 국면을 전환했다면 원자바오 총리는 더욱 복잡한 상황에 직면했을지도 모를 일이다. 외국 언론들은 중국 측이 어떤 대답을 하더라도 필요에 따라 중국의 의도를 왜곡하고 재해석하기 때문이다.

 **배경 제시**

원자바오 중국 총리는 2009년 11월 8일 이집트 샤름 엘 세이크에서 열린 '중국과 아프리카 협력 포럼' 제4차 장관급 회의에 참석한 자리에서 외신 기자의 '중국 신식민주의' 비판론에 맞대응하며 이렇게 주장했다.

"중국과 아프리카 사이의 무역 협력은 이른바 윈-윈 프로그램과 투명성, 개방성을 바탕으로 한다. 중국은 아프리카를 지원하면서 결코 어떠한 정치적 조건도 달지 않는다. 과거에도 그랬을 뿐 아니라 앞으로도 그렇게 할 것이다."

그는 또 외신 기자들에게 이렇게 반문했다.

"무엇 때문에 중국만 비난하는가? 당신들의 의견은 아프리카인들을 대변하는가 아니면 서구인들을 대변하는가?"

원 총리는 역사에 대해 상식이 있다면 중국과 아프리카의 관계가 반세기 이전부터 시작됐음을 알 수 있다고 말했다. 이 말은 분명한 사실이다. 그러나 서방 국가들은 1999년을 경계로 그 이전에는 아프리카의 경제성장이 중국과 하등의 관계가 없다고 여긴다. 반면 그 이후부터 중국과 아프리카 양 지역 간 경제성장 추세가 매우 높은 상관관계를 나타냈다는 사실에 대해서 주목하고 있다. 중국과 아프리카 사이의 경제성장 상관성은 [그림 11-1]을 참조하기 바란다. 미국과 유럽 경제는 IT 버블 붕괴 및 '9·11 테러'를 계기로 일정한 침체를 겪었다. 그러나 아프리카는 거의 영향을 받지 않고 중국과 똑같은 성장세를 나타냈다.

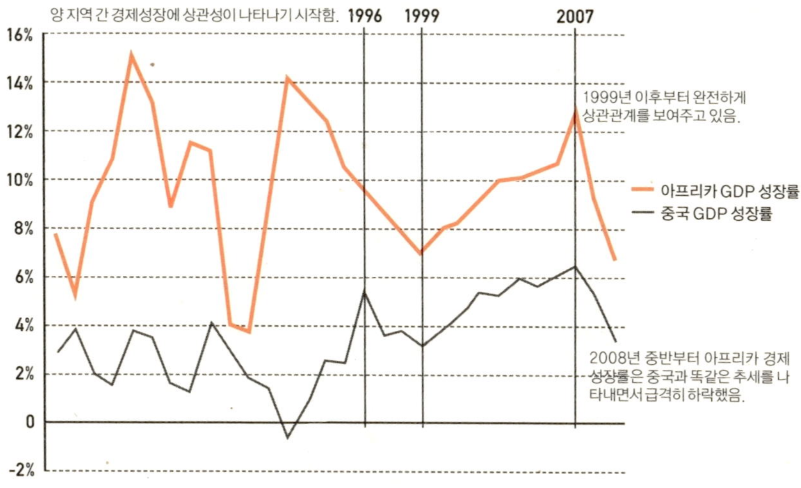

[그림 11-1] 1980년 이후 중국과 아프리카의 경제발전 추세 비교

아프리카는 인류 문명의 발상지이다. 그러나 아프리카 대륙은 고유의 방식에 따라 발전하지 못했다. 서방 제국주의 국가들의 침략을 받았던 탓이다. 서구 열강들은 15세기부터 아프리카의 황금, 상아와 노예를 무자비하게 약탈했다. 이어 1870년대 이후에는 서구 열강들 사이에 아프리카 영토와 자원을 분할하는 붐이 일어났다. 30여 년 만에 아프리카는 완전히 빈털터리가 되고 서구 열강들의 원료 공급 기지로 전락해버렸다. 심지어 20세기 이후부터 서방 각국은 아프리카에 대규모 투자를 단행, 현지의 풍부한 원자재와 저가 노동력을 이용해 거액의 이익을 챙겼다. 이처럼 아프리카 투자 붐이 일면서 아프리카의 고유 산업구조는 심각하게 파괴됐다. 그렇다면 지금은 누가 아프리카 경제를 지배하고 있을까? 어느 국가가 아프리카와의 무역에서 선두를 달리고 있는가?

쉽게 설명하면 중국이 WTO에 가입한 이후부터 아프리카의 중국 경제에 대한 의존도가 점점 더 커지고 있다. 특히 2000년 이후부터 아프리카의 경제 성장률은 중국과 완전히 똑같은 추세를 보여주고 있다. 중국의 입장에서는 기뻐할 만한 성과라고 할 수 있다. 그러나 이는 과거부터 아프리카에서 막대한 이익을 누렸던 유럽 각국 입장에서는 결코 용인할 수 없는 '침략' 행위나 다름없었다. 그래서 그들은 중국의 아프리카 진출을 아프리카에 대한 '자원 사냥' 내지 '침략'으로 묘사하고 있다.

[그림 11-2]에서 아프리카와 각 무역 파트너 사이의 무역 상황을 살펴보면, 아프리카와 유럽 사이의 무역량이 단연 최대임을 알 수 있다. 중국은 원래 아프리카 시장점유율이 매우 보잘것없었다. 아프리카 시장의

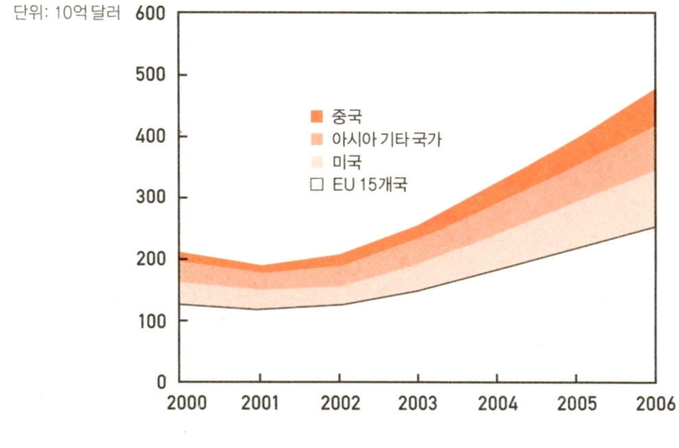

[그림 11-2] 아프리카와 각 무역 파트너 간 무역 상황

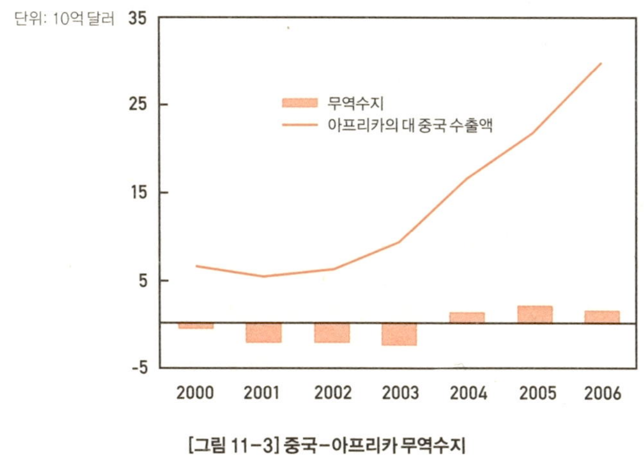

[그림 11-3] 중국-아프리카 무역수지

50% 이상을 점유한 것은 유럽 15개국이었다. 미국도 대아프리카 수출
면에서는 유럽의 상대가 되지 못했다. 주지하다시피 아프리카 대륙은
'신'의 버림을 받은 지 50~60년이나 된다. 그런데 짧은 5~6년 사이에 중
국과 아프리카 사이의 무역이 기하급수적으로 증가해, 중국은 아프리
카 신규 시장의 50% 이상을 점유했다. [그림 11-3]을 보면 아프리카의

대중국 수출액이 거의 지수 함수적으로 증가했음을 알 수 있다. 나아가 아프리카의 대중국 수출 무역이 아프리카 경제성장에 미치는 기여도는 갈수록 커지고 있다.

"역사에 대해 상식이 있다면 중국과 아프리카의 관계가 지금부터가 아닌 반세기 이전부터 시작됐다는 사실을 알 수 있다"라는 주장에 대해 서양인들은 어떻게 생각할까? 반세기 이전까지 중국과 아프리카 사이의 쌍방 무역은 거의 무시해도 될 정도로 매우 적었다. 서양인들은 그때 당시 중국이 유엔에 가입하기 위해 이른바 마음에도 없는 '아프리카 지원 프로젝트'를 실시했다고 생각한다. 또 중국이 그때 당시 정치적 이익을 목적으로 했다면, 지금은 경제적 이익을 목적으로 아프리카를 적나라하게 '침략'하고 있다고 믿는다. 즉 지금의 '보이지 않는 침략'이 더 두렵다는 것이다.

원자바오 중국 총리는 서방 언론의 편파적인 시각에 대해 이렇게 맞대응한 바 있다.

"중국은 아프리카에 투자만 하는 것이 아니다. 학교, 병원 및 학질 예방 치료 센터도 건설하고 있다. 이와 같은 민생 프로젝트의 수혜자는 수억 명에 달한다. 이밖에 중국이 일관적으로 견지하는 원칙은 아프리카를 지원하면서 어떠한 정치적 조건도 달지 않는다는 것이다."

원 총리는 또 외신 기자에게 이렇게 반문하기도 했다.

"무엇 때문에 중국만 비난하는가? 당신들의 의견은 아프리카인들을 대변하는가 아니면 서구인들을 대변하는가?"

내친 김에 그는 "오래 사귄 친구는 순금과 같다. 그 어떤 시련 속에서도 색이 변하지 않는다"라는 말로 기자의 질문에 대한 답변을 마쳤다.

원 총리의 대답은 서구 기자들의 편파적인 주장을 절묘하고도 적절하게 반박한 것이었다. 더불어 중국과 아프리카 사이의 우정이야말로 진정한 우정이라는 사실을 과시했다. 솔직히 말해 중국과 아프리카의 우정은 시간이 흘러도 퇴색하지 않고 온갖 시련을 이겨낼 수 있는 우정이다. 이는 서방 각국들이 '수탈'을 바탕으로 아프리카와 수교한 것과 확연히 구별되는 점이다.

서구 국가들은 과연 중국과 아프리카의 관계에 대한 곱지 않은 시선을 쉽게 바꿀 수 있을까? 필자는 쉽지 않을 것이라고 생각한다.

중국이 아프리카를 진출하는 이유

유럽인들은 무엇 때문에 중국의 아프리카 진출에 촉각을 곤두세우고 행동 하나하나에 곱지 않은 시선을 보내는가? 9·11 테러로 인해 전 세계가 충격과 공포에 빠진 지 얼마 지나지 않아 미국은 아프가니스탄과 이라크를 침공했다. 사람들의 관심은 '이라크가 과연 대량 살상무기를 보유하고 있는지', '미국이 이라크에 출병할 정당한 명분을 가지고 있는지'에 집중됐다. 그때 유럽은 미국의 이라크 침공을 심하게 반대했는데, 근본적인 이유는 중동의 석유 이권 다툼 때문이었다.

이후 미국과 유럽이 다툼을 중지하고 한숨 돌리려는 찰나 놀라운 사실을 발견했다. 그들이 시종일관 확실하게 장악했다고 믿어 의심치 않았던 아프리카 대륙에 어느 샌가 중국인들이 진출해 함부로 얕볼 수 없는 기반을 닦아놓은 것이다. [그림 11-4]를 보면 과거에는 아프리카의 대미 수출액이 대유럽 수출액의 절반도 되지 않았다. 또 아프리카 경제성장에 대한 기여도도 미국이 유럽보다 훨씬 낮았다. 중국은 이보다 더해 아프리카로부터의 수입액이나 아프리카 경제성장에 대한 기여도 모두 미국의 6분의 1에도 미치지 못했다. 그런데 짧은 몇 년 사이에 중국이 약 반세기 동안 지속돼왔던 이런 상태를 완벽하게 깨뜨려버렸다. 2006년 중국의 아프리카에 대한 영향력은 미국의 50%에 달했다. 2009년에는 중국과 아프리카 사이의 쌍방 무역액이 1,000억 달러를 돌파했다. 이 상태가 계속되면 중국이 아프리카에서 유럽을 대체하는 것은 시간문제라고 할 수 있다. 유럽이 가만히 구경만 하겠는가?

중국은 과거 유럽과 달리 아프리카 원조에 본격적으로 나섰다. 대표적으로 탄자니아-잠비아 철도TAZARA를 건설하고 아프리카에 대량의 의료팀도 파견했다. 그럼에도 불구하고 중국은 아프리카에게 석유 한 방울, 광석 1톤도 요구하지 않았다. 그러나 유럽 국가들은 당시 "유엔 가입을 위해 아프리카를 원조한 것이다"라고 비꼬아 말했다. 그때 중국은 개

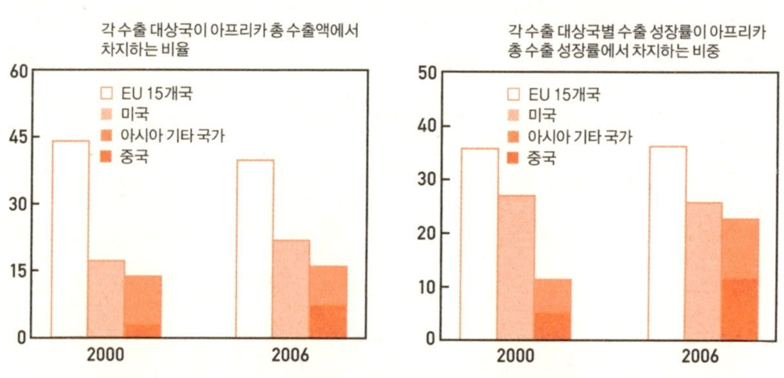

[그림 11-4] 아프리카 주요 수출 대상국의 아프리카 수출 성장에 대한 기여도

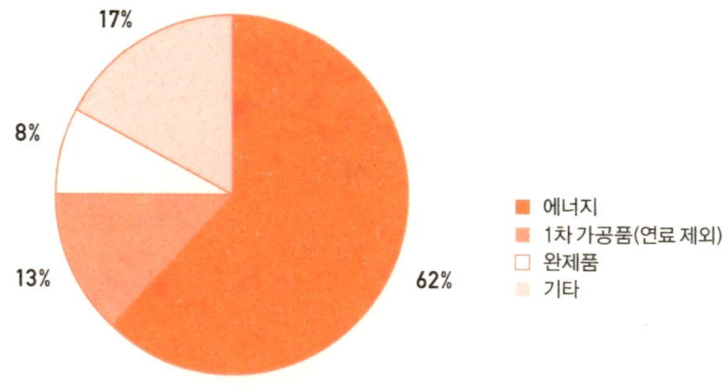

[그림 11-5] 아프리카의 대중국 수출 상품 분포도

혁개방을 실시하기 전이라 자연 자원에 대한 수요가 그다지 많지 않아 아프리카로부터 석유나 광석 제공을 필요로 하지 않았다. 하지만 시간이 흐르면서 중국이 아프리카에서 자원을 대량으로 수입하게 되자 유럽 국가들은 다른 시비를 걸기 시작했다.

데이터를 보면 유럽과 미국이 중국을 두려워하고 견제하는 이유를 분명하게 알 수 있다. 1998년부터 2006년까지 거의 10년 사이에 아프리카의 EU 15개국에 대한 수출은 139% 증가하는 데 그쳤고, 대미 수출은 402% 증가했으나 대중국 수출은 무려 2126%나 신장했다는 사실이다. 아프리카 총 수출액에서 차지하는 비중을 보면 2000년에 중국과 아프리카 사이의 무역 총액이 갓 100억 달러에 달했을 때는 겨우 5%밖에 되지 않았다. 그러나 그 비중이 2005년에는 10%로 증가했고, 이어 2009년에는 쌍방 무역액이 1,000억 달러를 돌파했다. 그렇다면 중국이 아프리카로부터 대량 수입하는 품목은 주로 어떤 것들인가?

[그림 11-5]에서 보다시피 아프리카의 대중국 수출 품목 중에서 에너지가 절반 이상을 차지하고, 다음으로 광물 자원 내지 1차 가공품이

자리한다. 다시 말해 원양 운송에 편리하게끔 원자재를 약간 가공한 상품을 수출하는 것이다. 에너지, 원자재 및 1차 가공품 이 세 가지는 아프리카의 대중국 수출의 92%를 차지하고 있고, 연 평균 32%의 속도로 수출 규모가 증가하고 있다. 따라서 유럽 국가들이 "중국은 아프리카의 자연 자원에만 흥미를 가진다"라고 말하는 것도 무리는 아니다.

서양 언론의 마녀사냥

서방 매체는 강력한 발언권과 언론을 손에 쥐고 조종하는 힘을 무기로 중국에 대한 마녀사냥에 나섰다. 그들은 중국이 아프리카에서 '경제적 원조를 주로 하고 문화적 원조를 부로 하며 군사적 원조까지 더하는' 완벽한 약탈 고리를 이루었다고 주장한다. 이에 대해 중국은 '아프리카에 댐, 도로, 철도, 발전소 등을 건설하는 등 일련의 경제 협력 계획을 실시할 뿐'이라고 반발하고 있다.

서방 언론은 또 중국이 아프리카에 차관을 제공하고 아프리카 건설 공사를 독차지한다고 비난한다. "중국은 아프리카를 지원해 많은 학교, 병원과 학질 예방 치료 센터를 건설했다"라는 중국 정부의 공식 입장을 왜곡한 것이다. 서방 언론은 중국의 목적에 대해서도 강력하게 비난하고 나섰다.

"중국은 정치인들에게 차관을 제공하고 정치 업적을 위한 소위 '이미지 프로젝트'를 수주하는 대가로 아프리카의 대형 광산과 인프라 건설 공사를 독차지한다. 이는 결국 이 과정에서 현지의 부패한 정치인과 공무원들에게 적지 않은 이익을 챙겨주는 것이나 다름없다."

배경 제시

제1차 세계대전이 끝난 다음 서방 각국은 앞 다퉈 아프리카 대륙에 탐사대를 파견해 현지의 황금, 다이아몬드, 동, 석탄, 주석, 백금, 망간, 철 등 광산 자원에 대한 치밀한 탐사를 전개했다. 이 노력의 결실로 제2차 세계대전 발발 전까지 서방 각국은 아프리카에서 전 세계 황금의 46%, 코발트의 75% 및 철광석의 40%를 생산했다. 특히 이 세 가지 광물 생산량은 7개 대륙 중 1위를 차지했다. 그러나 광산의 대규모 개발이 아프리카 각국에게는 전혀 이득을 가져다주지 못했다. 오히려 서방 국가들은 아프리카의 광물 원료를 유럽과 미국으로 운반하여 완제품으로 가공한 다음 다시 식민지 국가에 덤핑이라는 명목으로 높은 가격에 판매했다. 이로 인해 아프리카 국가들은 단일 품목의 1차 가공품 수출에만 지나치게 의존하는 기형적인 경제성장 모델이 고착화됐다. 더불어 서구 자본에 대한 의존도도 갈수록 높아졌다. 서방 국가들이 아프리카와 이런 경제적 관계를 맺고 있으니, 그들의 이익을 대변하는 서구 언론이 어떤 사고와 논리를 가지고 있을지는 불 보듯 빤한 일이 아닐까?

서방 언론은 중국의 아프리카에 대한 적극적인 대규모 투자에 대해서도 꼬투리를 잡고 있다. "금융위기의 영향으로 인해 전 세계적으로 투자 규모가 감소세를 나타내는 와중에도 올해 중국의 대아프리카 투자는 여전히 증가하고 있다"라는 식의 기사는 이제 새로운 것도 아니다. 서방 언론은 중국의 목적에 대해 이렇게 왜곡하기도 했다.

"이는 모두 중국의 국유 기업과 유휴 노동력을 먹여 살리기 위한 행보에 불과하다. 아프리카에서 공사의 도급을 맡고 광산을 개발하는 업체는 모두 중국의 건설회사라고 보면 틀리지 않는다. 또 그 가운데 대부분이 국유 기업이다. 게다가 중국 금융기관이 이들 기업에 거액의 저금리 대출까지 제공하고 있다."

서방 언론은 중국이 아프리카의 자원에만 흥미를 가지고 현지 인권 문제와 경제발전에 대해서는 무관심하다는 비난도 잊지 않는다. 예를 들면 다음과 같은 내용이 될 수 있다.

"중국은 아프리카를 지원하면서 어떠한 정치적 조건도 달지 않는다는 원칙을 일관적으로 견지하고 있다."

서방 언론은 '블러드 다이아몬드 Blood Diamond(아프리카 내전 지역에서 아프리카 반군에 무기 등 자금을 공급하기 위해 불법적으로 채굴해 거래되는 미가공 다이아몬드를 가리킴-옮긴이)' 수입국들이 비난받아 마땅한 것처럼 내전 지역의 석유를 채굴, 수입하는 국가도 지탄받아 마땅하다고 일관되게 주장하고 있다. 솔직히 그들의 말대로라면 적어도 내전 지역의 석유 판매 대금이 무기 구매에 사용되지 않도록 확실한 조치를 취해야 마땅하다. 이런 상황에서 중국은 때마침 다르푸르에서 내전이 한창일 때 그곳에 가서 석유를 채굴했다. 어쩌면 서방 언론으로부터 비난의 표적이 된 것은 당연할 수도 있다.

이밖에 서방 언론은 중국이 아프리카의 자연 자원만 '약탈'할 생각을 가지고 있지, 현지 주민들의 생사에는 관심조차 없다고도 비난한다. 중국 상선 안웨장-광저우安岳江-廣州 호가 부적절한 시기에 아프리카에 나타나 호시탐탐 중국을 비난할 기회만 노리던 서방 언론에 좋은 빌미가 된 것이 대표적인 사례라고 하겠다.

2008년 4월, 중국 상선 안웨장-광저우 호는 짐바브웨에 무기를 전달하기 위해 남아공에 물건들을 하역하려 했다. 그러나 항만 노조의 하역 거부로 인해 결국 배를 돌려 귀항할 수밖에 없었다. 남아공 측에서 하역을 거부한 이유는 중국의 무기가 짐바브웨의 로버트 무가베 정부에 전달돼 반군 진압에 사용될 것을 우려했기 때문이다. 이 사건은 바로 외교적 분쟁으로 이어졌다. 로버트 무가베는 1987년에 대통령에 취임한 이후 국제사회로부터 '인권을 유린하고 심각한 인플레이션을 유발한 독재자'로 비난받는 인물이다. 그래서였을까, 2008년 짐바브웨 총선에서 로버트 무가베의 라이벌인 모건 창기라이가 이끄는 민주변화운동^{MDC}이 의회 의석의 과반수를 차지하면서 무가베 정권의 장기 독주 체제를 무너뜨렸다. 또 그해 3월에 열린 대통령 선거에서 모건 창기라이는 자신이 높은 득표율로 승리했다고 주장했다. 그러나 무가베 정부는 결과 발표를 차일피일 미루기만 했다. 일각에서는 무가베가 정권을 내주기 싫어 부정선거를 획책하고 반대파를 탄압한다는 소식도 흘러나왔다. 이런 아슬아슬한 시기에 안웨장-광저우 호 사건이 터진 것이다. 서방 언론으로서는 중국이 무가베에게 무기를 공급한다고 덤터기를 씌우기 딱 좋은 상황이었다.

"중국의 국유 광업 기업들은 매일 1파운드 미만의 노임을 주면서 아프리카 현지인들을 고용해 광물 자원을 채굴한다. 또 이 자원을 중국산 자동차에 실어 중국 기업이 건설한 도로와 철도를 통해 중국 기업의 지원을 받는 항구까지 운송한다. 그런 다음 중국 원양 운송회사를 통해 중국으로 가져간다. 이 과정에서 중국은 군수 무역까지 병행한다."

마녀사냥은 두려울 게 없으나 문제는 '산업 사슬'까지 들먹이면서 중국이 이른바 조직적인 범죄를 저지르고 있다고 매도하는 것이다. 중국은 이런 서방 언론의 억지논리에 대응하기도 안 하기도 어려운 난처한 상황에 처해 있다.

중국은 서양의 이익 구도를 파괴하는가?

중국이 아프리카에서 수주한 공사 가운데 수단 다르푸르 지역의 원유 개발이 공격의 표적이 되고 있다. 사실 다르푸르 유전은 중국이 아니라 미국이 가장 먼저 발견했다. 미국의 셰브론 정유회사는 1960년대 초에 수단에 진출하여 처음에는 홍해를 중심으로 탐사를 벌였다. 그리고 이들은 수단항 부근의 수아킨SUAKIN에서 가스전을 발견했다. 셰브론은 곧이어 수단 남부에서 장장 10년 동안 탐사 작업을 벌인 결과 드디어 대형 유전 여러 개를 발견했다. 그런데 수단 남부 유전을 발견한 바로 그 이듬해 셰브론의 직원 3명이 반정부 게릴라에 의해 피살당하는 사태가 발생했다. 이 사건으로 인해 셰브론은 수단에서 철수했고 유전 개발 역시 방치되었다.

1997년 미국은 수단에 대한 경제적 제재의 일환으로 미국 기업과 수단의 무역 거래를 금지시켰다. 궁지에 몰린 수단은 생존을 위한 방편으로 중국과 손을 잡기로 결심하고 중국 기업에 유전 개발을 위탁했다. 이쯤 되면 미국이 중국과 수단 간 협력을 시기, 질투 내지 방해하는 이유를 알아차릴 수 있을 것이다.

서방 각국은 아프리카 광업을 철저하게 통제했을 뿐 아니라 농업 구조도 완전히 바꿔놓았다. 아프리카 재배농들은 서방 식민주의의 강요에 못 이겨 전통 농작물을 포기하고 수출 전용 경제 작물만 재배하다 보니, 아프리카의 대부분 경지가 몇 종류 안 되는 경제 작물의 재배에만 이용되었다. 제2차 세계대전 초기에 아프리카 농업은 단일 경제 작물 재배 구조로 완전히 바뀌었다. 예컨대 동아프리카에서는 목화, 커피, 담배 및 아마만 재배했다. 또 서아프리카에서는 땅콩, 카카오, 목화 및 올리브만 재배했다. 결과적으로 아프리카는 서방에 원료를 제공하는 수출 주도형 경제가 주류를 이루게 되었다. 따라서 금융, 재정, 무역 등 제반 분야에서 갈수록 서방에 의존하는 관계가 형성되었다. 이런 상황에서 다른 국가가 아프리카와 협력을 진행한다면 필연적으로 서방 각국의 이익과 충돌할 수밖에 없었다. 그러니 서방 언론들이 편견을 가진 목소리를 내지 않을 수 있겠는가.

서방 각국들에게 중국과 수단의 협력은 무엇을 의미할까? 그들이 수단에 대해 각종 이유로 경제적 제재와 봉쇄를 가하는 진짜 목적은 말도 안 되는 헐값에 수단의 유전을 차지하기 위해서이다. 그들은 8년이나 10년 동안 제재를 가하면 수단이 합자 자본을 마련하지 못할 것이라고 생각했다. 그때가 되면 수단의 유전은 자신들의 차지가 될 것이 분명하다고 판단했다. 그런데 마침 중국이 수단에 진출하면서 이들의 일방적인 게임 룰이 파괴되고 말았다. 중국은 수단에 차관을 제공하는 조건으로 유전을 확보했다. 수단은 원유 수출을 통해 벌어들이는 외화를 담보로 매달 일정 액수를 융통해 중국 측에 투자 원금, 이자와 투자 수익을 상환하는 방법이었다.

서방 국가들의 화를 돋우는 또 한 가지 사건이 있었다. 중국은 아프리카의 유전을 개발할 때 산업 사슬의 상위 단계부터 중·하위 단계까지 통합적으로 개발하는 것을 원칙으로 했다. 이로 인해 페트로 차이나를 필두로 한 중국 기업들이 모든 이익을 독차지하게 될 것이라고 여긴 서방 국가들은 중국을 극도로 증오하게 되었다.

다르푸르 유전 개발 프로젝트와 관련해 중국 측의 유전 도급 공사 금액은 약 9억 달러, 예상 이익은 약 1억 달러로 추산되고 있다. 이밖에 중국 정유 기업의 관련 프로젝트 도급 금액은 약 5억 3,000만 달러, 예상 이익은 역시 1억 달러로 추산되고 있다. 이처럼 유전 개발 공사를 수주하면서 중국산 기계 설비 수출 역시 호황을 누렸다. 예컨대 송유관으로 사용될 20만 톤급 강철 파이프는 중국 바오강 그룹에서 생산하고, 완제품은 페트로 차이나 산하의 네 개 강관 공장에서 가공한다. 이밖에 중국의 유정 시추, 물리적 탐사, 유정 검사 등의 기술도 현지의 유전 개발에 대거 동원되었다. 그중에서도 서방 국가들이 가장 참을 수 없는 것은 중국 노동력이 대량으로 수출되고 있다는 사실이다. 다르푸르 유전 개발 공사에만 6,000명 이상의 중국인 인력이 동원되고 있다.

서방 기자의 질문은 분명히 중국인들에게 올가미를 씌우려는 것이다. 그들은 "중국은 아프리카의 자원에만 관심이 있지 않느냐?"라고 물었다. 그 뜻인즉 중국은 아프리카의 인권, 사회 복지 및 생활환경 개선에는 전혀 관심이 없다는 말이다. 중국이 질문을 던진 기자의 의도대로 '아프리카의 자원'에 대해서만 논한다면 올가미에 걸려들게 된다. 그들은 중국이 아무리 확실한 증거를 제시해도 이를 왜곡해서 자신들의 이익에 부합하는 편파적인 보도를 계속할 것이기 때문이다.

 **배경 제시**

1960년대부터 아프리카 각국이 잇달아 독립을 선언하면서 식민주의는 아프리카에서 형식적으로 자취를 감췄다. 그러나 서방 각국들은 중국과 '내정 불간섭' 등의 이른바 '평화공존 5원칙'을 상호 준수한 것과 달리, 아프리카에 대해서는 꾸준히 정치적 영향력을 행사했다. 서방 각국들은 아프리카에 침투, 확장, 간섭하는 것도 모자라 심지어 '평화 유지'라는 미명 하에 자국의 정치적 목적까지 달성했다. 그러나 오늘날 아프리카 각국에서 '평화'와 '안정'을 추구하는 목소리가 높아지면서 서방 각국의 아프리카 정책 기조에도 변화가 생기고 있다. 그렇다면 서방 국가들은 지금 어떤 수단으로 아프리카를 농락하고 있는가? 중국은 어떤 방법으로 서방 언론의 편파적인 발언을 반박해야 하는가?

중국은 어떻게 자신의 목소리를 내야 할까? 관건은 먼저 서방 각국들의 근본적인 의도를 파악하는 것이다. 그런 다음 서방 언론 고유의 사고 방식과 수법을 확실하게 장악하면 된다. 또 '중국과 아프리카 사이의 협력과 교류는 전면적'이라는 사실을 밝혀 서방 언론의 편파적인 시각에 맞서야 한다. 나아가 역사와 현실을 결부시킨 사유 방식으로 서방 언론의 거두절미 스타일의 왜곡에 대응해야 한다. 이를 위해 가장 중요한 것은 중국이 끊임없이 성장, 발전하는 것이다. 더 강대해져야 국제무대에서 발언권을 행사하고 자신의 목소리를 낼 수 있다.

　무엇보다 중국은 아프리카의 자원에만 관심이 있지 않다는 사실을 명확하게 밝힐 필요가 있다. 솔직히 중국은 아프리카 현지인들의 생활환경 개선을 중요하게 생각하고 있다. 경제성장에 따른 성과를 현지 주민들과 함께 나눌 마음가짐도 돼 있다. 실제로 중국과 아프리카 사이의 쌍방 무역이 급성장한 2000년 이후부터 아프리카의 GDP 연 평균 성장률은 4%를 초과했다. 심지어 20년 만에 처음으로 6% 수준에 이르기도 했다. 아프리카 경제는 중국의 '그 어떤 정치적 조건도 달지 않은' 확고하고 튼튼한 도움이 있었기 때문에 제2차 세계대전과 독립운동 이후 전례 없던 번영과 발전을 구가하게 됐다.

　하르툼 정유공장은 1998년에 착공한 이후 줄곧 국제적으로 통용되는 환경보호 규정과 '세 가지 폐기물' 배출 규정을 엄격히 지키고 있다. 공장 주변에 길이 10킬로미터에 달하는 그린벨트를 조성하고 88만 달러를 투자해 4개의 산화지oxidation pond를 건설했다. 공장에서 나오는 폐수는 생물학적 처리를 거쳐 깨끗한 물로 바꿔 24만 평방미터의 맑은 호수를 만들어낸다. 정유공장 주변 지역의 대기오염, 매연과 분진 및 소음 환경지표는 모두 국제 표준에 부합한다. 따라서 현지 환경 보호를 위해 긍정적인 기여를 하고 있다고 단언해도 좋다.

　중국은 "경제발전의 성과를 함께 나누고 현지 주민들의 생활수준을 철저하게 개선시킨다"라는 가치관을 실현하기 위해 피의 대가를 지불하기도 했다. 2008년에 중국인 9명이 수단 반군에 인질로 잡히는 사건이 일어나 5명이 목숨을 잃었다. 중국은 이처럼 실제 행동으로 아프리카의 친구들에게 "당신들은 신의 버림을 받지 않았다. 중국은 평등하고 솔직하게 경제성장의 성과를 당신들과 나눌 것이다"라는 메시지를 보내고 있다.

중국은 정부와 민간 차원에서 모두 대외 교류 과정의 정확한 관점을 밝히고 전파할 책임과 의무를 가지고 있다. 중국의 공명정당함을 널리 선전하고 서방 언론이 무엇 때문에 중국과 아프리카 사이의 관계를 음해하는지 정확하게 밝혀내야 한다. 중국은 대외선전 과정에서 서방 언론의 수박 겉핥기식 터무니없는 논리에 당당하게 맞서야 한다.

『인도의 도래』

— **라픽 도사니** Rafiq Dossani

인도는 수수께끼와 모순으로 가득한 아주 특이한 국가이다. 예컨대 인도의 경제와 사회 발전 수준은 매우 뒤떨어졌으나 우수한 민주적 전통의 역사는 대단히 유구하다. 인도에서 특정 지표, 이를테면 여성 건강이나 아동 영양 등에 대한 투자는 심지어 사하라 사막 이남의 아프리카 국가보다도 훨씬 더 못하다. 이토록 낙후한 국가가 어떻게 민주주의 체제를 수호하고 유지하는지 미스터리가 아닐 수 없다. 반대로 이토록 민주화 수준이 높은 인도의 경제 수준이 무엇 때문에 낙후되었는지도 수수께끼가 아닐 수 없다.

오늘날 인도 경제는 왕성한 기세로 성장하고 있다. 그렇다면 이 같은 경제적 변화는 어떻게 발생한 것인가? 얼마나 오랫동안 지속될 것인가? 경제적 변화가 사회 발전을 이끌 수 있을까? 인도는 정말 이해하기 어려운 국가가 틀림없다. 인도 국민들 역시 자국에 대해 잘 알지 못하기는 마찬가지가 아닐까 싶다. 그 이유는 무엇인가? 다름 아닌 인도가 '다양성'의 나라이기 때문이다. 인도의 다양성을 보여주는 가장 비근한 예로, 인도의 메이저 라디오 방송국은 매일 뉴스를 보도할 때 350가지 언어(사투리 포함)로 방송한다. 한마디로 인도라는 국가의 비밀을 샅샅이 파헤친다는 것은 매우 도전적인 과제임이 분명하다.

인도는 경제성장과 대중매체의 발달 등 여러 가지 원인으로 말미암아 사람들이 점점 하나의 공동체로 뭉쳐지는 듯한 느낌을 주고 있다. 물론 이와 같은 느낌은 사실보다는 상상에 기인한 것이다. 공동체 내의 대다수 사람들은 공통의 포부와 감정을 가지고 있다. 국가의 형성 과정이 바로 이러하다. 그러나 국가의 형성 과정이 반드시 긍정적인 결과로 이어진다는 보장은 없다. 인도인들에게 '국가'라는 테두리 안에서 평화 공존하는 방법을 배우는 것은 아직까지도 매우 낯선 경험이다. 이 점에서 인도는 다른 국가들의 경험을 많이 배울 필요가 있다.

이 책은 변화 중인 인도의 이모저모를 보여주면서 인도가 세계경제의 주역으로 떠오르고 있음을 다방면으로 논증하고 있다. 제3자의 시각으로는 제도적인 면에서는 선진국을 모방하고, 경제성장 방식은 동아시아 쪽에 가까운 인도의 변화가 어쩌면 '낯익어' 보일지도 모른다. 그러나 엄밀히 말하면 인도는 인도만의 독특한 길을 걷고 있다. 한마디로 인도는 고유의 다양성을 유지하면서 다른 한편으로는 또 하나의 국가로 점차 성숙해가고 있다.

제12장 미국을 이해하려면 오바마를 알아야 한다

제13장 그는 어떻게 노벨평화상을 받았을까?

제14장 오바마의 세 가지 선물

제12장 미국을 이해하려면 오바마를 알아야 한다

제13장 그는 어떻게 노벨평화상을 받았을까?

제14장 오바마의 세 가지 선물

제5부

신제국주의의 최전선, 미국

미국을 이해하려면 오바마를 알아야 한다

- 오바마 정부의 실체

위기(가장 흔히 볼 수 있는 경제위기를 포함한 각양각색의 위기)는 자본의 집중과 독점을 크게 가속화시켰다. 주지하다시피 1900년의 경제위기는 현대 독점 형성 역사에서의 전환점이었다.

블라디미르 레닌, 『제국주의론』

전설적인 흑인 대통령

전설적인 흑인 대통령으로 불리는 버락 오바마는 지금도 여전히 전 세계인의 주목을 받고 있다. 아마 대부분의 사람이 오바마에게 관심을 가지는 이유는 여느 대통령과 다른 피부색 때문일 것이다. 사실 오바마는 매우 속이 깊은 사람이다. 우리는 그를 너무 단순하게 생각했다. 주의 깊게 지켜봤을지 모르겠으나 그는 대선에 출마한 첫날부터 대통령에 당선돼 박수갈채를 받은 날까지 시종일관 웃는 모습이나 우는 모습을 보인 적이 없다. 한마디로 말해 그는 감정을 쉽게 내색하지 않는 사람이다.

오바마는 다른 사람에게 비난을 받을 때에도, 그리고 누군가 자신과 절친한 목사를 공격하는 발언을 할 때에도 시종일관 냉혹하리만치 침착한 표정을 유지했다. 필자는 그것을 보고 엄청나게 놀랐다. 이토록 냉정한 성격을 가진 사람이 만약 대통령에 당선되지 못했다면 어떤 직업이 가장 어울렸을까? 아마 월스트리트의 펀드 매니저가 그의 적성에 딱 맞았을 것이다.

배경 제시

버락 오바마의 출생 당시(1961년)까지도 흑인들은 투표권이 없었다(1965년에 투표권법이 통과됐음-옮긴이). 또 오바마의 부모가 결혼한 당시만 해도 미국 상당수 주는 흑인과 백인 간의 결혼을 법으로 금지했다. …… 그러나 검은 피부에다 몸속에 비주류 인종의 피가 흐르는 일개 서민이었던 오바마는 정계 진출 7년 만에 미국 정치 무대의 제1인자로 등극했다. 그렇다면 민심을 '변화'의 코드로 사로잡은, 미국 건국 221년 만의 첫 흑인

오바마는 성격이 냉혹하기는 하나 의외로 유머러스한 면도 있다. 그는 대통령에 당선되기 전 미국 역대 대통령 4명의 얼굴이 새겨진 사우스다코타주의 러시모어산을 방문한 적이 있었다. 이때 한 기자가 농담을 건넸다.

"당신의 얼굴이 다섯 번째로 러시모어산에 새겨지는 일을 상상해본 적이 있습니까?"

기자의 농담에 오바마는 재치 있게 대답했다.

"제 귀가 커서 거기에 낄 수 있겠습니까?"

오바마는 대선에 출마한 이후 일생일대의 위기를 맞은 적이 있었다. 한 흑인 목사가 오바마의 경선에 불리한 과격한 발언을 했던 것이다. 이 흑인 목사는 오바마와 매우 가까운 사이였다. 오바마의 두 딸도 이 목사에게서 세례를 받았을 정도였다. 이 목사는 미국의 백인들을 뼈저리게 증오하는 사람이었다. 그는 "에이즈는 미국이 소수민족을 학살하기 위해 아프리카에 퍼뜨린 것이다"라는 심한 말은 물론, "9·11 테러는 신이 미국을 응징한 것이다"라는 발언까지 했다. 그것도 오바마가 대통령 선거에 나선 시기에 언론을 통해 이런 주장을 퍼뜨렸다. 오바마의 '좋은 친구'라는 사람이 자신은 미국을 증오한다면서 선거에 훼방을 놓은 것이나 마찬가지였다. 그렇다면 오바마는 어떻게 이 위기를 극복했을까?

오바마의 슬로건 : 변화

오바마는 이 문제를 어떻게 해결했을까? 한마디로 그는 대단한 사람이 었다. 이 문제를 해결하는 과정을 지켜보면서 사람들은 그가 어떤 대통 령이 될지 충분히 상상할 수 있었다. 일반인이 이런 상황에 처했다면 아 마 그 목사를 호되게 질책했을 것이다. 이어 그 목사와 절교하겠다는 내 용의 대국민 사과문을 발표하는 것이 최선책이라고 생각했을지도 모른 다. 국민들 앞에서 머리를 조아리면서 "죄송합니다. 잘못했습니다. 저는 처음부터 그 목사가 싫었습니다. 다시는 그 목사와 상종하지 않겠습니 다"라고 자신의 잘못이 아님을 간절하게 호소했을 것이다. 누구나 오바 마가 기자회견을 연 다음 국민들 앞에 그렇게 사과할 것이라 생각했다. 그러나 오바마는 그렇게 하지 않았다.

 **배경 제시**

66세의 제레미아 라이트 목사는 미 대통령 선거의 다크호스인 오바마의 선거운동에 나타난 최대의 걸림돌이었다. 이 흑인 목사는 원래 오바마를 기독교 신앙으로 인도하고 결혼식 주례를 섰으며 오바마의 두 딸에게 세 례를 해준 사람이었다. 22년 동안 오바마의 정신적 스승이라고 해도 과 언이 아니었다. 그런 그가 오바마의 선거에 불리한 극단적인 주장들을 펼 치면서 정신적인 제자를 궁지에 몰아넣었다. 오바마로서는 입장이 난처 해질 수밖에 없었다. 라이트 목사와의 절교를 선언해야 할 것인가 아니면 계속 과거의 관계를 유지해야 할 것인가? 분명한 것은 오바마가 어떤 선 택을 하든 긍정적인 결과를 기대하기 어렵다는 사실이었다. 오바마는 어

2008년 3월 18일, 오바마는 필라델피아에서 '더욱 완벽한 연합'이라는 제목의 유명한 연설을 발표했다. 그의 첫 마디 말은 다음과 같았다.

"죄송합니다. 저는 라이트 목사와 절교할 수 없습니다."

오바마가 라이트 목사를 비난할 것이라고 기대했던 좌중의 사람들은 깜짝 놀랐다. 오바마는 말을 이었다.

"저를 키워주신 백인 외조모를 부정하는 것 이상으로 그를 부정할 수 없습니다. 저의 아버지는 흑인이고 어머니는 백인입니다. 그분들은 제가 어릴 때 이혼했습니다. 저는 외조모의 손에서 자랐습니다. 그분은 백인입니다. 그분은 저를 위해 모든 걸 희생하고 저에게 모든 사랑을 쏟아 부었습니다. 그러나 저의 외조모도 흑인에 대해서는 인종적인 고정관념을 가지고 있는 분이셨습니다. 그분은 제게 '거리에 나가면 흑인들이 옆을 스쳐지나가는 것이 제일 두렵다'고 말씀하셨습니다. 또 그분은 흑인들을 증오한다고 자주 말씀하셨습니다. 그렇다고 제가 외조모와 절교를 해야 할까요? 마찬가지로 저는 라이트 목사와도 절교할 수 없습니다. 이 분들은 제가 사랑하는 미국의 일부분이기 때문입니다. 라이트 목사는 분명히 잘못을 범했습니다. 그가 행한 설교의 큰 잘못은 우리 사회의 인종주의에 대해 극단적으로 말했다는 게 아닙니다. 미국 사회가 끊임없이 진보하고 있고 더 변할 수 있는 국가라는 사실을 잊었다는 것입니다."

오바마가 선거 과정에 민심을 얻기 위해 내건 슬로건이 바로 '변화'였다. 슬로건과 코드가 딱 들어맞은 이 연설은 전 세계의 박수갈채를 받았다. 오바마의 이 연설이 링컨 전 대통령의 취임 연설 못지않게 훌륭했다는 호평도 많았다. 그의 연설은 전 미국 국민의 마음을 사로잡기에 충분했다.

오바마는 연설에서 라이트 목사가 범한 가장 큰 잘못은 미국의 '변화'를 믿지 않고 미국 사회가 정체돼 앞으로 진보하지 않는 것처럼 말한 것이라고 지적했다. 그는 나아가 백인과 흑인의 대립이 엄연한 미국의 현실이고 피할 수도 없으나 이 현실을 변화시키는 것이 자신의 이상이라고 말했다. 또 자신의 노력으로 라이트 목사와 그의 외조모를 비롯한 모든 사람들의 인종적 편견과 고정관념을 다소 변화시킬 수 있을 것이라고 강조했다. 오바마의 연설을 통해 그가 얼마나 총명한 사람인지 금방 알 수 있다.

오바마의 훌륭한 연설은 많다. 그중에서도 애틀랜타의 106세 흑인 할머니 쿠퍼의 인생을 통해 미국 역사를 조명한 대목은 대단히 인상적인 연설로 손꼽힌다. 주지하다시피 미국은 여성과 흑인에 대한 차별이 심한 국가였다. 더구나 여성에 대한 성적인 차별은 흑인에 대한 인종 차별보다 정도가 훨씬 더 심각하다. 흑인 남성은 1870년부터 투표권을 행사할 수 있었던 반면, 여성은 1920년이 되어서야 비로소 투표권이 주어졌다. 따라서 미국에서 흑인 여성으로 살아간다는 것은 정말 버거운 일이다. 그러나 오바마는 연설에서 이렇게 말했다.

"보십시오! 106세의 흑인 여성도 오늘 신성한 투표권을 행사했습니다. 과거에 존재하던 여성과 흑인에 대한 차별은 지금 이 시각부터 더 이상 존재하지 않습니다. 그래서 저도 대통령에 당선될 수 있었습니다. 저는 52%의 득표율로 당선됐습니다. 나머지 48%의 유권자들은 저에게 투표하지 않았습니다. 그럼에도 불구하고 저는 당당히 미국 대통령이 됐습니다."

오바마다운 패기 넘치는 발언이 아닐 수 없다.

'스마트 파워'

배경 제시

오바마의 이미지로는 달변이 우선 꼽힌다. 여기에 패기와 재능도 남들보다 뛰어나다. 미국에서 시작된 이런 오바마 열풍은 빠른 속도로 전 세계에 확산됐다. 글로벌 초강대국인 미국에 이처럼 자신감과 패기가 넘치는 대통령의 등장으로 향후 세계정세에는 어떤 영향을 끼칠 것인가? 오바마의 일관적인 '보호주의' 정책은 중국에 과연 어떤 의미를 가지는가?

오바마는 대통령 취임 초기부터 일련의 복잡한 난제에 부딪혔다. 100년 만에 찾아온 금융위기를 제외하고라도 아프가니스탄을 비롯해 이라크, 러시아, 이란, 파키스탄, 북한 등과 관련한 국제적 문제들이 이 신임 대통령을 시험했다. 오바마는 대통령이 된 다음 전화 외교로 국제무대에서 첫 선을 보였다. 그는 2008년 11월 6일부터 8일까지 미국과의 전략적 관계를 기준으로 세계 각국을 네 그룹으로 분류한 다음 릴레이 전화 외교를 펼쳤다. 놀랍게도 중국과 러시아는 미국과 중요한 관계를 가진 국가들임에도 불구하고 세 번째 그룹에 편입됐다. 이 같은 의도적인 안배는 오바마의 어떤 생각에 기인한 것일까?

오바마는 보호무역 정책의 일환으로 중국의 위안화 절상을 끈질기게 촉구해왔다. 그는 위안화 가치가 저평가됐기 때문에 중국의 수출이 대폭 증가하여 일정 정도 미국의 취업률이 하락하는 데 영향을 미쳤다고 주장했다. 따라서 많은 사람들은 오바마가 대통령이 된 후 중국 경제에 부정적인 영향을 미치지 않을까 적잖이 우려했다. 따지고 보면 우리가 오바마라는 사람에 대해 전혀 아는 바가 없기 때문에 이 같은 걱정도 사실 당연한 것이라고 할 수 있다.

그가 대통령에 취임한 후 어떤 움직임을 보이고 어떤 정책을 내놓을 지 당연히 아무도 몰랐다. 미국 대통령의 다음 행보를 미리 예측하기 위해서는 먼저 그의 이데올로기와 사상에 대해 알아볼 필요가 있다. 그가 문제를 어떻게 바라보는지는 대단히 중요하다.

필자는 미국 대선일을 앞두고 열렸던 버락 오바마 민주당 후보와 존 매케인 공화당 후보 간 TV 토론회를 주목한 적이 있었다. 당시 앵커는 '악의 축에 대한 대처 방법'에 대해 질문을 던졌다. 그러자 매케인 후보 는 탁자를 탕 내리치면서 대답했다.

"당연히 싸워서 물리쳐야죠."

그러나 오바마 후보는 이렇게 말했다.

"물론 악의 축에 맞서야 합니다. 그러나 우리가 알아야 할 것은 이른 바 악의 축이 생겨난 이유가 과거 우리의 대처 방법에 문제가 있었기 때문이라는 사실입니다. 따라서 우리는 악의 축에 대처하는 과정에서 우선 스스로 반성해야 합니다."

오바마의 대답은 다른 것이 아니었다. 조지 W. 부시를 비롯한 모든 공화당 출신 대통령들이 '적 아니면 동지'라는 식의 이분법적인 틀에 갇혀 중립을 지키지 못했던 것을 비난한 것이다. 앵커가 다시 "이란에 대해 어떻게 생각하느냐?"라고 물었다. 이때 매케인은 다시 탁자를 탕 내리치면서 대답했다.

"이란은 악의 축이기 때문에 적대시해야 합니다. 나는 미국의 우방들을 끌어 모은 '민주연합'을 결성해 이란에 대항할 것입니다."

그러나 오바마는 매케인의 주장에 반대 입장을 피력했다.

"그 의견에는 찬성할 수 없습니다. 매케인 후보의 이분법적인 사상은 중국과 러시아를 배척하는 것입니다. 미국이 중국과 러시아를 배척할 경우 이란 문제를 효과적으로 해결할 수 없습니다. 미국은 반드시 중국 및 러시아와 손을 잡아야 합니다. 적 아니면 동지라는 식의 극단적인 시각을 버리고 서로 다른 이데올로기를 가진 국가들과 협력해야만 성공을 거둘 수 있습니다."

이것이 바로 오바마의 예지 넘치는 일면이다. 이라크 전쟁 기간에 프랑스, 독일 및 영국은 미국과 잦은 의견 충돌을 빚었다. 걸핏하면 미국의 이런저런 행동에 트집을 잡고 파병하지 않겠다는 말로 으름장을 놓기도 했다. 그러나 이 같은 다툼은 별로 큰 문제가 되지 않았다. 유럽 각국은 미국의 우방국이기 때문에 다툼을 벌이다가도 다시 화해하면 그만이었다. 그러나 중국, 러시아와의 관계는 전혀 달랐다. 미국의 역대 대통령들은 사회주의 국가들과의 외교 문제로 적잖게 골머리를 앓았다. 그만큼 민감한 사안이었다. 만약 적 아니면 동지라는 식의 극단적인 입장을 견지하던 조지 W. 부시 정부가 중국 및 러시아와의 관계를 잘 처리하지 못했더라면 아마 중국과 러시아는 미국의 '적'으로 낙인찍혀 세계가 또 다시 냉전체제에 진입했을지도 모른다.

미국 공화당은 과거에 줄곧 이분법적인 이데올로기를 고집했다. 그들의 논리대로라면 미국의 편을 들어주는 국가는 미국의 동지이다. 반면 미국과 맞서는 국가는 모두 미국의 적이다. 이것이 바로 미국의 일방주의이다. 그런데 오바마는 전임 대통령들의 적 아니면 동지 식의 이분법적인 전통 사상을 타파하고 흑과 백 사이의 회색 지대를 솔직하게 인정했다. 따라서 오바마의 외교 전략은 역대 대통령들보다 훨씬 유연하고 탄력적이다.

실제로 오바마는 회색 지대를 인정하면서 미국의 일방주의 전통을 타파했다. 더불어 '스마트 파워'라는 새로운 개념을 내세웠다. 즉 더 '유연하고', '스마트한' 외교를 펼친다는 의미였다. 그러나 미국의 파워는 여전히 다른 국가들이 쉽게 넘볼 수 없을 정도로 막강하다. 오바마의 '스마트 파워' 외교가 중국에 득이 될지 아니면 실이 될지는 현재로서는 누구도 알 수 없다.

필자의 개인적인 생각으로는 오바마는 겉으로만 중국의 의지를 충분히 존중하고 중국의 체면을 세워줄 것이다. 이것이 스마트 외교의 진실이 아닐까 싶다. 한마디로 오바마 대통령은 민주당에 대한 민심의 지지 기반과 미국의 파워를 계속 유지하기 위해서라도 미국 고유의 대중국 외교 전략을 결코 바꾸지 않을 것이다.

오바마 정부의 엘리트들

 **배경 제시**

오바마 정부는 티모시 가이트너 재무부 장관, 로렌스 서머스 국가경제위원회NEC 의장, 크리스티나 로머 백악관 경제자문위원장, 빌 리처드슨 상

무부 장관, 에릭 홀더 법무부 장관, 힐러리 국무부 장관 등 쟁쟁한 엘리트들로 구성돼 있다. 이와 같은 구성에 어떤 오묘한 점이 있을까? 오바마는 일찍이 "민주당과 공화당 양당 깃발을 모두 들고 백악관에 입성하겠다"라고 선언한 바 있다. 그러나 필자는 민주당이 공화당과 집권을 다투는 배후에 또 다른 절묘한 전략이 숨어 있다고 말하고 싶다. 그렇다면 이 절묘한 전략은 무엇일까?

오바마는 매우 총명하고 두뇌 회전이 빠른 사람이다. 게다가 오바마 정부는 유능한 엘리트들로 구성돼 있으며, 특히 오바마 휘하의 경제팀은 능력이 더욱 뛰어나다. 티모시 가이트너를 포함한 오바마 경제팀의 멤버 대다수가 재무부에서 근무한 경력을 가지고 있다.

그렇다면 가이트너 이전에는 누가 재무부 장관을 맡았는가? 클린턴 정부 시절에는 골드만삭스 회장 출신인 로버트 루빈이 몇 년 동안 재무부 장관을 맡다가 나중에 로렌스 서머스로 교체됐다. 두 사람은 클린턴 정부 시절에 매우 중요한 인물들이었다. 그리고 이들은 필자의 개인 재산에도 큰 영향을 미친 사람들이기도 하다.

필자는 클린턴이 대통령에 취임한 이듬해인 1994년에 미국을 떠나면서 4만 달러의 퇴직금을 미국 은행에 예금했다. 그런데 이 4만 달러가 클린턴 대통령의 퇴임을 앞둔 2000년에 20만 달러로 불어나 높은 수익을 냈다. 필자에게는 로렌스 서머스, 티모시 가이트너를 비롯한 클린턴 행정부가 참으로 고마운 존재가 아닐 수 없다.

그 후 민주당이 물러나고 공화당이 새로 정권을 잡았다. 그런데 필자가 이 돈을 깜빡 잊고 인출하지 않았다. 그러다 8년이 지난 후에 다시 봤더니 과거의 20만 달러가 증가하기는커녕 오히려 10만 달러로 줄어들어 있었다. 나중에 다시 16만 달러로 증가했으나 필자는 기분이 무척 언짢았다. 무엇 때문에 민주당 집권 시절에 비해 이토록 큰 차이가 나는가? 필자는 홧김에 그 돈을 몽땅 인출해버렸다.

이 문제는 대단히 흥미롭다. 1929년부터 2009년까지 80년 동안 공화당과 민주당이 정권을 잡은 기간은 각각 40년씩이다. 만약 1만 달러를 투자한다고 가정할 때 민주당 집권 기간에는 40년 동안 30만 달러의 수익을 얻을 수 있었다. 매우 높은 수익률이다. 그런데 이 돈을 공화당 집권 기간에 투자할 경우 40년 동안에 얻을 수 있는 수익은 겨우 1,773달러밖에 안 됐다. 그야말로 천양지차라고 할 수 있다.

2008년 금융위기는 누가 촉발한 것인가? 다름 아닌 미국의 공화당 정부이다. 그렇다면 1929년 금융위기의 주범은 누구인가? 당시 정권을 장악했던 후버 대통령이었다. 역시 공화당 출신이다. 공화당은 자유 시장경제를 신봉하는 당파로 부자들에게 가장 적합한 경제체제는 자유 경제체제라고 여긴다. 경제가 자유롭게 발전하도록 거의 방임한다. 또 공화당은 기득권자의 이익만을 중요하게 생각한다. 개미 투자자 및 일반 서민들의 이익에는 별로 관심을 가지지 않는다.

필자는 빌 클린턴을 미국에서 가장 위대한 대통령 가운데 한 명이라고 생각한다. 20세기를 통틀어 클린턴을 능가한 대통령은 없었다고 단언한다. 그는 지금의 오바마 대통령처럼 외모가 출중하고 능력이 뛰어나며 언변 역시 좋았다. 또 오바마 대통령이 그랬듯이 흑백 사이에 회색 지대가 존재한다는 사실을 인정했다. 그런 면에서 클린턴과 오바마는 닮은 데가 아주 많았다. 오바마의 이데올로기도 클린턴으로부터 전수 받았다고 해도 과언이 아니다. 클린턴 정권 시절에 미국과 중국은 매우 좋은 관계를 유지했다. 또 미국은 그때 처음으로 중국을 전략적 라이벌이 아닌 동반자로 규정했다.

따라서 클린턴 정부 시절의 엘리트들 상당수가 오바마 정부의 경제팀에 투입된 것도 이상한 일은 아니었다. 입장을 바꿔 필자가 만약 오바마라고 해도 그렇게 했을 것이다. 제한된 시간 내에 적합한 인물들을 찾아 내각을 구성하지 못하면 큰 대가를 지불할 수도 있는 상황에서 가장 현명한 선택은 무엇일까? 가급적 똑같은 이데올로기를 가진, 능력 있고 경험 많은 사람들을 찾아 쓰는 것이다. 더구나 이 몇몇 인물들은 부시 대통령 시절부터 재무부 장관으로서의 능력을 충분히 인정받은 쟁쟁한 인물들이었다.

조지 부시 정부 당시 미국의 재정적자와 무역적자는 가히 천문학적인 액수를 기록했다. 그러나 이들의 8년 동안의 노력을 거쳐 미국은 적자 상태에서 벗어나 적으나마 흑자를 기록할 수 있었다. 하지만 조지 W. 부시 정부가 들어서면서 상황은 달라졌다. 미국의 재정적자는 또 다시 눈덩이처럼 불어나기 시작했다. 현재 미국의 재정적자 규모는 수 조 달러에 이를 정도로 엄청나다. 이 문제를 해결하기 위해 이들이 오바마 경제팀이라는 새로운 이름으로 다시 등장한 것이다.

오바마는 현 위기 상황을 극복할 수 있을까?

 **배경 제시**

버락 오바마 대통령은 2008년 12월 6일, 전국 라디오와 인터넷 연설에서 자신이 주도하는 '신 뉴딜정책(경제 부흥)'의 일부 구체적인 계획을 발표했다. 그중에는 학교 인프라스트럭처 시설의 현대화, 초고속 인터넷 통신망 보급, 공공 건축의 에너지 효율성 제고 등이 포함돼 있었다. 오바마 대통령은 이어 신 뉴딜정책 실시를 통해 1950년대 이후 최대 규모의 인프라스트럭처 투자를 가동하여 약 250만 개의 일자리를 창출할 계획이라고 밝혔다. 진취적이고 패기 넘치는 이 신임 대통령은 과연 자신의 말대로 미국 경제의 위험한 국면을 만회할 수 있을까?

오바마 행정부는 출범 초부터 가장 현실적인 과제에 직면했다. GM과 포드, 크라이슬러 등 이른바 미국의 빅3가 파산 직전까지 몰린 것이다. 빅3가 파산할 경우 어떤 후폭풍이 몰아칠지 상상할 수 있겠는가? 이 3대 자동차 기업은 24만 명가량을 고용하고 있다. 이들에 대한 부품 공급 업체의 고용도 무려 400만 명에 달한다. 이중 하나 내지 두 개만 파산해도 250만 명이 실직하게 된다. 오바마 대통령은 신 뉴딜정책을 통해 250만 개의 일자리를 창출할 것이라고 했다. 미국의 빅3 가운데 한두 개만 파산해도 250만 명의 실업자가 쏟아져 나올 것이므로 오바마 행정부로서는 이 문제를 해결하는 것이 급선무였다.

미국의 실업 사태는 아직도 이토록 심각하다. 오바마가 위안화의 평가절상을 거듭 촉구하는 것도 솔직히 말해 이해할 만하다. 그의 주장대로라면 위안화 가치가 저평가되면서 중국의 저가 상품이 미국 시장에 대량으로 수입돼 미국 노동자들의 대규모 실업을 초래했다는 것이다.

사실 민주당은 실업 문제를 대단히 중요하게 생각한다. 민주당 지지층이 대부분 블루칼라 노동자들인 탓이다. 물론 장기적인 미국의 대중정책 기조는 변하지 않을 것이다. 그러나 오바마는 클린턴 전 대통령처럼 고단수의 교활한 수단으로 중국에 대처할 게 확실하다. 중국은 체면을 중요하게 생각하고 실속을 따지지 않는 민족이다. 따라서 필자의 개인적인 생각이기는 하지만 오바마는 겉으로는 중국의 의지를 충분히 존중하고 체면을 세워주면서 앞으로도 제 실속을 단단히 챙길 것이 틀림없다.

『누가 중국 경제를 죽이는가』

- 랑셴핑

당신이 얼마나 많은 고층 빌딩을 짓든, 또 에베레스트를 얼마나 많이 등반하든 국민들이 보기에 당신의 영혼은 무덤보다도 높지 않다! 이는 중국 기업가의 비애가 아닐 수 없다.

그러나 이는 진정한 비애의 축에도 들지 못한다. 중국인들이 환경오염의 대가를 불사하면서 피땀 흘려 생산해낸 양질의 저가 상품들이 걸핏하면 무역 제재를 받는다. 더 나아가 영원히 싸구려, 저급 상품이라는 이미지에서 벗어나지 못하고 있다. 이보다 더 슬픈 것이 무엇인 줄 아는가? 중국이라는 이 큰 땅덩어리에서 30년 만에 어렵게 몇몇 대기업이 출현했으나 세계적인 인정을 받지 못할 뿐 아니라 심지어 중국인들의 존중조차 받지 못한다는 점이다.

그렇다면 가장 큰 비애는 무엇일까? 바로 중국인과 중국 기업들이 마음을 가라앉히고 이 모든 비애의 근본에 대해 전혀 생각해보지 않는다는 것이다. 이 모든 비애가 문화의 저주로 인해 비롯된 것임을 생각해본 사람이 과연 몇이나 될까?

나는 모든 중국인과 중국 기업에 일종의 문화적 저주가 걸려 있다는 느낌이 든다. 이는 저주처럼 벗어던지지도 벗어던지지 않을 수도 없는 애매한 상태에 있다. 내가 굳이 문화적 저주라는 표현을 쓴 이유는 중국 문화가 한편으로는 '큰 사랑大愛'의 형태로 표현되나 다른 한편으로는 '경박하고 잔꾀를 잘 부리는 심리와 경직된 사고방식'으로 표현되기 때문이다. 이것은 중국 문화 고유의 나쁜 근성이다.

중국 문화의 이 같은 양면적인 특성은 일종의 저주처럼 중국인들의 생각과 행동을 좌지우지한다. 이것을 굳이 저주라고 생각하게 된 이유는 중국인들이 분명 '큰 사랑' 문화를 가지고 있으면서도 그것을 보여줄 줄도, 표현할 줄도 모른다는 데 있다. 소위 중국 문화계의 천재라고 불리는 장이머우張藝謀조차 베이징올림픽 개막식을 통해 중국의 '큰 사랑' 문화를 홍보하지 못했다. 그랬으니 일반 서민들은 더 말해 무엇 하랴.

중국의 '큰 사랑' 문화는 큰 재난이나 위기에 직면했을 때에만 비로소 밖으로 분출된다. 중국 국민들이 원촨汶川 대지진 때 보여준 것이 대표적인 사례라고 할 수 있다. 중국인들이 '큰 사랑' 문화를 언제 어디서나 마음껏 표현할 수 있을 때 비로소 중국은 새로운 비약을 이루게 될 것이다.

제13장

그는 어떻게 노벨평화상을 받았을까?

- 유럽인이 보는 오바마

한마디로 20세기는 구舊 자본주의에서 신新 자본주의로, 일반적 자본 통치에서 금융 자본의 지배로 탈바꿈하는 전환점이다.

블라디미르 레닌, 『제국주의론』

노르웨이를 감동시킨 '올해'의 국제 인물

오바마 대통령이 2009년 노벨평화상 수상자로 선정되면서 많은 논란을 일으켰다. 그렇다면 오바마 대통령이 반전 평화주의자란 말인가? 그렇다면 그가 2009년 말에 아프가니스탄에 최소 2~3만 명의 미군을 추가 파병하기로 결정한 사실을 어떻게 해석해야 하는가? 노벨평화상을 수상할 정도로 평화를 지향한다면 중국과의 외교적 관계에서 대립보다는 윈-윈 협력을 더 바라야 하지 않을까? 오바마의 노벨평화상 수상 전말을 통해 미국의 충실한 맹우인 유럽의 오바마에 대한 시각을 알아보자.

노벨평화상은 이름은 '평화상'이기는 하나 사실 '중국을 감동시킨 올해의 인물상'과 별반 다를 바 없는 상이다. 이는 그저 특별한 심사 절차 과정을 거칠 뿐이다.

노벨평화상 후보 추천위원회는 매년 2월 1일까지 추천 이유서를 첨부해 후보를 추천한다. 추천위원회의 범위는 대단히 넓어 노르웨이의 사회 각계각층 주요 인사로 이뤄진다. 여기까지는 중국의 '차오지뉘성超級女聲(후난湖南 위성TV의 가수 발굴 프로그램. 한국의 슈퍼스타-K와 비슷함-옮긴이)'의 예선전과 똑같다. 후보 자격에 제한이 없기 때문에 추천권을 가진 사람은 아무나 적합하다고 생각되는 사람을 추천할 수 있다. 이처럼 노벨평화상은 노벨물리학상을 비롯한 기타 부문과 완전히 다른 선정 방식을 따른다.

추천위원회는 후보를 추천만 할 뿐 다음 단계 심사에 참가할 수 없다. 노르웨이 의회에서 선출된 5명의 의원이 노벨위원회를 구성해 추천받은 후보 중에서 수상자를 최종 결정한다. 따라서 노벨위원회의 의사결정은 노르웨이 의회의 정치적, 외교적 입장을 분명하게 대변한다. 그야말로 정치적 색채가 다분하다.

여기까지 읽고 나면 노벨평화상 후보가 두 부류의 사람으로 좁혀진다는 사실을 알 수 있다. 그 중 하나는 그해 어떤 일을 통해 노르웨이 각 계각층의 주요 인사들에게 깊은 인상을 남긴 사람이다. 두 번째는 노르웨이 의회의 일관적인 입장을 대변해, 이른바 '평생공로상' 수상자로 선정되는 사람이다. 즉 매우 중요한 특정 의제와 관련해 전 세계에 북유럽의 의견을 널리 알린 사람이라고 보면 된다.

솔직히 말하면 노벨평화상은 '올해의 인물'을 선정하는 '선발 쇼'와 같은 개념이다. 따라서 해마다 노벨평화상 수상자의 수상 자격에 대한 논란이 끊이지 않고 있다. 아이러니한 것은 노르웨이에게도 이 같은 논란이 꼭 필요하다는 사실이다. 가령 노벨평화상이 해마다 평화 증진에 실질적인 기여를 한 사람에게만 주어져 논란의 여지가 없다고 해보자. 그러면 노벨상은 전 세계인에게 커다란 이슈가 되지 못할 것이다.

사실 북유럽 국가들은 정치적인 소국으로 미국처럼 막강한 군사력을 갖추지 못했고, 그렇다고 영국, 프랑스나 독일처럼 경제력이 압도적으로 월등한 것도 아니다. 따라서 북유럽 국가인 노르웨이가 국제사회에 발을 붙이고 자국의 이익을 보장받으려면 노벨평화상이라는 흔치 않은 계기를 이용해 자신들의 목소리를 낼 수밖에 없다.

노벨평화상은 북유럽이 국제정치 무대에서 자신의 존재를 과시하는 유일한 기회이다. 따라서 이 목적을 달성하기 위해 노벨상 수여의 일반원칙을 공공연히 위반하는 행동도 심심찮게 감행하고 있다.

예컨대 스웨덴의 다그 함마르셸드를 보자. 그는 1961년 노벨평화상 수상자로 선정된 다음 시상식을 몇 달 앞두고 사망했다. 이때 노벨위원회는 세상을 떠난 이에게 상을 수여하지 않는다는 원칙을 깨고 이례적으로 함마르셸드에게 노벨평화상을 수여했다. 이렇게 해서 함마르셸드는 죽은 후 노벨평화상을 받은 유일한 사람이 되었다.

또 다른 예로 국제적십자회는 1917년, 1944년 및 1963년에 노벨평화상을 모두 세 번 수상했다. 이것도 노벨평화상 수여 원칙에 위배된다. 노벨평화상이 '평생공로상'의 의미로 수여되는 것이라면 평생에 한 번만 수상해야 한다. 그런데도 거듭 수상한다는 것이 말이 되는가? 이밖에 유엔난민기구도 평화를 위한 노력을 인정받아 1954년과 1981년에 노벨평화상을 수상했다. 이런 식이라면 2010년에는 중국의 인민해방군이 노벨평화상을 수상했어야 마땅하다고 생각한다. 중국의 인민해방군이 얼마나 많은 중국인들을 감동시켰는가? 무엇 때문에 전 세계적 차원에서 평화유지군PKF 활동을 하는 등 최대 규모의 인도주의 지원을 제공한 중국의 인민해방군에게는 상을 주지 않는가? 이유는 간단하다. 중국의 인민해방군에게 노벨평화상을 줘봤자 북유럽의 주장을 반영하는 데 별로 도움이 되지 않기 때문이다.

한 번의 무릎 꿇기로 상을 받은 빌리 브란트

빌리 브란트 전 서독 총리는 단 한 번 무릎을 꿇고 노벨평화상을 수상해 화제가 됐다. 브란트는 1969년에 서독 총리에 취임해 1971년에 노벨평화상을 수상했다. 총리가 된 지 불과 2년도 안 되는 사이에 평화를 위해 어떤 실질적인 큰 공로를 세워서 상을 받았을까?

그는 이도 저도 아닌 1970년에 폴란드 바르샤바의 한 기념비에 무릎을 꿇은 사건으로 노벨평화상을 수상했다. 그 기념비는 바르샤바 유대인 봉기 추모비였다. 주의할 것은 이것이 유대인 희생자 추모비도 아니고 홀로코스트(나치 독일 시대의 대량 학살을 의미함-옮긴이)에 의해 희생된 유대인 사망자 추모비도 아니란 사실이다.

브란트는 추모비에 헌화하고 나서 갑자기 털썩 무릎을 꿇더니 눈물을 흘리면서 나치 독일의 희생자들을 위해 묵도하기 시작했다. 이 믿을 수 없는 장면을 보고 독일은 말할 것도 없고 전 세계가 깜짝 놀랐다. 이 행동으로 인해 브란트 총리와 독일의 대외적 이미지는 크게 개선됐다. 더불어 브란트의 무릎 꿇기 사건은 제2차 세계대전 후 독일과 동유럽 각국 간 관계 호전의 중요한 이정표로 꼽혔다.

그러나 브란트는 노벨평화상을 수상한 지 3년 만에 총리 자리에서 물러났다. 다른 말로 하면 브란트가 동서의 외교 관계 개선을 위해 실질적으로 한 일은 별로 많지 않다는 얘기이다. 더욱 중요한 것은 브란트의 무릎 꿇기 행동은 순전히 본인의 의지에 의한 것이지, 결코 독일의 민심을 반영한 것이 아니라는 사실이다. 당시 독일 주간지《슈피겔》의 설문 조사에 따르면 브란트의 사죄에 대해 국민의 48%가 심했다는 반응을 보인 반면, 적절했다는 응답은 41%에 불과했고 11%는 중립을 지켰다. 주지하다시피 당시는 베를린 장벽이 붕괴하기까지 20년이라는 긴 세월을 남겨놓고 있던 1970년이었다.

사실 노벨평화상은 일종의 형식에 불과하다. 평화상 후보로 거론된 인물은 그해에 '가장 깊은 인상을 남긴' 사람이다. 그 사람이 어떤 일을

했는지는 그다지 중요하지 않다. 만약 그해에 '가장 큰 감동을 준 인물'
이나 '가장 깊은 인상을 남긴 인물'이 없다면 차순위로 진짜 공로를 세
운 사람에게 '평생공로상'의 의미로 수여한다. 브란트 총리의 경우만 봐
도 그렇다. 그해 노벨평화상 후보 명단에 진짜 공로를 세운 사람이 있었
다고 해도 그 사람에게는 1~2년 후에 수여해도 늦지 않다. 그러나 브란
트의 무릎 꿇기 사건은 1년만 지나도 사람들에게 잊히기 때문에 당연히
브란트에게 먼저 수여해야 했다.

　이번에는 노벨평화상 후보를 추천하는 사람의 입장에서 생각해보자.
기회는 1년에 한 번뿐이고 한 명밖에 추천하지 못한다. 그러나 죽지 않
는 한 내년에도 내후년에도 또 다른 후보를 추천할 수 있다. 이런 상황
에서 올해에 자신에게 가장 깊은 인상을 남긴 사람을 추천하는 것은 인
지상정이 아닐까? 노벨위원회는 오바마의 노벨평화상 수상 이유에 대
해 "오바마만큼 전 세계의 관심을 모으고 세상 사람들에게 더 나은 미
래에 대한 희망을 준 인물도 드물다"라고 밝혔다. 40년 전 브란트는 무
릎을 꿇는 행동으로 전 세계의 이목을 집중시키고 세상 사람들에게 더
나은 미래에 대한 희망을 줬다. 그래서 그는 별다른 공로도 없었지만 노
벨평화상을 수상했다.

"얼마나 많은 사람들에게 영향을 미쳤는가"

더욱 웃기는 것은 2007년에 IPCC(기후변화에 관한 정부 간 협의체)와 노벨
평화상을 공동 수상한 앨 고어 전 미국 부통령의 경우이다. 앨 고어가

한 일이 무엇인가? 지구 온난화에 대처한 공로를 따지자면 클린턴 전 미국 대통령이 훨씬 더 크다. 클린턴은 대통령직에서 퇴임한 후 도처를 돌며 자금을 모아 클린턴 자선재단을 설립한 다음 환경보호와 에이즈 퇴치 및 교육 증진 등을 위해 전 세계적으로 정부와 민간 차원의 나눔 활동을 전개하고 있다. 또 해마다 세계 각국 정상들이 참여하는 글로벌 정상회의를 개최해 국제적인 현안들에 대한 각국의 관심과 해결책을 모색하고 있다. 그런데 아이러니하게 앨 고어가 클린턴보다 먼저 노벨평화상을 수상한 것이다. 그 이유는 무엇일까?

공동 수상자인 IPCC가 어떤 조직인지 알면 그 이유가 명확해진다. IPCC는 실무적인 연구 사업에 종사하지 않고, 또 기후 및 관련 문제에 대해 감독, 관리하는 기구도 아니다. IPCC의 주요 업무는 유엔기후변화협약의 이행과 관련한 특별보고서 작성을 통해 교토의정서 상의 목표를 달성하는 것이다. 부언하건대 IPCC는 직접 조사 연구에 나서지 않고 다만 기후 변화와 관련해 이미 발표된 과학적, 기술적 사실을 평가하고 평가 보고서를 검토할 뿐이다. 만약 실제 업무량 기준으로 평가한다면 아마 중국안전감독국이 훨씬 더 유력한 후보가 돼야 할 것이다. 중국안전감독국은 대량의 소형 탄광을 폐쇄해 주민들의 실질적인 문제를 해결했으니까 말이다. 그런데 번지르르하게 말만 늘어놓는 IPCC가 노벨평화상을 받았으니 정말 아이러니가 아닐 수 없다.

결과적으로 노벨평화상을 수여하는 가장 핵심적인 원칙은 '얼마나 많은 기여를 했는가'가 아니라 '얼마나 많은 사람들에게 영향을 미쳤는가'에 있다. 앨 고어는 그저 영화 한 편을 찍었을 뿐이다. 더 정확하게 말하면 영화 제작에 참여했을 뿐 감독을 맡은 것도 아니다. 어쨌든 그는 영화를 통해 지구 온난화를 국제적인 문제로 부각시키는 데 큰 기여를 했다. 한마디로 그는 북유럽의 목소리를 전 세계에 전파하는 데 크게 기여하여 노벨평화상을 수상할 수 있었다.

북유럽 가치관의 대변인

까놓고 말하면 노벨평화상은 형식화한 대상大賞에 불과하다. 심사위원들이 기분에 따라 북유럽의 목소리를 가장 잘 대변하고 북유럽의 가치관을 전파하는 데 가장 큰 기여를 한 사람에게 수여하는 상이다. 그렇다면 북유럽의 가치관이란 무엇일까?

북유럽 가치관의 핵심은 '인류 생활과 발전에 가장 적합한 것을 지향'하는 것이다. 영국 경제 전문지 《이코노미스트》는 2005년에 국민소득, 보건, 실업률, 기후, 정치, 직장 안정성, 남녀평등, 자유, 가족생활, 공동체 생활 등을 기준으로 '전 세계에서 가장 살기 좋은 나라'를 선정했다. 결과는 북유럽 국가인 노르웨이, 스웨덴, 덴마크, 아일랜드가 10위권 내에 들었고, 핀란드는 12위를 차지했다. 스웨덴의 세계적인 가구업체 이케아IKEA의 창시자인 잉그바르 캄프라드의 생활방식을 보면 북유럽인의 가치관을 이해할 수 있다. 잉그바르 캄프라드는 세계적인 대부호 반열에 오른 기업인이나 지금도 여전히 비행기를 탈 때는 이코노미석을 고집하고, 회사에서도 개인 돈으로 식사를 해결한다.

똑같은 상황에서 중국과 북유럽의 판이한 대처 방식을 비교한 다섯 가지 사례를 보면 북유럽의 가치관을 보다 더 쉽게 이해할 수 있다.

| 중국인 | KTV(중국식 가라오케-옮긴이)에서 노래를 부르거나 마작 등을 즐긴다. 그렇지 않으면 회식, 비즈니스 상대의 술 접대, 쇼핑 등을 한다. 아무튼 이 시간에 집에 있는 경우는 드물다(설사 이 시간에 집에 있다고 해도 인터넷을 하거나 TV 삼매경에 빠져 있는 경우가 많다).

| 북유럽 | 이 시간은 이른바 '패밀리 타임'이다. 집에서 TV를 절대 켜지 않고 가족과 오붓한 시간을 보낸다. 북유럽에서는 저녁 6시면 상점이 문을 닫는다(더 일찍 닫는 곳도 있다). 모두 집에 돌아가 함께 식사하고 모임을 가진다. 밖에서 돌아다니는 사람이 거의 없다.

| 중국인 | 젊은 부모는 전날 늦게까지 야근을 한 관계로 아침에 일찍 일어나지 못하고 식사를 거르기 일쑤다. 아이들은 대부분 길거리에서 아침을 해결한다. 부모에게 용돈을 받았으니 아침을 굶을 걱정은 안 해도 된다.

| 북유럽 | 부모는 항상 자녀와 함께 아침 식사를 한다. 여건이 안 될 경우에는 부모 중 하나라도 아이와 함께 식사를 한다.

| 중국인 | 부모는 아이들을 모임 등에 데리고 간다. 모임 장소에서는 아이들이 제멋대로 뛰어다니도록 방치한다. 가끔 어른들끼리 할 말이 궁할 때에는 말썽꾸러기 아이를 한바탕 꾸짖기도 한다. 이런 아이가 커서 어른이 된 후에는 부모와 함께 시간 보내는 것을 달가워하지 않는다.

| **북유럽** | 아이들은 부모와 함께 외출하는 것을 기쁘게 받아들인다. 80세 부모가 60세 자녀와 함께 여행하는 일도 매우 흔하다. 북유럽 부모들은 외출이나 여행할 때 항상 아이 위주로 스케줄을 짠다. 그럴 여건이 안 되면 차라리 아이를 집에 두고 혼자 나간다. 따라서 북유럽 아이들은 부모와의 약속을 항상 즐겁고 신나는 일로 인식한다.

장면 4: 늦은 밤에 어디에서 무엇을 하는가?

| **중국인** | 많은 사람들이 야근을 한다. 직장인들의 비애가 아닐 수 없다. 보통 아침 아홉 시에 출근해서 밤 아홉 시에 퇴근한다. 부모가 퇴근해서 돌아오면 아이들은 이미 잠들어 있는 경우가 많다. 부모가 아침에 눈을 뜨면 아이는 이미 학교에 가고 없다. 한 지붕 아래서 살면서 일주일에 닷새는 서로 대화하기도 어렵다. 이것이 중국 대다수 가정의 생활 모습이다.

| **북유럽** | 야근도 '패밀리 타임'에 영향을 주지 않는 한도 내에서 한다. 이를테면 아버지는 저녁 시간을 가족들과 오붓이 보내고 이튿날 새벽 일찍 회사에 나가 미처 못 끝낸 일을 한다. 그리고 아버지는 1시간이라도 가족과 함께하는 데 시간을 할애한다.

장면 5: 자녀에게 집을 사주는가 아니면 자녀와 함께 집을 사는가?

| **중국인** | 대부분의 부모들은 직접 자녀에게 차를 사주거나 주택 할부금의 최초 불입금을 내준다. 그렇지 않으면 자녀들은 방세나 대출을 아끼기 위해 부모와 함께 살 것을 요구한다.

| **북유럽** | 자녀에게 차를 사줄 계획이라면 아이가 중학생이 된 다음 아르바이트를 해서 돈을 모으도록 권유한다. 이어 부모가 나머지 자금을 일

부 지원해준다. 또 자녀가 결혼 적령기가 되면 부모와 자녀는 각자 가지고 있는 돈을 합쳐 함께 땅을 사고 새 집을 짓는다. 이것이 북유럽의 부모와 자식 관계이다.

평화에 대한 서로 다른 기준

이런 기준으로 봤을 때 북유럽의 가치관에 부합하는 인물은 클린턴 전 대통령일까? 당연히 아니다. 클린턴은 르윈스키와의 성추문 사건을 일으켰을 뿐 아니라 임기 내에 전쟁을 선포하기도 했다. 그래서 그가 퇴임 후 많은 일을 벌였지만 이미 북유럽인에게 각인된 나쁜 이미지를 벗어던질 수 없었다. 그렇다면 오바마는 어떤가? 오바마는 북유럽 가치관 기준에 완전히 부합한다. 오바마는 많은 보수를 받을 수 있는 변호사를 그만두고 시카고 흑인 공동체에서 사회봉사를 했다. 그는 또 바쁜 선거 활동 기간에도 항상 자녀들을 곁에 두고 챙겼다.

결론적으로 말하면 노벨평화상 수상 기준은 '평화'라는 두 글자에 달려 있다. 그런데 북유럽인과 중국인은 평화를 바라보는 시각도 완전히 다르다. 중국인들은 평화라고 하면 국가의 대사, 천하의 대사라는 인식이 깊이 박혀 있다. 또 국가대사를 위해서라면 기꺼이 개인과 가정도 희생할 수 있다. 그러나 북유럽인의 생각은 다르다. 그들 관념 속의 평화는 '조화'를 크게 강조하는 것이다. 그들은 평화롭고 공평하면서도 공정한 생활이 가장 안정적이고 아름다운 것이라고 생각한다.

예를 하나 들겠다. 2006년 노벨평화상은 무함마드 유누스와 방글라

데시 그라민 은행이 공동 수상했다. 이 두 수상자에 대해 중국에서도 한동안 토론의 열풍이 불었다. 중국 학자들은 주로 그라민 은행이 어떤 일을 했는지, 즉 국가적인 일이나 금융 관련 일에 초점을 맞추었다. 그러나 필자의 생각은 다르다. 그라민 은행은 사실 '고리대금을 제공하는 대부업체'일 뿐이다. 중국 학자들은 이런 사실을 간과한 채 엉뚱한 주제로 토론을 벌였으니 바보들이 아닐 수 없다.

노벨위원회는 수상 이유를 '빈곤층의 경제·사회적 발전에 기여한 공로'라고 밝혔다. 하지만 필자는 "(고리대금을 제공하는 대부업체로서) 빈곤층의 경제·사회적 발전에 기여한 공로로 수여한다"라고 말했어야 마땅하다고 생각한다. 시골에 은행이 있건 없건 세계평화와 무슨 직접적인 관계가 있단 말인가? 그런데 유누스와 그라민 은행의 노력이 '조화로운 생활'을 지향하는 북유럽식 가치관에 마침 부합했기에 상이 주어졌던 것이다.

유누스는 몇 년 동안 묵묵히 시골의 한 무명 은행에서 총재로 일하다 노벨평화상을 받은 후 일약 세계적인 스타로 올라섰다. 또 그의 노력과 성공 경험은 전 세계에 널리 알려졌다. 여기까지 읽고 나면 노벨평화상의 목적이 무엇인지 알 수 있을 것이다. 노벨평화상은 개인의 공로를 인정하는 의미로 수여하는 것일 뿐 아니라 더욱 중요한 것은 노벨평화상을 통해 북유럽의 가치관을 널리 선전, 전파하는 것이다. 유누스의 사례만 보더라도, 사람들은 "유누스는 어떤 사람인가? 유명인사도 아닌 그가 어떤 일을 했기에 노벨평화상을 받았는가?"라는 의문을 가지면서도 부지불식간에 북유럽식 가치관을 인정하고 받아들이게 된다.

북유럽식 가치관은 평화의 개념을 매우 독특하게 해석한다. 그래서 그들이 환경보호 종사자, 핵무기 확산 방지를 위해 기여한 사람들에게 노벨평화상을 수여하는 것도 당연한 일이다. 그들은 또 세계 각국이 경제력 내지 군사력의 강약을 막론하고 모두 평등한 지위를 갖는다고 여긴다.

2005년 초, 미국은 모하메드 엘바라데이 국제원자력기구IAEA 사무총장이 이란 핵문제와 관련해 '너무 나약한 자세'를 취하는 것이 불만스러워 그를 사무총장직에서 쫓아내기로 작심했다. 그러나 엘바라데이는 그해 9월 노벨평화상을 수상했다. 뒤를 이어 IAEA 제49차 대회 결의에서 세 번째로 사무총장을 연임했다. 이는 북유럽의 주장이 국제사회의 인정을 받은 대표적인 사례로 꼽힌다.

노벨평화상 시상 시기도 대단히 흥미롭다. 사실 이란은 2003년 12월에 IAEA 추가의정서에 서명했다. 엘바라데이의 핵 확산 방지 노력의 성과라고 할 수 있다. 그러나 엘바라데이는 2004년에 노벨평화상을 받지 못했다. 2004년 수상자는 아프리카 그린벨트 운동 및 부채탕감 운동을 전개한 케냐의 환경운동가 왕가리 마타이였다.

결론적으로 말하면 북유럽 가치관의 중요한 특징은 미국의 일방주의를 반대하는 것이다. 앞에서도 언급했지만 북유럽인은 가족 구성원 간에도 평등하고 서로 돕는 인간관계가 유지돼야 한다고 믿는다. 엘바라데이는 미국의 이라크 대량 살상무기 정보의 신빙성에 의문을 제기했다. 그는 이라크 전쟁 이전에 이라크의 대량 살상무기 사찰을 직접 진두지휘하고 이라크에서 대량 살상무기를 찾아내지 못했다면서 미국과 유엔이 성급한 결론을 내리지 말 것을 두 번이나 요청했다. 또 이라크 전쟁 발발 후 미국이 이라크를 침공한 선택은 잘못된 것이라고 비난했다. 이런 면에서 엘바라데이는 북유럽 가치관을 대변했다고 볼 수 있다. 북유럽은 이란이나 이라크 문제와 관련해 직접 나서서 미국에 맞서지 않는다. 그럴 실력도 안 될 뿐 아니라 치열한 다툼을 원하지도 않는 탓이다. 이것이 북유럽 국가들이 프랑스나 독일과 구별되는 특이한 점이다.

북유럽의 특별한 가치관으로 말미암아 이례적으로 노벨평화상이 수여된 사례도 적지 않다. 앞에서도 언급한 다그 함마르셸드는 1961년 노벨평화상 수상자로 선정된 후 시상식을 몇 달 앞두고 세상을 떠났다. 그런데도 노벨위원회는 이례적으로 죽은 그에게 노벨평화상을 수여했다. 그 이유는 단 하나였다. 함마르셸드가 북유럽 가치관에 부합하는 전설적인 인생을 살다 간 인물이었기 때문이다.

함마르셸드가 갑자기 세상을 떠난 이유는 건강 때문이 아니라 유엔 사무총장의 신분으로 콩고 갈등 중재를 위한 평화 임무를 수행하러 가던 중 잠비아에서 비행기 추락 사고를 당했기 때문이다. 당시 그와 함께 조난당한 사람은 비행기 승무원과 수행원 15명이 전부였다. 다시 말하면 그는 군사 한 명도 거느리지 않은 채 혈혈단신으로 콩고로 떠났던 것이다. 오늘날 유엔 사무총장직은 세계 각국에서 모두 탐내는 자리이다. 그래서 유엔 사무총장 자격에도 많은 제한이 따르고 있다. 예컨대 각 대륙 출신이 돌아가면서 맡아야 한다거나 반드시 약소국 출신이 맡아야 한다고 규정돼 있다. 유엔 사무총장은 실권을 쥐고 있는 자리이기 때문에 큰 인기가 있다.

그러나 다그 함마르셸드가 취임한 1953년까지만 해도 유엔 사무총장은 유명무실하기 그지없는 자리였다. 그는 취임 후 사무국 직원 4,000명을 임명하고 각자의 책임 범위를 규정하는 등 체계적인 기틀을 마련했다. 나아가 유엔 사무총장은 긴급 상황에서 안보리나 총회의 결의를 거치지 않고 단독 행동을 할 수 있는 권리를 가져야 한다고 주장했다. 그의 이 주장은 일방적인 강권을 반대하고 평등을 추구하는 북유럽의 가치관을 대변하기에 충분했다. 사실 그는 유엔 사무총장이 되기 전부터 이와 같은 가치관을 고집했다. 그는 1951년에 무소속으로 스웨덴 내각에 입성했으나 특정 부처의 장관직을 사양하고 기꺼이 무임소 장관을 맡아 활약을 펼쳤다.

아시아 출신의 노벨상 수상자들 중에도 우리 시각에서는 다소 이해하기 어려우나 북유럽 가치관에 부합되는 사례가 많다. 인도에서 유일하게 노벨평화상을 수상한 사람은 마하트마 간디가 아니라 테레사 수녀이다. 비폭력·비협력 운동을 전개한 평화주의자 간디가 수상하지 못한 이유는 무엇일까? 북유럽인이 볼 때 간디가 남아프리카에서 민족해방운동을 전개한 것이나 인도의 반식민지 민족해방운동을 주도한 것은 조화로운 사회질서를 어지럽히는 행동이었다. 북유럽인은 영국이 식민지 국가들에 물질적인 상품뿐만 아니라 문명과 법치주의도 수출한다고 믿고 있다. 그러니 간디가 인도에서 독립운동과 외국상품 불매운동을 주도한 것을 탐탁지 않게 여기는 것도 당연했다. 따라서 간디는 다섯 차례나 노벨평화상 후보 명단에 올랐으나 한 번도 수상하지 못했다. 그러나 간디와 똑같은 비폭력·비협력 민주화 운동을 주도한 아웅산 수지는 1991년에 노벨평화상을 수상했다. 무엇 때문인가? 아웅산 수지가 반대해 싸운 것은 미얀마 군부독재 정권이었기 때문이다.

사토 에이사쿠佐藤榮作 전 일본 총리가 일본 역사상 유일하게 노벨평화상을 수상한 것도 매우 아이러니하다. 사토 에이사쿠는 평화주의자라고 말하기 어려운 인물이다. 그는 일본 총리로 있을 때 리처드 닉슨 미국 대통령과의 회담 뒤 발표한 공동성명에서 타이완의 안전은 일본의 안전에 매우 긴요하다고 떠벌였다. 또 중미 양국이 국교 정상화를 이룬 후에도 중국의 유엔 상임이사국 재도전을 적극적으로 방해했다. 그는 결국 외교적인 불찰로 국민의 비난을 받으면서 쫓겨나다시피 총리직을 물러났다. 그런 그가 노벨평화상을 수상한 결정적 이유는 임기 마지막 해에 일본을 대표해 '핵확산 방지조약'에 서명했기 때문이다.

비록 중국과 프랑스도 1992년에 이 조약에 서명했으나 그 영향력이 일본과는 판연히 달랐다. 프랑스와 중국은 각각 1960년과 1964년에 잇달아 핵실험에 성공했다. 이에 미국과 소련은 이런 실험들이 이후 많은 국가들이 핵무기를 보유하는 빌미로 작용할 것이라는 우려를 제기했다. 이런 상황에서 사토 에이사쿠가 처음으로 일본은 "핵무기를 보유하지도, 만들지도, 반입하지도 않는다"라는 비핵非核 3원칙을 공식 표명한 다음 1974년에 '핵확산 방지조약'에 서명했다. 바로 이와 같은 영향력을 원했던 북유럽이 그에게 노벨평화상을 수여하는 것은 당연했다.

오바마가 노벨평화상을 받은 가장 큰 이유는 그가 노르웨이인의 이상형인 '가정적인 남자'이기 때문이었다. 오바마 대통령은 아내와 자녀를 사랑하고 자신의 여가 시간을 쪼개 사회봉사 활동에 참여하는 등 북유럽 사람들에게 좋은 이미지를 남겼다. 게다가 그는 클린턴 전 대통령처럼 혼외정사로 스캔들에 휘말린 일도 없었다. 버락 오바마는 부임 후 미국의 일관적인 '일방주의'를 포기하고 '대화로 대립을 교체하는 스마트 외교'를 선보여 노르웨이인들의 환심을 얻었다.

하지만 중국은 오바마의 노벨평화상 수상자라는 타이틀에 현혹돼서는 안 된다. 미국은 과거에 마찬가지로 앞으로도 대중국 정책의 장기적인 기조를 바꾸지 않을 것이다.

제12장에서도 언급했지만 중국은 체면을 중시하고 실속을 따지지 않는 민족이다. 따라서 오바마는 고단수의 교활한 수단으로 겉으로는 중국의 의지를 충분히 존중하고 체면을 세워주면서 실속을 단단히 챙길 것이 틀림없다. 이른바 오바마가 추구하는 '실속'은 민주당의 집권 이념 및 민주당 지지층인 블루칼라 노동자들의 이익을 대변한다. 블루칼라 계층의 요구나 주장이 미국 국책에 반영되기 때문에 오바마는 블루칼라 계층의 취업률을 보장하기 위해서라도 중국의 대미 수출을 규제하는 정책을 실시할 수밖에 없다.

『대침체의 교훈』

– 리처드 쿠 Richard Koo

시티뱅크, AIG 등 서구 대형 은행들이 파산 보호 내지 구제금융을 신청할 예정이라는 소식이 흘러나오면서 일각에서는 제2의 금융위기가 나타나는 것이 아니냐는 우려가 증폭되고 있다. 이번 금융위기의 바닥은 언제이고, 금융위기는 어떤 방향으로 전개될까? 이 세계는 어떤 선택을 해야 하고, 우리 개인은 또 어떤 선택을 해야 하는가?

경제가 침체를 맞게 되면 대다수 기업의 최우선 과제는 이윤의 극대화가 아닌 부채의 최소화가 된다. 기업은 대출을 중지하고 이용 가능한 모든 현금 흐름을 부채 상환에 투입해 대차대조표 상의 구멍을 막으려고 총력을 기울인다. 이 방법으로 기술적 파산 상태의 수렁에서 빠져나오기를 기대한다. 그러나 대다수 기업이 추구하는 이 같은 '부채 최소화' 모델은 결국 '합성合成의 오류'를 초래한다. 따라서 은행은 계속 대출을 제공하려고 하나 기업이 대출을 원하지 않는 이상 현상이 나타난다.

자산 가치가 급격한 침체를 맞게 되면 현재 학술계에서 주장하는 통화 정책은 그 효과성이 의심을 받게 된다. 이 시점에서는 정부 주도의 재정 정책이 진정한 효력을 발휘한다. 경제 주기를 형태적으로 분류하면 '음'과 '양'의 두 가지 단계로 구분할 수 있다. 경제 주기가 '양'의 단계에 놓였을 때에는 전통 주류 경제이론으로 경제 상황을 해석할 수 있다. 기업의 대차대조표가 건전하고 기업은 이윤 극대화를 우선순위에 놓는다. 금리는 정상 수준을 유지하고 인플레이션 경향도 없지는 않다. 이 시기에 정부는 통화 정책을 이용해 경제를 효과적으로 조정할 수 있다. 그러나 재정 정책은 '구축효과^{Crowd Out}'를 일으키기 때문에 가급적 사용하지 않는 것이 좋다.

자산거품 붕괴로 인해 불황기를 맞은 경우 경제 주기는 '음'의 단계에 처한다. 기업의 대차대조표가 균형을 잃고 부채가 자산을 초월하는 현상이 나타난다. 모든 기업이 동시에 부채 상환에 나서게 되면서 합성의 오류가 생기고 경제는 대차대조표 상 파산에 직면하게 된다. 또 금리가 최저 수준으로 떨어지고 통화긴축(디플레이션)이 발생한다. 이 시기에는 통화 정책이 무력하다. 정부는 대규모 재정 정책을 통해 경제를 자극, 회복시켜야 한다.

제14장

오바마의 세 가지 선물

– 중국과 미국의 경제 전쟁

소수의 수중에 집중된 거대한 규모의 금융 자본은 여러 가지 네트워크와 결부돼 매우 광범하고도 치밀한 연결 네트워크를 만들어낸다. 이 연결 네트워크는 중소 자본가뿐만 아니라 최소 자본가와 소기업주까지도 예속시킨다. 다른 한편으로 이 금융 자본은 다른 국가의 금융 자본과 세계 재분할 및 약소국 통치를 위해 첨예한 투쟁을 벌인다. 그렇게 해서 모든 부르주아는 제국주의로 발전하게 된다.

블라디미르 레닌, 『제국주의론』

중국의 선물, 상하이 디즈니랜드

 **배경 제시**

오바마 대통령은 2009년 11월 12일에 일본 방문길에 오르면서 미국 대통령 신분으로 최초의 아시아 순방을 시작했다. 오바마는 조지 W. 부시 대통령보다 취임 후 3개월 더 일찍 아시아를 방문했다. 또 미국 역사상 최초로 취임 첫해에 중국을 방문한 대통령이기도 했다. 오바마의 아시아 순방 일정은 일본, 한국, 싱가포르, 중국 순이었다. 주요 4개국 중 중국에 머무는 기간도 3박 4일로 가장 길었다. 이는 오바마가 아시아 중에서도 중국을 가장 중시했다는 사실을 의미한다. 오바마는 2009년 4월에 '중미 관계는 가장 중요한 쌍무 관계'라고 입장을 밝힌 바 있다. 오바마의 방중에 앞서 중국과 미국 앞에는 쌍무 무역, 위안화 환율 문제, 신에너지, 미국 국채 문제 등 대화를 통해 해결해야 할 현안들이 산적해 있었다. 따라서 오바마의 방중은 중국과 미국은 말할 것도 없고 전 세계의 이목이 집중되었다. 그렇다면 미국 최초의 흑인 대통령은 중국에 무엇을 가져다 줬을까?

2009년 11월 중순, 버락 오바마 신임 미국 대통령의 방중 소식에 전 중국이 흥분의 도가니에 휩싸였다. 오바마는 매우 매력 넘치는 사람이었고, 휘하에도 쟁쟁한 인물들이 많았다. 중국은 오바마의 방중이 양국 간 화기애애한 쌍무 무역의 물꼬를 트는 계기가 돼 양국 경제발전에 크게 기여할 수 있기를 기대했다. 그러나 희망 사항은 언제나 물거품이 되기 일쑤다.

중국은 오바마의 방문을 2주일 앞둔 시점에 미국 디즈니랜드 측과 황급히 협력 계약을 체결했다. 부연 설명하자면 필자는 중국의 디즈니랜드 건설을 시종일관 반대하는 입장이었다. 홍콩에 디즈니랜드를 건설할 때도 필자는 극력 반대했다. 중국이 미국의 디즈니랜드를 도입하는 것은 얼토당토않은 계획이었다.

평소 한 번도 가보지 않았던 디즈니랜드를 화제가 나온 김에 일부러 방문했다. 입장하자마자 매우 낯익은 얼굴의 할머니가 반갑게 맞이했다. 자세히 봤더니 다름 아닌 백설공주였다. 백설공주가 살아 있다면 아마 80~90세는 되지 않았을까? 게다가 그녀의 옷차림도 나이트클럽의 여종업원처럼 화려하고 요란하기 그지없었다. 그런데 중국은 무엇 때문에 디즈니랜드를 건설하려고 할까?

미국 문화를 흔쾌히 받아들이기 위해서일까? 사실 미국 문화는 일종의 강세 문화Strong Culture로 침투하지 않은 곳이 없다. 맥도날드, 코카콜라, 마이클 잭슨 등이 우리에게 익숙한 것은 미국 문화가 그만큼 넓고 깊게 침투했다는 사실을 의미한다. 사방팔방에서 미국 문화의 침입을 받고 있는 요즘 시대에 중국이 디즈니랜드를 굳이 도입하려는 목적은 무엇인가? 더욱이 어처구니없는 것은 중국이 디즈니랜드를 건설한다고 280억 위안이나 투자하면서도 고작 2,000명의 고용만을 창출한다는 사실이다. 막말로 280억 위안을 은행에 저축하면 그 이자만 받아도 2,000명을 평생 먹여 살릴 수 있지 않을까? 게다가 디즈니랜드의 수익성도 아직은 미지수이다. 사실 홍콩 디즈니랜드를 비롯해 세계 각국의 디즈니랜드는 연속 몇 년 동안 적자를 기록하고 있다.

결론적으로 말하면 이는 정말 쓸데없는 짓이다. 중국이 오바마의 환심을 사기 위해 뭔가를 하려는 자체가 '쓸데없는 짓'이다. 오바마에게 호의를 베푼다고 해서 그가 똑같은 호의로 중국에 보답할 것 같은가? 오바마를 중국 곳곳에 널브러진 부패한 관리로 생각했다면 큰 오산이다. 중국의 부패한 관리는 떡고물을 배가 터지도록 받아먹고 실질적인 혜택을 줄 수 있으나 오바마는 절대로 그런 사람이 아니다.

 **배경 제시**

상하이 디즈니랜드 프로젝트는 중국 내지에서 최초로 도입해 건설하는 디즈니랜드 테마파크이다. 이에 대해 미국 경제지 《포브스》는 2009년 11월 2일 기사에서 '상하이 디즈니랜드는 오바마를 위한 선물'이라는 주장을 제기해 논란을 불러일으키기도 했다.

"중국 정부는 오는 11월 중순에 자국을 처음 방문하는 버락 오바마 미국 대통령을 맞이하기 위해 생화를 든 어린이들을 공항에 배치하는 등 환영 행사 이외에 별도의 선물도 준비했다. 그 선물은 바로 36억 달러의 투자금이 들어가는 상하이 디즈니랜드 건설 승인 발표이다."

상하이 정부는 이에 대해 신경질적인 반응을 보였다. 디즈니랜드가 오바마만을 위한 선물이라는 견해를 반박하면서 이 프로젝트가 향후 상하이의 관광산업 발전에 크게 기여할 것이라고 주장했다. 그러나 과연 그럴까? 상하이는 오바마 방중 일정의 첫 방문지였다. 따라서 중국인들은 오바마가 중국 땅을 밟는 순간부터 그의 일거수일투족에 어떤 의미가 담겨있을지 치밀하게 연구할 수밖에 없었다. 미국인들이 상하이 디즈니랜드를 오바마를 위한 선물로 인식했다면, 오바마는 중국에 과연 어떤 선물을 가져왔을까?

중국인들은 손님 접대를 절대로 소홀히 하지 않는다. 손님이 오면 반드시 차를 따르고 다과를 내오고 식사 대접까지 한다. 그래서 오바마 방중에 앞서 황급히 디즈니랜드 건설을 승인해 미국 대통령에 대한 성의를 표했다. 그렇다면 오바마는 중국에 어떤 선물을 가져왔을까?

오바마는 겉으로는 한껏 예의를 차리면서 중국의 체면을 세워줬다. 또 일부러 중국 대학생들과 대화하는 자리를 마련하기도 했다. 중국 대학생들의 예민한 질문에도 특유의 임기응변으로 적절하게 대답했다. 아무튼 겉으로는 중국의 위신을 한껏 살려줬다. 이밖에 별 관심은 없지만 예의상 쯔진청紫禁城과 만리장성을 구경하기도 했다.

솔직히 말해 필자는 오바마 방중의 가장 큰 수확은 중국에서 자신의 이복동생을 만난 것이라고 생각한다. 오바마의 이복동생은 허난河南성 출신의 중국 여자와 결혼했다. 아마 중국 일부 지역 관리들 중에는 오바마의 이복동생에게 잘 보이려고 갖은 아양을 떠는 사람도 없지 않을 것이다. 하지만 이는 모두 쓸데없는 짓이다. 뇌물로 오바마의 이복동생을 포섭할 수는 있어도, 오바마는 결코 이복동생의 말에 넘어가 대중국 정책을 바꿀 위인이 아니다. 따라서 중국의 관리들은 국민을 위해 바른 정치를 하려고 노력해야지 잔꾀를 부릴 생각을 하지 말아야 한다.

미국의 대중국 정책은 수년 동안 기본적으로 변화가 없었다. 오바마 역시 그 정책의 일환으로 중국 방문길에 세 가지 선물을 가져왔다. 그 선물은 각각 무역전쟁, 환율전쟁, 원가전쟁이다. 오바마는 중국과의 협상에서 이 세 가지 무기를 꺼내들었다. 이어 결국 필자가 말한 결과가 나타났다. 미국 정부와 대통령은 중국에게 작은 선물을 받았다고 해서 대중국 정책의 기조를 바꾸지 않을 것이다.

오바마의 첫 번째 선물 : 환율 전쟁

 **배경 제시**

위안화 환율 문제는 중미 관계에서 항상 논쟁 대상이 돼왔다. 오바마 대통령은 취임 직후부터 이 문제에 대해 민감하게 반응하면서 중국이 위안화 환율을 조작한다고 비난한 바 있다. 미 재무부가 비록 2009년 10월 15일에 발표한 보고서에서 중국이 위안화 환율을 조작하지 않았다고 분명히 밝혔으나 다른 한편으로는 위안화 가치가 평가절하됐다고 비난했다. 최근에 이르러 많은 서구 국가들도 끊임없이 중국에 위안화 평가절상 압력을 가하고 있다. 일부 국가는 위안화 환율 문제를 빌미로 삼아 대중국 보호무역 조치를 감행하기도 했다. 경제학자들의 분석에 의하면 미국 등 서구 국가들이 하필 지금 위안화 환율 문제를 크게 공론화하는 목적은 금융위기에 대한 세간의 관심을 다른 데로 돌려 교묘하게 책임을 벗어던지고자 하는 데에 있다. 또 위안화 평가절상은 서구 국가들의 대중국 수출량 증가에도 큰 도움이 된다. 그런데 만약 중국이 위안화를 성급히 평가절상할 경우 중국 경제발전뿐만 아니라 세계경제 회복에도 득보다는 실이 더 많다.

오바마는 2009년 9월 20일 뉴욕에서 열린 G20 정상회의에서 중국을 겨냥한 발언을 했다.

"대국인 중국은 경제의 지속 가능한 균형 성장을 위해서 무역 불균형(미국 등의 대규모 무역적자와 중국 등의 대규모 무역 흑자)을 해소하는 게 중요하다."

그는 이어 위안화 가치가 평가절하됐다고 지적했다. 미 재무부는 더 나아가 경제 부양 조치가 철회되고 중국 상품의 해외 수요가 다시 회복된 후에도 위안화가 절상되지 않는다면 엄중한 후폭풍을 초래할 수 있다고 경고했다. 이 대목에서 필자가 쓴 소리 한마디를 해야겠다.

티모시 가이트너가 미 재무부 장관에 취임했을 때 중국 언론은 홍분을 감추지 못했다. 가이트너가 중국어를 유창하게 구사하니 틀림없이 친중파일 것이라는 확신을 가졌던 탓이다. 참으로 어처구니없는 생각이었다. 중국어를 잘하는 미국인은 대부분 '중국통'이기 때문에 중국의 약점에 대해서도 누구보다 더 잘 꿰뚫고 있다. 그래서 그런 사람들이 중국을 공격하면 피해가 더 클 수밖에 없다.

설상가상으로 2009년 10월 3일에는 선진 7개국^{G7} 재무장관 및 중앙은행 총재들이 터키 이스탄불에서 회의를 마친 다음 성명을 통해 중국에 위안화 평가절상 압력을 가했다. 그들은 성명에서 다음과 같이 요구했다.

"중국은 위안화 환율의 더욱 자유로운 변동을 허용하고 위안화 가치를 평가절상해야 한다."

다음날인 10월 4일에는 다카토시 카토^{加藤隆俊} IMF 부총재가 나서서 중국이 계속 환율 메커니즘 개혁에 박차를 가할 것을 희망한다고 밝혔다. 이는 말할 것도 없이 위안화 환율이 평가절상되어야 한다는 것이었다. 11월 3일에는 APEC 21개국이 공동으로 중국에 위안화 절상을 촉구하기도 했다. 오바마, G7, IMF, APEC 등 일련의 국가와 기구들이 한목소리로 중국의 위안화 평가절상을 촉구하는 목적은 무엇인가?

여러분들은 환율이 단순히 국제수지의 조절 작용만 한다고 생각하는가? 또 요 몇 년 동안 중국이 대규모 무역흑자를 기록하고 엄청난 외환 보유고를 비축했기 때문에 위안화 환율이 마땅히 평가절상돼야 한다고 생각하는가?

물론 크게 틀리지 않은 생각이다. 그러나 너무 교과서적인 관점이라고 하지 않을 수 없다. 국가는 교과서에서 배운 대로 환율을 관리하다가는 큰 코를 다칠 수 있다. 환율에 대해 정확한 정의를 내린다면, 환율은 각국 정부가 특정한 정치적 목적을 달성하기 위해 사용하는 수단이다. 오바마가 9월 20일부터 중국에 대해 위안화 평가절상을 강력하게 요구한 데 이어, G7, IMF, APEC 등 국제기구들도 잇달아 위안화 평가절상 압력을 강화했다. 이것은 과연 우연의 일치일까? 미국이 이렇게 강조하는 정치적 목적에 대해 다시 생각해보기 바란다. 환율 전쟁, 이것이 오바마가 방중 길에 가져온 첫 번째 선물이었다.

오바마의 두 번째 선물 : 무역 전쟁

배경 제시

오바마가 대통령에 취임한 이후부터 중미 양국 간 경제 분야에서의 신경전이 끊이지 않고 있다. 오바마가 대통령 신분으로 최초의 중국 방문길에 올랐을 때 중미 양국 간 무역마찰은 한층 더 가중됐다. 언론은 양국 간 날선 무역 분쟁을 무역전쟁이라는 말로까지 표현했다. 2009년 11월 5일, 미국 상무부는 중국산 유정관油井管에 무려 99.14%에 달하는 반덤핑 관세를 부과하기로 결정했다. 미국의 거듭되는 보호무역 조치는 중국의 심

오바마가 중국에 가져온 두 번째 선물은 무역전쟁이다. 2009년 9월 12일, 오바마는 중국산 타이어에 대한 특별 관세 부과 결정에 서명함으로써 중국산 타이어의 미국 수출을 제재했다. 중국이 타이어 제품에 대한 특별 보호조치 소송에서 패한 원인은 제1장에서 상세하게 분석했기 때문에 여기서는 더 이상 언급하지 않겠다. 아무튼 중국은 져서는 안 될 무역전쟁에서 진 후 상상조차 할 수 없는 곤경에 빠졌다.

미국 따라 하기를 즐기는 다른 국가들도 앞 다퉈 중국산 제품에 대해 특별보호 조사를 실시하거나 반덤핑 관세를 부과하는 등 연쇄반응을 보이기 시작했다. 중국 상무부의 통계에 의하면, 2009년 1월부터 8월까지 17개 국가에서 대중국 무역구제 조사를 80건 실시했다. 이는 전년 동기 대비 각각 16% 및 121% 증가한 수치이다. 그중 반덤핑 조사 건수는 50건, 반보조금 조사 건수는 9건, 세이프 가드 조사 건수는 13건, 특별 보호조치 조사 건수는 7건이었다. 관련 금액은 100억 달러에 달했다.

대중국 무역구제 조사를 가장 많이 실시한 국가는 인도로 조사 건수가 22건, 그 다음이 미국으로 14건, 아르헨티나가 10건, 터키가 6건, EU 및 캐나다가 각각 10건이었다. 그중에서도 세계 최고의 무역구제 조치 발동국으로 불리는 인도는 중국의 유제품을 비롯한 농산물, 철강 제품 및 방직물과 관련된 무역구제 조사를 개시함으로써 이들 산업에 심각한 영향을 끼쳤다. 여기까지가 중국 상무부에서 발표한 데이터이다. 이 밖에 우리 연구팀이 2009년 9월 이후에 수집한 아래 자료도 참고하길 바란다.

9월 12일, 오바마는 중국에서 수입되는 타이어에 대해 징벌성 관세를 부과하기로 결정했다. 즉 중국산 타이어에 대해 향후 3년 동안 기존 관세(4%)에서 추가 관세로 25~35%까지 부과하겠다는 방침을 밝혔다.

10월 27일, 미국은 중국산 강선wire strand과 스틸 그레이팅steel grating에 대해 보복관세를 부과하기로 결정했다.

11월 5일, 미국은 중국산 유정관에 최고 100%에 육박하는 반덤핑 관세를 부과하기로 결정했다.

11월 6일, 미국은 중국산 아트 인쇄지, 피로인산칼륨KPP, 인산이수소칼륨MKP 및 DKPDipotassium hydrogen phosphate에 대해 반덤핑 및 반보조금 관세를 잠정 부과하기로 결정했다.

중국이 타이어 특별 세이프 가드 소송 사건에서 패소한 후인 9월 24일 EU도 중국산 강관 제품과 알루미늄박 제품에 대해 5년 동안 각각 39% 및 30%의 반덤핑 관세를 부과하기로 결정했다.

10월 7일, EU는 중국산 신발에 징수하는 16.5%의 반덤핑 관세를 최소 15개월 더 연장한다고 발표했다.

다른 국가들도 앞 다퉈 대중 무역보호 조치를 가동하기 시작했다. 인도는 중국과 미국이 중국산 타이어에 대한 특별 세이프 가드 발동 때문에 팽팽히 맞서고 있을 때 벌써 중국산 타이어에 대해 특별 보호 조사를 시작했다. 브라질은 중국에서 수입하는 타이어에 대해 반덤핑 관세를 부과했다. 아르헨티나 역시 브라질을 모방해 중국산 자동차 타이어에 대해 반덤핑 조사를 실시하면서 중국산 소형 차량 타이어에 대해 반덤핑 관세를 부과할 가능성을 배제할 수 없다고 발표했다. 브라질과 아르헨티나는 중국산 수입 제품에 대해 공동으로 반덤핑 조사를 전개하기로 결정했다. 만약 이 양국이 EU와 마찬가지로 중국산 수입 신발에 대해 최저 참고 가격을 설정할 경우 신발류 및 방직물 수입을 둘러싼 중국과의 무역전쟁을 피하기 어려웠을 것이다. 중국의 수출 품목 가운데 방직물과 신발이 최다 비중을 차지했으니 말이다. 브라질과 아르헨티나가 중국산 신발과 방직물에 대해 수입 제재 조치를 가동한 것은 다름 아닌 2009년 9월 12일 중미 타이어 특별 세이프 가드가 발동된 이후부터이다. 무역전쟁, 이것은 오바마가 중국에 가져온 두 번째 선물이었다.

오바마의 세 번째 선물 : 원가 전쟁

오바마가 중국 방문길에 가져온 세 번째 선물은 원가전쟁이었다. 원가전쟁이란 무엇일까? 먼저 중국의 소비자물가지수[CPI]를 살펴보자. 중국의 CPI는 주로 식품(34%)에 의해 결정된다. 그중에서 돼지고기가 10%를 차지하고, 그 다음이 의류로 9%를 차지한다. 물론 오락, 교육, 문화, 주거, 교통, 통신, 의료보건, 개인용품, 가정용 설비 및 수리 서비스, 술, 담배 등도 CPI의 일정 부분을 차지한다.

　CPI 구성의 합리성에 대한 토론은 잠시 제쳐두고 중국의 CPI에 대해 분석해볼 필요가 있다. 오바마가 중국에 가져온 세 번째 선물은 다름 아닌 CPI 전쟁이기도 했다. 다른 말로 하면 오바마는 미래 중국에서 발생

가능한 인플레이션에 대해 상당히 큰 주도권을 가지고 있었던 셈이다. 이를테면 중미 간 대두를 둘러싼 경제전쟁으로 인해 동북의 대두 산업이 붕괴되고 미국산 유전자 조작 대두가 중국 시장에 물밀듯 밀려오면서, 미국이 중국의 식량과 식용유 가격까지 통제하기에 이른 것 등을 가리킨다.

중미 간 옥수수 전쟁 역시 본격적으로 서막을 열었다. 현재 중국에는 미국산 옥수수를 수입할 수밖에 없는 산업 환경이 조성돼 있다. 중국 정부는 농민 소득 보장을 위해 옥수수 가격을 인상했으나 사료, 전분 등 옥수수 가공 제품 가격은 인상하지 않았다. 따라서 옥수수 가공 산업 전체가 적자를 면치 못하게 됐다.

이에 류융하오劉永好 신시왕新希望그룹 회장을 필두로 한 옥수수 가공업체와 유통업체들은 연명으로 중국 정부에 미국산 저가 옥수수 수입을 요구하고 나섰다. 미국산 옥수수가 중국 시장에 흘러들면 이들 가공업체와 유통업체들은 당연히 이익을 얻을 수 있다. 이들 기업은 미국산 옥수수 수입을 통해 짭짤한 수익을 올린 다음 계속해서 미국산 옥수수를 수입하려고 할 것이다. 미국 정부는 이때다 싶어 거액의 수출 보조금을 지급하면서 대중국 옥수수 수출량을 대폭 늘릴 것이다. 결론부터 말하면 중국의 옥수수 산업 역시 대두 산업처럼 미국에 주도권을 빼앗기는 결과를 면치 못할 것이다. 중국이 미국산 옥수수 수입 시장을 완전 개방할 경우 미국이 중국 사료 산업을 장악하는 것은 시간문제라고 해도 좋다. 일단 사료 산업만 장악하면 중국의 가금과 가축 가격을 잇달아 장악할 수 있다. 더 나아가 달걀류, 유제품 가격 역시 장악하게 될 것이 분명하다. 이렇게 되면 미국은 대두와 옥수수 수출을 통해 중국 CPI의 30% 이상을 통제하는 셈이 된다.

중국 정부가 바보가 아닌 이상 쉽사리 수입 시장을 개방하지 않을 것이라고 생각할 것이다. 불행하게도 미국인들 역시 어리석지 않다. 미국인들은 "적의 토치카를 쳐부수려면 적의 내부로부터 공격하라"는 마오쩌둥 사상을 잘 배워서 실전에 응용하고 있다. 2009년 11월까지 미국인들은 중국 광시성에서 1,026만 무의 면적에 미국 옥수수를 재배했다. 미국산 옥수수 재배 면적이 계속 확대될 경우, 중미 간 옥수수 전쟁은 중국 광시에서 시작해 북으로 진출하여 중국 옥수수 산업을 붕괴시키는 비극적인 양상을 가져올지도 모른다.

이밖에 중미 간 면화 전쟁 역시 머지않아 시작될 전망이다. 중국의 CPI 구성 종목 가운데 의류는 9%를 차지한다. 의류 제품의 주요 원료는 면화이다. 2009년 중국의 면화 부족량은 200만 톤에 달했다. 그렇다면 부족분을 어디에서 메워야 하는가? 다름 아닌 미국이다. 미국산 면화는 정부에서 거액의 보조금을 받기 때문에 가격이 매우 저렴하다.

중국 정부가 미국산 면화 수입을 허용할 경우 중국의 방직 기업과 목화 유통업체들은 막대한 이익을 얻게 된다. 더불어 이들 업체는 향후에도 중국 정부에 미국산 면화 수입 쿼터를 늘리도록 거듭 요구할 것이다. 하지만 미국산 면화가 물밀듯이 중국에 밀려들면 중국 면화 산업이 붕괴하는 것은 시간문제에 가깝다. 중국의 면화 산업이 붕괴하면 의류 제품이 CPI에서 차지하는 비중도 더.이상 9%가 아닐 것이다. 원가전쟁, 이것이 오바마가 중국에 가져온 세 번째 선물이다. 오바마가 이미 세 가지 선물을 가져온 이상 중국은 웃으면서 맞대응하는 수밖에 없다.

중국은 미국의 환심을 사기 위해 그야말로 다양한 노력을 펼치고 있다. 그래서 상하이 디즈니랜드 건설 계획을 승인하기도 했다. 하지만 상하이 디즈니랜드 건설 프로젝트는 비용 수익 대응의 원칙에 부합하지 않는 무모한 시도라고 해도 틀리지 않는다. 280억 위안을 투자해 고작 2,000명의 일자리를 해결한다는 것이 말이 되는 소리인가. 중국이 미국에 환심을 표시한 결과 무엇을 얻었는가? 이미 앞에서 말했다시피 다름 아닌 세 가지 선물이었다.

첫 번째는 환율전쟁이다. 미국은 중국에 위안화 절상 압력을 끊임없이 강화하고 있다.

두 번째는 무역전쟁이다. 중국산 타이어 특별 세이프 가드 발동이 그 시작이었다.

주목할 사실은 중국산 타이어 수출에 대한 특별 세이프 가드 조치가 미국이 7건의 유사 사건 중 유일하게 통과시킨 경우라는 것이다. 앞서 6건의 세이프 가드 안은 모두 미국 대통령에 의해 부결됐다. 물론 당시 미국 대통령은 오바마가 아니었다. 혹자는 오바마가 7번째 법안을 통과시킨 데 대해 개인감정이 있는 것이 아니냐고 생각할지도 모른다. 미국인을 그렇게 단순하게 평가해서는 안 된다. 미국의 국가 전략은 일개 대통령의 의지에 의해 바뀌지 않는다. 미국은 수십 년, 수백 년 전부터 중국에 대해 흑심을 품고 그 야심에 걸맞은 대중국 전략을 제정했다. 그렇다면 무엇 때문에 총 7건의 특별 세이프 가드 조치 중에서 일곱 번째 사건이 하필 오바마의 방중을 앞둔 시점에 통과됐을까? 바로 오바마가 중국에 가져다준 두 번째 선물이었기 때문이다.

세 번째는 원가전쟁이다. 미국산 옥수수, 대두, 면화는 최근 중미 양국 무역에서 가장 민감한 품목이 됐다. 중국은 양국 간 원가전쟁에 대해 곰곰이 생각해볼 필요가 있다.

미국식 논리적 사고의 바탕

아마 필자가 무조건 부정적인 시각으로 미국과 미국인을 평가한다고 생각하는 독자도 있을 것이다. 필자는 어떻게 미국과 미국인에 대해 이렇게 잘 아는가? 그 이유는 필자가 미국 비즈니스 스쿨에서 공부하면서 미국식 논리적 사고방식을 그대로 배웠기 때문이다. 필자의 선생과 동창들 가운데는 오바마 경제팀에 발탁된 사람이 적지 않다. 필자와 이들 선생, 동창들의 공통점이라면 똑같은 교재에 따라 똑같은 강의를 듣고 똑같은 문제를 풀었다는 것이다. 또 똑같은 시험을 치면서 똑같은 논리적 사고방식을 가지게 됐다. 그래서 필자는 그들의 전략적 사고를 속속들이 알 수 있다.

배경 제시

클린턴 전 미국 대통령은 1998년 중국을 방문하여 베이징대학에서 강연했다. 또 부시 전 대통령도 2002년 중국을 방문하고 칭화대학에서 학생들을 상대로 연설을 했다. 오바마의 방중도 중국의 대학생과 젊은이들에게 적지 않은 영향을 미쳤을 것으로 짐작된다. 전설적 색채가 짙은 오바마의 개인 경력에 대해서는 중국이나 미국 대학생을 막론하고 큰 흥미를 가지는 사람이 많다. 그렇다면 오바마 대통령은 미국에서 어떤 식의 교육을 받았을까? 또 대통령을 보필하면서 미국 정책을 제정하는 싱크탱크는 어떤 사람들로 구성됐는가? 미국 대통령은 국내에서 어떤 방식으로 자신의 영향력을 행사하는가?

미국과 중국의 교육제도의 가장 큰 차이점은 무엇일까? 미국 대학의 MBA 과정을 예로 들면, 하버드대학과 버지니아대학을 제외한 다른 대학들은 모두 똑같은 교재를 사용한다. 그 목적은 이 같은 교육 제도를 통해 모든 학생들에게 똑같은 논리적 사고 능력을 키워주기 위해서라고 한다. 다시 말하면 이 같은 교육을 받으면서 성장한 미국인들은 대통령부터 정치인, 기업가, 관리자, 노동자 및 학생에 이르기까지 모두 똑같은 논리적 사고방식을 갖게 된다. 이는 미국 대통령이 정치를 펼치는 데에 큰 도움이 된다.

미국식 교육 시스템으로 교육받은 미국 국민들은 논리적 사고의 공통성이 매우 뚜렷하다. 따라서 미국 대통령은 개인 차원의 정책이나 국가 차원의 정책을 막론하고 상부에서 하부로 신속히 정책을 관철, 실행할 수 있다. 국민 모두가 똑같은 논리적 사고를 하는 미국은 정책을 관철, 실행하는 것이 중국보다 훨씬 더 쉽다.

미국식 교육의 특징은 전 미국인에게 공통적인 논리적 사고 바탕을 마련해주는 것 외에 창의력을 특별히 강조한다는 데 있다. 창의력이란 무엇인가? 예를 하나 들겠다. 모두들 잘 알고 있는 신데렐라 얘기에서 신데렐라의 계모는 나쁜 사람일까, 좋은 사람일까? 아마 사람들은 이구동성으로 "나쁜 사람!"이라고 대답할 것이다. 중국인들은 사상이 비교적 경직되고 창의력이 부족하기 때문에 이런 대답이 나온다. 그러나 미국인들은 다른 방식으로 아이들을 교육한다. 신데렐라 얘기와 관련해 선생님은 학생에게 이렇게 질문한다.

"너는 계모가 나쁜 사람이라고 생각하느냐? 그러면 하나 더 묻겠다. 네가 만약 계모라면 왕자와 만날 수 있는 기회를 친딸에게 주겠느냐 아니면 하녀에게 주겠느냐?"

과연 일리 있는 질문이다. 내가 만약 어머니라고 해도 내 딸에게 기회를 주지 하녀에게 기회를 주지 않았을 것이다. 선생님이 다시 묻는다.

"밤 12시가 돼 종이 울렸다. 그런데도 신데렐라가 무도회장을 떠나지 않는다면 어떻게 되지?"

학생들이 대답한다.

"마법이 풀립니다."

그러면 선생님은 이렇게 말한다.

"그렇지? 때문에 학생들은 기율을 지키고 시간을 지키는 것이 매우 중요하다."

이것이 미국식 교육이다. 이런 교육을 받고 자란 미국인들은 기율을 잘 지키고 시간 관념이 매우 철저하다. 선생님은 또 이런 말도 한다.

"권위에 도전하라. 신데렐라 얘기를 보면 밤 12시가 돼 마법이 풀리면서 모든 물건이 원래 상태로 돌아갔는데 유독 유리 구두만 그대로 있다. 이 부분에서 작가는 치명적인 논리적 오류를 범했다."

미국인들은 이런 방식으로 아이들의 창의력을 키워준다.

또 다른 예로 선생님이 학생들에게 아래와 같은 문제를 하나 냈다고 치자.

"사람, 코끼리, 물고기와 새 중에서 어느 것이 가장 위대할까?"

중국이라면 아마 이구동성으로 "사람이요!"라고 대답할 것이다. 더 생각할 필요도 없다. 중국인은 만사에 표준 답안이 정해져 있어서 한마디로 창의력이 상당히 부족한 민족이다. 똑같은 문제에 대한 미국 학생들의 대답은 서로 다르다. 예를 들자면 이렇다.

"네 가지 중에서 새만 날 수 있기 때문에 새가 가장 위대합니다."

일리 있는 말이다. 그러나 이런 말을 하는 학생도 있다.

"물고기가 가장 위대합니다. 네 가지 중에서 물고기만 헤엄을 칠 줄 알기 때문입니다."

이 역시 맞는 말이다. 다른 학생은 "코끼리가 가장 무겁기 때문에 가장 위대합니다"라고 대답한다. 역시 맞는 말이다. 미국식 교육은 이처럼 창의력을 대단히 중요하게 생각한다.

그러나 잊지 말아야 할 것은 미국인들의 이 같은 창의력도 똑같은 논리적 사고의 기반 위에서 형성된다는 사실이다. 똑같은 논리적 사고 기반 위에서 창의력을 강조하는 것, 이것이 바로 미국식 교육이다. 따라서 미국은 정책을 관철, 실행하는 과정이 중국보다 훨씬 더 쉽다. 게다가 중국에 대처할 때 특유의 창의력을 한껏 발휘해 오만 가지 수단을 강구해낼 수 있다. 중국이 미국에 디즈니랜드를 선물로 줬지만 미국은 오히려 중국에 세 가지 뜻밖의 선물을 가져다준 것도 모두 이 때문이었다. 이것이 바로 미국이다.

중국 경제에 잠재된 위기

 **배경 제시**

오바마 미 대통령은 3박 4일 동안의 중국 방문을 마치고 귀국했다. 비록 짧은 4일이었으나 지난 30여 년 동안 지속됐던 중미 관계의 새로운 한 페이지를 열어놓기에 충분한 기간이었다. 중미 양국은 '중미공동성명'을 통

해 "양국은 향후 함께 어려움을 이겨내는 파트너 관계를 안정적으로 구축할 것이다"라는 입장을 밝혔다. 이와 같은 특별한 역사적 시기에는 국채, 무역마찰, 신에너지 및 기후 문제, 타이어 특별 세이프 가드 등 중미 관계가 경제적으로 얽힐 수밖에 없는 요인이 많고도 많다. 그렇다면 중국과 미국 양 대국은 '함께 어려움을 이겨내는 파트너 관계를 구축'한 뒤 각자 어떤 방식으로 자국의 이익을 보호할 것인가? 중미 양국 간 경제적 마찰이 불가피한 상황에서 중국 경제는 향후 어떤 도전과 곤경에 직면할까?

오바마가 중국에 세 가지 선물을 가져온 정치적 목적은 무엇이었을까? 이 문제에 대답하기에 앞서 먼저 중국 경제에 대해 말해보자. 중국 경제는 현재 어떤 곤경에 처해 있는가? 필자는 중국 정부가 2009년 10월 말에 발표한 통계 데이터를 보고 한동안 마음이 아팠다. 통계에 의하면 2009년 1~3분기 중국 GDP 대비 철근 콘크리트 등 고정자산 투자 비율은 71%에 달했고, 소비가 GDP에서 차지하는 비중은 겨우 25%였다. 고정자산 투자의 중점 분야는 고속도로, 철도 등이다.

미국의 GDP 구성은 중국과 정반대 위치에 있다. 미국뿐만 아니라 다른 국가도 마찬가지이다. 소비가 GDP의 70~80%를 차지하고 철근 콘크리트 등 고정자산 투자는 10% 정도를 차지한다. 소비가 GDP의 70~80%를 차지하면 어떤 장점이 있을까? 소비의 중점 분야는 의류와 식품이다. 의류와 식품 소비는 올해로 끝나는 것이 아니라 내년에도 지속된다. 따라서 내년에도 여전히 소비가 GDP의 70~80% 정도를 차지할 것이라는 얘기다.

그렇다면 고정자산 투자는 어떤가? 올해 건설한 고속도로가 내년에 새끼를 쳐서 2마리로 늘어날까? 그럴 리 없다. 따라서 고정자산 투자가 올해 GDP에서 일정 비중을 차지했다면 내년에는 GDP 대비 비중이 0%가 된다.

중국은 2009년 1~3분기 소비의 GDP 대비 비율은 대략 25% 정도였다. 2010년은 말할 것도 없고 2011년에도 전 국민이 밥을 먹고 옷은 입고 살아야 한다. 이 25%의 비율은 내년, 내후년에도 계속 유지될 것이다. 문제는 고정자산 투자이다. 올해 고속도로, 철도 등 고정자산 투자가 GDP에서 71%를 차지했다고 해서 내년에도 똑같은 비중을 유지한다고 장담할 수 있을까? 내년에도 고정자산에 똑같은 액수를 투자하지 않는 한 이 71%의 비율을 유지할 수 없다. 이것이 중국 경제에 잠재된 위기이다.

중국은 10대 산업 진흥 방안을 마련하고 4조 위안의 경기 부양책을 마련했다. 게다가 2009년 상반기 총 신규 대출 규모가 7조 3,000억 위안을 넘어섰는데, 그중 60~70%가 인프라스트럭처 건설에 투자됐다. 다 합치면 고정자산 투자가 총 10조 위안이 넘는 셈이다. 아무튼 이 돈으로 그럴듯하고 떠들썩하게 인프라스트럭처 건설에 열을 올렸다.

건설이 끝난 다음에는 어떻게 되는가? 당연히 고정자산 투자의 GDP 기여도는 0이 된다. 남는 것은 소비의 GDP 기여도(25%)일 뿐이다. 따라서 중국 경제의 문제점은 인프라스트럭처 건설이 완공된 수년 후에 현실적으로 나타나게 된다. GDP에 71%의 구멍이 생기는 것이다. 이 구멍을 메우려면 GDP 대비 71%의 비율로 또 인프라스트럭처를 건설해야 한다. 필요한 금액이 자그만치 16조 위안이다. 중국에 그렇게 많은 돈이 있는가?

위기 대응, 선택에 따라 결과가 달라진다

 **배경 제시**

사실 오바마 대통령이 미국의 역대 대통령들보다 일찍 아시아를 순방하고, 특히 중국에 4일 동안이나 머무른 데는 이유가 있었다. 현재 오바마 행정부가 직면한 대내외적 난제는 중국의 도움을 받지 않고서는 도저히 해결할 수 없다는 사실이 바로 그 이유이다. 2009년 10월, 미국의 실업률은 26년 만에 또 다시 10%를 초과해 경제 분야의 최대 난제로 떠올랐다. 실업 문제를 해결하기 위해서는 수출을 늘리는 것이 가장 좋은 방법이다. 그런데 오바마는 투자 대상국 중에서 중국을 우선순위에 놓았다. 오바마는 "미국의 수출 회복은 일자리 창출의 관건이다"라고 하면서 중국에 내수 확대를 촉구했다. 중국의 경제 진흥 계획은 미국이 위기를 벗어나는 데 지극히 중요하다. 그렇다면 중국 경제의 현황은 어떠한가? 그리고 중국 경제를 진흥시키려면 어떤 분야의 난제를 극복해야 하는가?

아래 예를 보면 중국이 현재 처한 곤경에 대해 쉽게 이해할 수 있을 것이다. A가 금을 캐서 100위안을 벌었다. A는 이 돈을 두 가지 방법으로 처분할 수 있다. 첫 번째 방법은 그가 고용한 광부 10명에게 1명당 1위안씩 보수를 주는 것이다. 1명당 1위안이면 10명이니 10위안이다. A는 나머지 90위안을 가져 부자가 된다. 1위안은 광부들에게 어떤 의미일까? 겨우 따뜻하게 입고 배불리 먹는 것만 유지할 수 있다. 이것이 첫 번째 방법이다.

두 번째 방법은 A가 광부들에게 1인당 5위안씩 보수를 지불하는 것이다. 1인당 5위안이면 10명이니 50위안이다. 그러면 A에게는 50위안이 남는다. 여기까지는 첫 번째보다 남는 것이 적다. 그러나 사실 두 번째 방법이야말로 '장부우민藏富于民(부를 일반 시민에게 저장한다는 뜻-옮긴이)'의 방법이다.

　광부들은 1위안으로 먹고 입는 문제를 해결할 수 있다. 따뜻하게 입고 배불리 먹은 후 무엇을 하는가? 남은 돈에서 1위안을 꺼내 지갑, 나이키 신발, 메이커 의류 등 사치품을 구매한다. 광부 10명이 모두 사치품 구매 의사가 있는 경우 A에게는 새로운 사업 기회가 생긴다. A는 곧바로 지갑, 나이키 신발, 메이커 의류를 파는 매장을 설립한다. 또 매장 경영 수요에 의해 10명의 여성 점원을 새로 고용한다. 이어 광부와 점원이 결혼하여 10쌍의 부부가 탄생하고 얼마 후 이들에게서 아이가 태어난다. 아이가 생기면 광부들은 또 1위안을 투자해 육아용품과 피임 도구를 구매한다. A는 이때다 싶어 육아용품 및 피임 도구 사업에 뛰어들어 짭짤한 수익을 얻는다. 광부들에게는 돈이 아직 2위안씩 남아 있다. 이 돈으로는 내 집 마련에 투자한다. 이번에 A는 부동산 개발 사업에도 뛰어든다. A는 아파트를 지어 1채당 2위안의 가격에 10명의 광부들에게 집을 분양한다.

　드디어 금광도 바닥이 났다. 그러나 A는 '장부우민'의 두 번째 방안을 선택했기 때문에 꾸준한 투자 기회를 얻을 수 있었다. 10명의 광부가 10명의 여점원과 결혼해 10명의 아이를 낳고, 그 아이들이 자라서 결혼하고 또 아이를 낳으면서 의류, 사치품과 육아용품 등을 꾸준히 소비하게 된다. 그렇게 해서 새로운 투자 기회가 끊임없이 생기고 새로운 산업이 육성되면서 결국 하나의 뉴타운이 형성된다.

배경 제시

중국 국가통계국의 발표에 의하면 2009년 1~3분기 중국의 GDP는 21조 7,817억 위안으로 전년 동기 대비 7.7%, 상반기 대비 0.6%P의 성장률을 나타냈다. 분기별로 보면 1분기 성장률이 6.1%, 2분기 성장률이 7.9%, 3분기 성장률이 8.9%였다. 국가통계국 대변인 리샤오차오李曉超는 2009년 '바오바保八(8% 성장률 유지)' 목표 달성은 문제없다고 밝혔다. 두말할 것 없이 '바오바'는 중국 경제의 안정적인 발전을 위해 중요한 역할을 발휘한다. 그렇다면 위의 얘기에서 A의 두 가지 선택 방안과 중국의 '바오바'는 어떤 관계가 있을까?

2008년 중국 정부는 4조 위안의 경기 부양책을 실시했다. 즉 본문 이야기에서 첫 번째 방안을 택한 것이다. 당시 필자는 중국 정부에 '바오바'를 포기하고 '장부어민'의 두 번째 방안을 모색하라고 건의했다. 첫 번째 방안은 10명의 노동자가 수중에 각각 1위안밖에 없어서 근근이 먹고 입는 문제밖에 해결하지 못한다. 지갑도, 나이키 운동화도 구매할 여력이 없다. 그래서 A에게는 투자 기회가 생기지 않는다. 매장을 차릴 수도 없고, 설령 매장을 차렸다 하더라도 소비할 사람이 없다. 한마디로 A가 처한 투자 환경은 매우 열악하다. 얼마 후 금광이 바닥나고 10명의 노동자는 실직했다. 실업이 심각한 사회적 문제로 대두하자 A는 곤경에 빠졌다.

A는 별 수 없이 주머니에서 40위안을 꺼내 고속도로를 건설하기 시작했다. 그렇게 해서 노동자 10명의 실업 문제를 해결했다. 건설 노동자들의 한 달 수입은 역시 1인당 1위안이다. 겨우 먹고 입는 문제를 해결할

수 있는 금액이다. 고속도로가 준공된 후에 노동자 10명은 또 실업자가 된다. 지역 곳곳에 아름다운 고속도로가 쭉쭉 뻗어 있는데 도로 위에는 자동차가 보이지 않는다. 노동자 10명은 참다못해 A 곁을 떠난다. A에게 는 투자 기회가 전혀 없다. 매장을 차려도 안 되고 피임 도구나 육아용 품을 생산해도 안 된다. 투자 환경의 악화, 이것이 바로 중국 기업들이 현재 직면한 첫 번째 곤경이라고 단언해도 좋다.

A는 노동자들에게 총 10위안의 보수를 지급하고 고속도로 건설에 40 위안을 투자했다. 그런데 고속도로는 완공됐으나 도로 위에 차가 없다. 즉 이 고속도로는 생산능력 과잉의 결과물이다. 생산능력 과잉, 바로 이 것이 중국 기업이 직면한 두 번째 곤경이다.

A는 이 같은 상황에서 무엇을 할 수 있을까? 그에게는 50위안밖에 남 지 않았다. A는 나머지 50위안을 다 털어서 인적이 드문 곳에 고급 빌라 를 지었다. 즉 고급 빌라의 가격은 50위안이다. 이것은 첫 번째 방안을 선택한 후의 필연적인 결과이다. 그런데 만약 '장부어민'의 두 번째 방안 을 선택했다면 집 한 채 가격은 2위안밖에 되지 않는다.

사실 중국의 경제 현황을 분석하는 데는 심오한 이론이 필요 없다. 간 단히 예를 든 A의 얘기를 통해서도 중국 부동산 가격이 왜 이렇게 비싼 지, 또 중국의 고정자산 투자 비율이 왜 이렇게 높은지 분명히 알 수 있 다. 그 이유는 다름 아닌 중국이 첫 번째 방안을 선택했기 때문이다.

중국 경제, 장기 침체에 빠질 가능성은?

 **배경 제시**

중국 경제는 회복 조짐을 보이고 있다. 주로 중국 정부가 대량의 정책성 투자 자금을 내놓아 경제성장을 이끈 덕분이다. 그러나 정부의 경기 부양책으로 지속적인 효과를 기대하기는 어렵다. 중국 경제는 회복 과정에서 불가피하게 생산능력·과잉, 인플레이션, 부동산 가격 폭등 등의 문제에 부딪히게 된다. 중국 경제성장을 지속적으로 견인하고 중국 경제의 '구조조정' 목표를 이루려면 '바오바' 목표를 달성할 때보다 훨씬 더 준엄한 시련에 직면하게 될 것이다.

《타임》지는 오바마의 중국 방문에 앞서 미국은 '중국식 모델'을 귀감으로 삼아야 한다는 내용의 기사를 실었다. 이 잡지는 당시 표지에 붓글씨체로 '五'자를 크게 썼다. 또 본문에서는 "미국은 중국으로부터 원대한 포부, 교육, 노인 봉양, 저축 및 조화로운 발전 이 다섯 가지를 배울 필요가 있다"라고 밝혔다. 중국의 저축, 노인 봉양, 조화로운 발전 등 아름다운 전통 문화는 미국인들에게 깊은 인상을 남겼다. 중국인은 이와 같은 아름다운 전통을 계속 계승, 발전시켜야 할 뿐만 아니라 부국강민의 꿈도 이뤄야 한다. 그렇다면 중국 경제의 '삼두마차'가 지금과 같은 환경에서도 부국강민을 실현할 수 있을까?

A가 만약 두 번째 방안을 선택했다면 매장, 육아용품 및 피임 도구 생산 공장을 설립하고 부동산을 개발하는 등, 이른바 민간기업을 경영해 경제발전을 이끌 수 있었을 것이다. 그런데 A는 첫 번째 방안을 선택

했다. 첫 번째 방안의 후환은 바로 중국 경제의 미래를 종잡을 수 없다는 것이다. 많은 사람들은 중국 경제가 언제 바닥에 도달하는지에 대해서만 관심을 가진다. 사실 중국 경제의 바닥 도달 시기는 문제의 핵심이 아니다. 더 큰 문제는 바닥을 친 다음의 중국 경제를 어떤 방법으로 다시 되살리느냐는 것이다. 중국 경제의 성장을 이끄는 삼두마차는 각각 소비, 수출 및 정부지출(투자)이다. 이 세 가지에 대해 각각 분석해보자.

중국이 A처럼 첫 번째 방안을 선택한 다음 어떤 결과가 나타났는가? 2009년 GDP 대비 소비의 비중은 고작 25%에 불과했다. 2008년에는 소비의 GDP에 대한 기여도가 35%로 2009년보다 약간 높았다. 아무튼 GDP에서 겨우 20~30%의 비중밖에 차지하지 않는 소비가 경제성장을 이끌 수 있다고 생각하는가?

언론에서는 중국의 많은 학자와 전문가들의 말을 인용해 "중국은 저축 대국이기 때문에 저축을 소비로 전환시켜 경제성장을 이끌 수 있다"라고 종종 말한다. 한심하기 그지없다. 학자들은 전혀 깊게 연구하지 않고 자리만 꿰차고 앉아 쓸데없는 상상만 한 것이 틀림없다. 사실 복잡한 이론도 필요 없이 초등학생 수준만 돼도 쉽게 알 수 있다. 함께 간단한 산수 문제를 풀어보자.

중국의 가계 저축 규모는 26조 위안 미만이고 중국 인구는 13억이다. 26조 위안을 13억으로 나누면 2만 위안이다. 초등학생도 쉽게 풀 수 있는 문제이다. 그런데 소위 학자라는 양반들이 이런 것도 모른다. 1인당 저축액이 2만 위안도 안 되는데 중국을 '저축 대국'이라고 부를 수 있는가?

영국《타임스》는 2009년 10월에 BCG의 세계 자산 보고서를 인용해 "중국 전체 가구의 0.4%에 해당하는 극소수가 중국 전 자산의 70%를 차지하고 있다"라고 지적했다. 이 사람들의 자산을 제외할 경우 중국의 1인당 저축액은 6,000위안도 되지 않는다. 이런데도 중국을 '저축 대국' 이라고 할 수 있는가?

1인당 평균 저축이 1만 위안이 안 되는 상황에서 늙은 부모가 병이라도 나면 어떻게 할까? 자녀의 학비는 또 어떻게 감당할까? 여러분의 아이가 장래성이 밝아 푸단復旦대학에라도 입학한다면 한 학기 학비가 6,000위안이나 된다. 여기에는 물론 숙식비나 용돈이 포함되지 않았다. 이는 결국 중국인 99%의 1인당 평균 저축액이 대학생 한 명의 한 학기 학비라는 사실을 가리킨다. 그렇다면 소비는 도대체 어디서 한단 말인가? 설마 소수의 돈 많은 사람들에게만 의지하라는 것인가? 물론 그들이 돈이 엄청나게 많은 것은 사실이지만 소비를 소화하는 데는 한계가 있다. 때문에 소비를 자극하려면 99%의 사람들에게 의지할 수밖에 없다. 하지만 그들은 너무 가난해서 소비를 대대적으로 자극하는 데 무리가 따른다. 그러므로 첫 번째 마차는 가망이 별로 없다.

삼두마차 중 두 번째는 수출이다. 누가 중국의 수출 성장을 이끄는가? 다름 아닌 미국이다. 그런데 미국의 소비 구조는 건전하지 못해 돈을 빌려 쓰는 소비, 즉 과소비가 주류를 이룬다. 2008년 이전까지 미국인들이 이른바 '거품 소비'를 위해 빌려 쓴 돈은 자그마치 미국 GDP의 95%에 달했다. 따라서 2008년 미국의 1인당 평균 저축액은 0달러였다. 그러나 2008년 이후 금융위기로 인해 미국의 소비 버블이 꺼지면서 2009년 하반기에 미국인의 저축률은 7%에 달했다. 이는 다른 말로 미국의 소비가 7% 줄어들었다는 얘기가 된다. 미국 소비가 감소하면 중국의 수출도 그만큼 줄어들기 마련이다. 결국 중국의 수출 시장은 장기적인 부진 상태에 빠지게 된다. 결론적으로 중국 경제의 삼두마차 중 수출도 경제성장을 이끌지 못한다.

중국 정부가 4조 위안의 경기 부양책을 시행하고, 2009년 상반기에 7조 3,700억 위안의 은행 대출을 풀어 경제를 되살리려고 애쓴 이유도 다 여기에 있다. 소비, 수출, 투자 중에서 소비와 수출에 의존할 수 없으니 남은 것은 투자밖에 없다. 그래서 중국 정부는 모든 사회 자원을 동원해 철도, 도로, 공항 등 인프라스트럭처 건설에 막대한 자금을 쏟아 부었던 것이다. 이것이 중국 경제의 현실이다. 앞에서도 말했지만 도로, 철도 등 인프라스트럭처 건설이 완공된 후에는 투자의 GDP에 대한 기여도는 0이 된다. 다시 말해 중국 경제는 정부 주도의 투자 프로젝트가 완공된 후에는 장기적인 침체에 빠지게 될 것이다. 이것은 A가 첫 번째 방안을 선택한 필연적인 결과라고 해도 과언이 아니다.

아마 중국의 고매하신 국무원 양반들도 이 도리를 깨달았을 것이다. 그래서 2009년 말에 민간기업 투자를 격려하는 '20가지 방안'을 출범시킨 것이 아닐까. 문제는 A가 첫 번째 방안을 선택한 후 곧 투자 및 경영환경 악화와 생산능력 과잉의 두 가지 곤경에 빠졌다는 사실이다. 따라서 민간기업들은 손해가 뻔히 예상되는 상황에서 섣불리 투자하려들지 않는다. 중국 정부가 4조 위안의 경기 부양책을 시행한 후에도 민간기업의 투자가 증가하지 않은 이유는 모두 여기에 있다.

이밖에 중국 정부는 2009년 상반기에 7조 3,700억 위안의 신용대출을 방출했다. 이에 일각에서는 인플레이션을 우려하는 목소리가 흘러나왔다. 정말로 인플레이션이 발생한다면 어떻게 될까?

국무원 경제발전연구센터는 2009년 11월에 중국의 2010년 인플레이션율이 5%에 달할 것으로 예측했다. 이 예측은 대체로 사실에 접근하고 있다. 그러면 중국은 경제 불황 속에서 물가 상승이 동시에 발생하는 스태그플레이션 상태에 빠지게 될 것이다. 사실 스태그플레이션은 먼 나라 얘기도 아니고, 먼 훗날의 얘기도 아니다.

경제학자 판강樊綱은 중국에 아직 인플레이션이 발생하지 않았기 때문에 스태그플레이션을 지레 걱정할 필요가 없다고 말했다. 그러나 필자의 생각은 다르다. 중국은 일단 인플레이션만 발생하면 바로 스태그플레이션 상태에 빠져든다. 스태그플레이션이 발생하면 정부는 어찌할 방법이 없다. 모든 정책이 무용지물이 되기 때문이다. 그런데 중국의 많은 경제학자들은 의외로 스태그플레이션을 두려워하지 않는다. 그 이유는 그들이 스태그플레이션을 직접 경험해보지 않았기 때문으로 보인다. 그러나 호주와 구미 각국 정부는 스태그플레이션의 위험성을 충분히 알고 있기에 예방책으로 금리 인상 방안을 검토하고 있다. 이에 반해 중국인들은 용감한 민족이기 때문에 그깟 스태그플레이션 따위는 두려워하지 않는다.

미국은 어떻게 중국 경제를 음해할까

배경 제시

"만리장성은 정말 웅장하다. 중국의 유구한 역사를 실감하게 한다." 오바마는 바다링八達嶺 장성을 구경한 뒤 이같이 감개무량함을 토로했다. 비록 장성을 구경한 시간이 25분밖에 되지 않았으나 오바마는 그 짧은 시간에 필자가 중국 경제의 스태그플레이션 가능성을 운운할 정도이니, 오바마 경제팀도 당연히 필자와 같은 생각을 했을 가능성이 높다. 오바마 역시 중국의 스태그플레이션 발생 가능성을 염두에 뒀다면, 그가 가져온 세 가지 선물은 도대체 무엇을 위해서였을까?

우선 경제 불황에 대해 얘기한 다음 인플레이션으로 화제를 돌려보자. 오바마는 확실히 똑똑한 사람이다. 중국 경제의 삼두마차는 누누이 말했다시피 소비, 수출, 투자이다. 이 세 가지 가운데에서 오바마가 장악할 수 있는 것은 무엇일까? 당신이 나이트클럽에 가서 돈쓰는 것을 오바마가 통제할 수 있을까? 마찬가지로 중국 정부가 고속도로를 건설한다고 해서 오바마가 참견할 수 있을까? 오바마가 간여할 수 있는 것은 중국의 수출밖에 없다. 그런데 만약 중국에 정말 스태그플레이션이 발생한다면 오바마는 도움의 손길을 내밀까 아니면 불난 집에 부채질할까? 아마 대부분은 오바마가 불난 집에 부채질한다는 데 동의할 것이다.

중국의 수출을 방해하는 가장 좋은 방법은 그가 중국에 가져온 세 가지 '선물'이다. 첫 번째 '선물'인 환율전쟁과 두 번째 '선물'인 무역전쟁 모두 중국의 수출에 타격을 입히기 위한 것이다.

오바마의 세 번째 '선물'인 원가전쟁은 중국의 인플레이션에 대비한 것이다. 오바마의 사주를 받은 월스트리트가 국제 유가를 조종한 결과 중국의 휘발유 가격과 기타 석유화학제품 가격이 대폭 상승했다. 게다가 유가와 발틱운임지수 상승의 영향을 받아 철광석 가격 역시 급등했다. 따라서 중국 각 지역에서는 2009년 12월부터 수도, 전력 및 천연가스 가격을 대폭 인상하는 방안을 검토하기도 했다. 더욱 우려되는 것은 미국이 중국의 대두 산업을 장악한 데 이어 다시 옥수수와 면화 산업에도 마수를 뻗쳤다는 사실이다. 미국이 농산물과 철광석 가격만 장악해도 중국 CPI의 50%를 장악한 것이나 다름없다. 즉 미국은 마음만 먹으면 중국의 인플레이션을 앞당길 수 있는 것이다.

이것은 중국이 A처럼 첫 번째 방안을 선택한 필연적인 결과이다. 소비도 소용없고 수출도 별 효과가 없다. 오직 투자만이 중국 경제성장을 이끌 수 있다. 그러나 고속도로, 철도 등 건설 공사가 완공된 후에는 투자에 대한 기여도가 0이 되면서 중국 경제는 침체의 늪에 빠진다. 게다가 7조 3,700억 위안의 신용대출은 인플레이션을 유발하여 스태그플레이션으로 발전할 가능성이 높다.

오바마가 '불난 집에 부채질'할 마음을 먹었다면 아마 첫 번째와 두 번째 선물을 이용해 중국의 수출을 타격함으로써 중국 경제를 깊은 불황의 수렁으로 밀어 넣을 것이다. 나아가 세 번째 선물을 이용해 인플레이션을 앞당길 것이다. 한마디로 오바마에 의해 중국은 스태그플레이션을 좀 더 일찍 경험할 수도 있다. 중국 경제가 미국의 손에 달려 있는 상황에서 오바마가 중국을 방문한 목적은 중국 정부와 각종 조건을 내건 협상을 달성하기 위해서라고 볼 수도 있다. 칼자루를 오바마가 쥐고 있

으니 중국은 스태그플레이션에 빠지지 않으려면 오바마의 요구를 들어
줄 수밖에 없다. 중국은 과연 이 위기를 어떻게 헤쳐 나갈까? 오바마와
타협하여 치욕적인 합의에 꼭 이르러야만 할까?

『누가 중국 경제를 구할 것인가』

– 랑셴핑

경제 불황의 본질은 누구나 생각하는 것처럼 업계 전체의 불경기, 갈 곳을 잃고 걸식하는 노숙자들의 행렬, 급증하는 실업자 수처럼 간단하지 않다. 오히려 불황은 기회가 충만한 시대이다. 다만 그 기회들은 손을 내민다고 쉽게 잡을 수 있는 것이 아니다. 준비하는 자만이 불황 속에서 스포트라이트처럼 빛나는 특별한 기회를 잡을 수 있다.

사람들은 중국 경제에 대해 경기가 나빠지고 증시와 부동산 시장이 폭락하고 일자리를 찾기 어렵다는 느낌을 받고 있다. 그런데 이 모든 것은 글로벌 경제 위기 때문이라는 최면 상태에서 비롯된 것이다.

정작 위기의 본원지인 미국 경제는 위기 발생 후 반년이 지나도 이렇다 할 회복세를 보이지 않는데, 오히려 중국에서는 2009년 상반기부터 부동산 가격이 서서히 상승하기 시작했다. 주식 시장 역시 2008년 말부터 연속 몇 개월 상승세를 나타냈다. 그러나 사람들은 다시 혼란에 빠지고 말았다. 그 이유는 2009년 8월부터 중국의 증시, 부동산 시장과 자동차 시장이 모두 상승세를 멈추고 침체에 빠졌기 때문이다. 위기는 지나간 것 같은데 예전의 경제 번영 국면은 온데간데없이 사라져버렸다. 이번 경제 불황은 대체 어찌된 영문일까?

이 문제의 해답을 찾으려면 먼저 중국 경제가 처한 상황에 대해 분석할 필요가 있다. 우선 중국 경제가 직면한 진짜 위기인 '제조업 위기'에 대해 말해보자. 중국의 제조업 위기는 투자환경 악화 및 생산능력 과잉 두 가지 곤경에서 유발된 것이다. 중국의 투자환경이 악화된 것은 글로벌 위기와 큰 관계가 없다. 그러나 생산능력 과잉 문제는 글로벌 금융위기의 영향이 크다. 중국은 예전에도 생산능력 과잉 현상이 나타났으나 대미 수출 증가를 통해 이를 해소할 수 있었다. 하지만 글로벌 금융위기로 인해 대미 수출이 타격을 입으면서 생산능력 과잉 위기가 심각해졌다.

지금 가장 중요한 문제는 중국 경제가 언제 바닥에 도달하느냐가 아니라 바닥을 친 후 어떻게 되살아나느냐는 것이다. 과거 중국 경제의 성장을 이끌었던 삼두마차인 소비, 수출, 정부지출(투자)은 현재 상황에서 거의 무용지물이나 다름없다. 따라서 중국 경제는 침체 위기에 빠질 가능성이 크다. 게다가 2009년 상반기에 방출한 7조 3,700억 위안의 신용대출과 글로벌 인플레이션에 따른 압력으로 인해 중국에도 인플레이션이 발생할 가능성이 높아졌다. 경제 불황과 인플레이션 이 두 가지가 합쳐져서 스태그플레이션이 발생할 수도 있다. 만약 중국에 정말로 스태그플레이션이 발생한다면 '산업 사슬의 고효율 통합'이라는 네 번째 마차를 이용해 수렁에 빠진 경제를 끌어올릴 수 있지 않을까 기대해본다.

중국은 세계경제를
장악할 수 있을까?

랑셴핑 교수는 참 까칠하다. 방송 등의 언론에서 구사하는 말 자체가 무엇보다 그렇다. 게다가 인상도 날카롭다. 『화폐전쟁』 시리즈로 일거에 무명에서 스타 작가로 발돋움한 쑹훙빙宋鴻兵이 부드러운 인상과 온화한 어조로 독자들을 사로잡은 것과는 완전히 딴판이다. 중국에서는 두 학자를 곧잘 비교하는데, 『화폐전쟁』 시리즈의 쑹훙빙과 비교가 안 될 정도로 랑셴핑을 높이 쳐주고 있다.

일단 까칠한 만큼이나 논리가 정연하다. 만약 그가 거짓말을 한다면 너무 태연하다는 생각이 들지 않을 수 없을 정도다. 게다가 다소 국수주의적인 냄새가 강한 발언도 중국 독자들에게 크게 어필하고 있다. 미국이나 유럽의 자본을 마치 제국주의의 침략군이라고 묘사하는 그의 말이 의외로 그동안 억눌려왔던 민족 감정에 불을 붙인 것이다. 때문에 이 책의 원제가 다소 뜬금없는 '중국에서의 신제국주의'라는 사실은 크게 놀랄 일도 아니다.

어떻게 보면 그의 시각은 나름대로 설득력을 지니고 있다. 지금 중국은 G-2로 불리고 있다. 이미 2010년 말 GDP 부문에서 일본을 넘어선 다음 미국의 뒤를 바짝 쫓아가고 있다. 이런 욱일승천의 기세라면 당초 전망인 2050년이 아니라 2030년 전후라도 미국을 뛰어넘어 'G1' 국가가 될 가능성도 없지 않다.

그러나 현실은 황당하기만 하다. 우선 1인당 GDP를 보면 2010년을 기준으로 4,500달러 전후에 불과해 미국과 일본의 10분 1 정도에 그치고 있다. 그가 공연히 『부자 중국, 가난한 중국인』이라는 책을 쓴 게 아니다. 여기에 하루에 1달러 미만으로 살아가는 극빈층도 웬만한 국가의 인구에 해당하는 4,500만 명 전후에 이른다. 사실상 극빈 상태에 있는 7억 농민들까지 포함하면 중국이 G-2가 아닌 G-8 국가라는 주장이 나오더라도 곧이듣기가 어렵다. 제조업이나 금융, 서비스 분야에서도 중국은 G-2로 불리기 다소 민망하다. 경쟁력에서 미국과 일본은 고사하고 유럽연합에도 많이 뒤떨어져 있다. G-2라는 단어가 착시 현상에 불과하다는 결론이 나올 수밖에 없다.

그렇다면 중국은 왜 이런 착시 현상을 불러일으키는지에 대한 의문이 생겨야 한다. 랑셴핑 교수는 여러 가지 사례를 들어 분명하게 결론을 내린다. 주로 미국을 비롯한 선진국의 글로벌 기업들이 막강한 자본력을 바탕으로 중국에 진출하여 중국을 하청공장으로 만들었기 때문에 이런 현상이 일어나게 됐다는 것이다. 말하자면 지금 중국은 치열한 자본전쟁에서 겉으로만 이기고 속으로는 지고 있다는 얘기가 되겠다.

이 책은 중국에서 랑셴핑 교수의 『중미전쟁』과 같은 시리즈로 기획돼 먼저 출판된 책이다. 때문에 일부 주제가 겹치는 느낌을 받을 수도 있다. 그러나 흔히 있기 마련인 중언부언은 절묘하게 피했다. 『중미전쟁』과는 또 다른 재미를 충분히 느끼도록 해준다고 감히 단언하고 싶다.

완벽에 가까운 것은 나쁠 것이 없다. 그러나 그게 도무지 쉽지 않다. 다른 나라의 글을 우리 글로 옮기는 일 역시 그렇다. 그럼에도 역자는 가능한 한 완벽에 가까워지려는 노력을 기울였다. 번역하는 과정에서 적지 않은 중국 친구들에게 자문을 받은 것도 이런 노력의 일환이었다. 베이징에서 사업하는 후배 김부식 군도 이 과정에서 큰 도움을 주었다. 이들에게 깊이 고마움을 표하고자 한다. 박재호 편집장을 비롯한 비아북 관계자들에게는 더 말할 나위도 없다.

옮긴이 **홍순도**

자본전쟁

지은이 | 랑셴핑
옮긴이 | 홍순도

초판 1쇄 인쇄일 2011년 4월 8일
초판 1쇄 발행일 2011년 4월 15일

발행인 | 한상준
기획 | 박재호, 이둘숙
편집 | 류방승
마케팅 | 김현우
독자관리 | 이재희
디자인 | 이석운, 디자인포름
종이 | 화인페이퍼
출력 | 경운출력
인쇄 | 영신사
제본 | 우진제책

발행처 | 비아북(ViaBook Publisher)
출판등록 | 제313-2007-218호(2007년 11월 2일)
주소 | 서울시 마포구 연남동 567-40 2층
전화 | 02-334-6123 팩스 | 02-334-6126 | 전자우편 crm@viabook.kr